Jiu Shi Feng Ya
旧时风雅

黄强◎著

华文出版社
SINO-CULTURE PRESS

图书在版编目（CIP）数据

旧时风雅 / 黄强著 . — 北京：华文出版社，2022.8（2023.12重印）

ISBN 978-7-5075-5559-2

Ⅰ.①旧… Ⅱ.①黄… Ⅲ.①社会生活—史料—中国—近代 Ⅳ.① D693.9

中国版本图书馆 CIP 数据核字（2022）第 012084 号

旧时风雅

著　　者：	黄　强
责任编辑：	潘　婕
出版发行：	华文出版社
地　　址：	北京市西城区广外大街 305 号 8 区 2 号楼
邮政编码：	100055
网　　址：	http://www.hwcbs.cn
电　　话：	总编室 010-58336239　发行部 010-58336202
	责任编辑 010-63429159
经　　销：	新华书店
印　　刷：	三河市航远印刷有限公司
开　　本：	889×1194　1/32
印　　张：	12.75
字　　数：	300 千字
版　　次：	2022 年 8 月第 1 版
印　　次：	2023 年 12 月第 2 次印刷
书　　号：	ISBN 978-7-5075-5559-2
定　　价：	58.00 元

版权所有，侵权必究

自　序

那是一个我们既熟悉又陌生的时代。

抗战时期，由三所大学临时组建的西南联合大学，教学硬件和居住条件都极为简陋，师生们经常吃着含有沙子的杂粮。为了上课，老师们每天要走几十里的山路，却从不迟到。下大雨时，破旧的铁皮屋顶教室，雨点如豆，仿佛一曲交响乐。联大的教授们穿着各异，戴礼帽的，披旧毡的，穿破皮鞋的，即使在躲避空袭时，也依然有名士风范。教书育人，一丝不苟；刻苦学习，废寝忘食。昆明的茶馆曾经是师生们的第二课堂，他们在茶馆里批改作业，撰写论文，谈论时局，那是当年昆明的一道风景。

民国美食，也让人垂涎欲滴，会吃的大家不少，但是仅仅会吃不能成为美食家。一盘鸭胰如何成为名菜？取个什么样的佳名？"美人肝"与美人无关，却与教授有关。时光倒流，到东兴楼这样的大饭店就餐，千万不能将盘盆敲得叮当响，敲盘盆表示对服务的不满，饭店掌柜听到就会过来赔不是，当班的跑堂就要卷铺盖走人。跑堂有跑堂的殷勤，食客有食客的风度。鲁迅喜欢美食，他在北京吃遍天下鲜，最爱做客广和居；大名鼎鼎的教授胡小石会坐在路边吃臭豆腐；季羡林常端坐在街头饭摊的长板凳上品美食；王世襄爱到常三小馆借灶，自己动手做厨子。旁人谓之斯文扫地，他们则称源于天性。

民国的时尚，至今仍被人们津津乐道。宋美龄一生钟爱旗袍，她的衣柜中有上百件旗袍，依据季节和场合变化，选择不同面料、不同色彩、不同款式的旗袍。她从不穿裤装，家中有专门为她制作旗袍的裁缝。林徽因才华横溢，穿衣打扮也可圈可点，那张穿着培华女校校服的照片，彰显了她清雅的气质；那套流苏头饰的东方式婚服，竟是她亲手设计、制作的，令人刮目相看。文艺范儿的张爱玲更是一位服装控，喜欢在服饰上标新立异，欣赏她的服饰，品读她的书，就仿佛欣赏一件放置在箱底已久的旗袍，轻轻抚去浮尘，烫平褶皱，依旧亮丽。南方交际界领袖唐瑛，向来不在街上买衣服，她的衣裳都是"私人定制"，是独一无二的。陈云裳的烫发，徐来的连衣裙，是明星们引领的社会潮流。朱自清的披毡，闻一多的长衫，夏丏尊的帽子，老舍的中山装，徐志摩的洋装，则几乎成了民国文人的标志，彰显出文人的精神与风骨。

国人向来讲究居有定所，民国人自不例外，无奈家国有难，流离失所是常有的。杭州的风雨茅庐，见证了郁达夫与王映霞的爱情传奇。只是茅庐禁受不住风雨的侵袭，风雨之后未必都有彩虹。南京傅厚岗的危巢，无枫堂无枫而有风。境由心造，傅抱石栖身在重庆金刚坡下的农舍，光线极暗，他推门遥望自然山林，泼墨挥毫，巴山蜀水，雨雾迷蒙，演绎出他独创的"抱石皴"，"山色空蒙雨亦奇"。

"驴友"是当下时髦的名称，其实，民国时期就有"驴友"

了,骑毛驴游玩就是自助游,悠闲自在,沿途的风景自有独特之美。"你站在桥上看风景,看风景人在楼上看你。"三五结伴的马车游也很潇洒,老马旧车铃铛响,颇有"疲车羸马招摇过"的意境。当高铁拉近了城市的距离,一路车轮哐当响,一夜到天明的乘坐慢车的感觉正在远去;江上枕波听雨眠的乘船体验也会慢慢消失。快与慢,哪个更好,确实不能用非此即彼的方式来评判。

玩虫遛鸟驯鹰,容易使人联想到八旗子弟的形象。民国时期,有一位玩家,热衷于捉蛐蛐,养蝈蝈,架鹰捉兔等所谓"没正经"的事,却玩出了学问,玩成了文化,他就是被誉为"京城玩家"的王世襄。书画、收藏界,更是大腕云集,处处故事。丰子恺为恩师弘一法师绘《护生画集》,张大千退掉王府收名画,张伯驹为保国宝散尽家财还险些丢了性命……他们的情怀为后人慨叹。曲艺电影在民国时迎来了黄金期,戏曲界、电影界的名角名旦,至今人们仍记得他们的名字,怀念他们的音容,演绎他们的故事。

民国时期,社会动荡,国难当头,普遍来说物质生活条件不佳,但是文人学者的生存空间比较宽松,社会地位很高。他们对物质生活并不苛求,精神世界却很丰富。胡小石经常被学生冒名签单蹭饭,月底发现饭馆记账金额超标了,他一笑而过;秦淮河上的画舫时常载着吴梅与他的学生随波逐流,吴梅吹着洞箫,让学生们在十里秦淮的优雅氛围中感受曲调,或者在酒家设宴一桌,让学生填词谱曲打牙祭。遇到寒门才子,教授们会竭力提携、帮助,不为回报。罗尔纲对胡适、钱穆对顾颉刚的知遇之恩,始终念念不忘……

民国,离我们似近似远,如佳人穿着旗袍款款而来,风韵无尽……

书中所记录的生活百态,尽管只是琐言细事,却希望可以折射出一个时代的风貌,成为民国雅与趣的注脚。

黄强(不息)

二〇二一年八月

修订于南京文津桥畔

目　录

穿　衣 / 001

第一章　旗袍风韵 /002
宋氏姐妹钟情旗袍 /002　　"胡蝶旗袍"与众不同 /006
阮玲玉惊艳旗袍 /007　　清风徐来着旗袍 /009
张爱玲旗袍缀满华丽 /010　　阴丹士林情结 /011

第二章　渐行渐去的长衫马褂 /014
庄重长袍与时尚马褂 /014　　名士风度教授穿长衫 /016
洋派的闻一多换上长衫 /018

第三章　改良的中山装 /020
政府制服中山装风行一时 /021
老舍：对不起，这已经是我最好的衣裳了 /023
卢作孚：跟班着装胜过实业大佬 /024

第四章　新校风貌学生装 /026
林徽因的文明新装 /026　　张爱玲的校服"时装秀" /030
南高师女生校服开风气 /032　　布褂短裙成时尚 /033

第五章　洋装穿在身 /036
扬鞭策马骑马装 /036　　花想容来陈云裳 /038

阮玲玉不拒义乳 /039　　连体泳装开始风靡 /041

西装在身皮鞋亮 /043　　画家们的洋范儿 /046

第六章　标新立异时尚美 /048

林徽因创意婚礼服 /048　　张爱玲别出心裁奇异装 /049

名教授朱自清怪异披毡 /052　　北平与西北的服饰 /053

第七章　顶上风流脚下生辉 /054

礼帽瓜皮帽合身份 /054　　金岳霖讲课不摘帽 /056

时尚烫发禁不止 /058　　教授们的"破皮鞋" /060

时尚高跟鞋 /060

第八章　舞广袖引领新时尚 /062

才女陆小曼的"挥霍" /062　　唐瑛引领潮流"独一份" /064

潘素脱俗的惊艳 /066

饮　食 / 069

第九章　美食饕餮 /070

谭延闿精擅食法 /070　　张大千好食松子香 /076

李瑞清日啖百蟹 /080　　吴白匋遍尝成都美食 /083

教授夫人制作定胜糕 /085

第十章　文人与美食 /087

胡小石嗜爱东坡肉 /087　　梁实秋对火腿、羊肉情有独钟 /089

李劼人掌勺小雅馆 /092

第十一章　文人下馆子 /096

鲁迅吃遍天下鲜 /096　　路边小馆皆成趣 /100

第十二章　金字招牌老字号 /105
　　四大名菜马祥兴 /105　　酒业大王老万全 /108
　　京苏大菜金陵春 /110　　百年老店广和居 /112
　　百吃不厌东兴楼 /114　　中央饭店档次高 /115

第十三章　店家绝活儿招牌菜 /118
　　变废为宝"美人"肝 /118　　胡先生豆腐美名扬 /124
　　口蘑锅巴"天下第一响" /125　　湘菜奇葩东安鸡 /126
　　教授传授许地山饼 /127　　三白汤成马先生汤 /128
　　大总统推荐中山酿豆腐 /129　　鸭都金陵叉烧鸭 /130
　　"金陵三烤"酥脆不腻 /132　　"轰炸东京"走俏山城 /133

第十四章　吃在南京京苏大菜 /134
　　南京板鸭盛誉不衰 /135　　头把交椅蒋有记锅贴 /139
　　干丝味美喜煞人 /141

第十五章　小茶馆大社会 /144
　　昆明坐茶馆 /144　　四川泡茶馆 /148
　　上海吃讲茶 /149　　北京大碗茶 /152
　　南京喝茶馆 /155　　江南坐茶馆 /161
　　文人饮茶法 /165　　茶馆的美食 /169

居　住 / 175

第十六章　文人雅居自建房 /176
　　闹中取静公馆区 /176　　近水楼台建小筑 /179
　　庐山别墅流清音 /183　　傅厚岗上建"危巢" /187
　　百步坡上建公馆 /191　　郁达夫风雨茅庐 /193
　　老北京的四合院 /197

第十七章　安居乐业来买房 /199
　　八道湾鲁迅故居 /199　　张恨水稿酬买下四合院 /203

第十八章　教授亦租房 /207
　　胡适租房不购房 /207　　教授抽签住宿舍 /210
　　校外租房路途远 /211　　张恨水栖身国难房 /213
　　张友鸾工作场所就是住所 /215　　叶圣陶苏州建"未厌居"/215
　　胡小石南京愿夏庐 /216　　傅抱石住农舍 /216
　　闻一多印例 /220　　教授们的挣钱方法 /221

出行 / 223

第十九章　市内交通 /224
　　私家车黄包车 /224　　按路段计费的公交车 /229
　　名流的私家车 /235

第二十章　远行 /240
　　骑驴遛马逛名胜 /240　　踏上飞快的火车 /245
　　白天赏景夜枕波 /258　　辽阔天空任我行 /264

娱乐 / 269

第二十一章　清末遗风遗俗 /270
　　乐战九秋斗虫鸡 /270　　京城玩家王世襄 /272
　　梅兰芳养鸽练眼 /276　　欠我风筝五丈风 /277

第二十二章　修身养性琴棋画 /279
　　科学家也爱音乐 /279　　"六不总理"下围棋 /281
　　画坛逸事 /282　　鬻书治印稻粱谋 /288

周瘦鹃养花怡情 /292

第二十三章　舍家疏财保国宝 /296
　　张伯驹宁丢性命不卖珍藏 /296
　　张大千舍宅弃金换名画 /302　　沈从文夜市寻古玩 /306
　　宗白华得名佛头宗 /308　　徐悲鸿淘宝雨花石 /309

第二十四章　文人雅集续兰亭 /311
　　豁蒙湖山尊前欢 /311　　沪上雅集庆寿诞 /313
　　冶春日渐吟诗开 /316　　白马湖畔举杯饮 /318

第二十五章　听曲看戏有学问 /320
　　秦淮画舫听曲音 /320　　余派嫡传张伯驹 /322
　　痴迷昆曲四姊妹 /323　　四大名旦与四小名旦 /324
　　电影的黄金时代 /326

情 感 / 335

第二十六章　禁得住考验的师友情 /336
　　胡适提携罗尔纲用心良苦 /336
　　丰子恺绘《护生画集》/340
　　曾昭燏住进胡小石家 /342
　　顾颉刚对钱穆的知遇之恩 /343
　　沈从文提携卞之琳 /345

第二十七章　割舍不去的亲情 /347
　　胡适的心头之痛 /347　　鄞县"五马"各显神通 /349
　　两代接力勘察六朝陵寝 /350　　姑苏张家四姊妹 /352

第二十八章　惊世骇俗的爱情 /355
　　林徽因的艰难选择 /355　　萧红的传奇之恋 /359
　　费孝通、王同惠蜜月的生离死别 /361
　　石评梅、高君宇的生死恋 /364

第二十九章　不同寻常的婚姻 /366
　　丁玲的三人行 /366　　陆小曼的凄美爱情 /369
　　影后胡蝶的惊世离婚案 /373　　阮玲玉含怨怀恨而去 /376
　　影帝金焰与两位女影星的感情纠葛 /380
　　蒋碧薇只同居不结婚 /382　　冯玉祥不同凡响的征婚 /383
　　自拟并手书结婚证书的新式婚礼 /385

参考文献 / 387

后　　记 / 392

新版后记 / 395

Chuan Yi
穿衣

第一章　旗袍风韵

旗袍是民国时期最具代表性的女装。旗袍虽然来源于旗人（满族人）之袍，不过经过改良，已成为汉族女性与满族女子共同的服饰，在民国时期绽放出异彩，谱写了辉煌。

宋氏姐妹钟情旗袍

宋庆龄一生钟爱旗袍

宋霭龄、宋庆龄、宋美龄三姐妹喜欢穿旗袍，在很多场合下，她们都身着旗袍。尽管她们很小就在国外生活、学习，然而宋家传统的中国文化教育，培养了她们喜爱中国文化，爱穿中国服饰的习惯。

1907年秋，14岁的宋庆龄与小妹宋美龄踏上留学美国之路，先在新泽西州的波特温学校学习，这个时期她有一张身穿素色旗袍的照片，直发梳

▲ 穿花旗袍的宋庆龄

向脑后,像个小大人(刘东平《宋庆龄图传》)。此时的旗袍还保留着旗人之袍宽大、直身的特点,将女性身体曲线掩藏在宽大的袍子之下。进入民国,旗人之袍发生了变化,其面料也由厚重、多提花、装饰烦琐向轻薄、多印花、装饰简约转变。

20世纪一二十年代,旗袍受文明新装的影响,出现了文明新装的喇叭状的大袖口,袖口一般宽7寸,俗称倒大袖。1923年12月21日,宋庆龄陪同孙中山前往广州岭南大学演讲,孙中山勉励学生:"要做大事,不要做大官,把中华民国重新建设起来。"宋庆龄穿着黑绸缎面料的倒大袖旗袍,脖子上围着一条格子围巾,襟口、袖口处分别绣着一朵花。1925年3月12日孙中山在北京逝世,宋庆龄在治丧期间,丧服是黑色长袖倒大袖旗袍。1925年宋庆龄拍摄的一张照片,所穿的旗袍是绣边缘的倒大袖旗袍。

20世纪20年代中叶,受欧美服装影响,原本宽大且没有腰身的旗袍开始收腰,长度缩短,下摆逐渐上升,1924年下摆还在小腿,至1929年已升至膝盖。女性大方地秀出她们的小腿,洋溢出青春的气息。不要小觑女性穿旗袍秀出的小腿,洋溢出青春的气息(黄强《衣仪百年》),这体现了一种有别于清朝封建专制观点的、充满着开放风气的新时代社会观念。

旗袍是宋庆龄一生钟爱的

▲ 穿倒大袖旗袍的宋庆龄

服饰，20世纪30年代，在上海，她所穿的旗袍有中袖、长下摆花格子的扫地旗袍，还有条纹图案的旗袍。1932年，英国文豪萧伯纳访问中国，2月17日宋庆龄在上海莫礼哀路的住宅宴请萧伯纳，蔡元培、鲁迅、林语堂、伊罗生、史沫特莱应邀出席，宋庆龄在旗袍的外面罩了一件毛线编织的马甲。

宋美龄有上百件旗袍

宋美龄喜欢穿旗袍。虽然她10岁时起就生活在美国，但从来都穿中式服装。

她不喜欢穿过于暴露的服饰，出于女性美的追求，也反对穿长筒裤子（窦应泰《破译宋美龄长寿密码》）。她认为女性应该有与男性截然不同的服饰特点，在她的百年生涯中，几乎没见她穿过长裤子。

宋美龄爱衣成痴，她青睐旗袍，衣柜中有上百件旗袍，依据季节变化，选择不同的面料，不同的色彩，款式造型各异。宋美龄旗袍之多，大概当时无出其右者。为什么宋美龄会有如此多的旗袍？固然与她第一夫人的地位有关系，宋美龄的旗袍必须有款有形，与众不同。遇到重要节日，高官的女眷都礼节性地向宋美龄赠送礼品，其中以绸缎布料居多，宋美龄身边有用不完的各

▲ 穿旗袍的宋美龄

式各样的面料,她喜欢旗袍,就用它们来制作各式各样的旗袍。

通常情况下,一件旗袍,宋美龄只穿一两次。夏天的更换频率更快,一天换一件。宋美龄身边有一御用裁缝师傅张瑞香,专门为宋美龄制作旗袍。早期裁缝师傅是外请,定期来总统官邸量身定制,后来,因为旗袍需要量大,张瑞香被调进官邸里来,成为后勤人员。宋美龄的旗袍手工细巧,制作精良,款式新颖。因为各种服饰太多,尤其是旗袍有上百件之多,侍从们将旗袍进行分类,按照颜色、面料、款式的不同,编上号码,便于随时取用。

▲ 穿旗袍的宋美龄

除了官眷赠送的衣料,宋美龄也经常自己选购衣料,但并非那种让布料店搬来各种衣料,拣价格昂贵的,整匹搬走的阔太太做派。宋美龄总是要跑好几家店铺,问明价格,挑合意的才买。

在不同的场合,宋美龄会搭配不同的旗袍。在参加重要的外事活动,接待重要来宾时,宋美龄会穿上高档面料制作的旗袍。在一些面向民众的活动中,她也会穿普通面料的旗袍。1938年武汉儿童保育会成立,为了保证保育会顺利成立,有关方面约请宋美龄主持工作,宋美龄身着黑色丝绒旗袍,发表了讲话,给予儿童保育会很大的支持。

抗战期间,在重庆,宋美龄还参与了缝制服装、支持抗战的活动。她穿着深色、朴素面料的旗袍,坐在缝纫机前,脚踩踏板,为前线将士缝制着服装。第一夫人身着朴实的旗袍,显示其崇尚简朴之风。

"胡蝶旗袍"与众不同

1933年《明星日报》创办人陈蝶衣发起了评选电影皇后的活动,明星公司的胡蝶以21334票拔得头筹;天一公司陈玉梅得票10028,位列第二;联华公司阮玲玉以7290票获得第三。胡蝶的长相端庄俏丽,演技深得人心,无愧于"影后"的称号。影迷们喜欢胡蝶的酒窝,喜欢她的微笑,甚至模仿她的微笑。

20世纪30年代是旗袍盛行的时期,各大报刊纷纷开设专栏介绍旗袍,月份牌也喜欢选择美女和旗袍为表现对象。胡蝶也穿旗袍,而且她的旗袍款式独特,她穿旗袍的风度与众不同。

当时的旗袍分为京派与海派两种风格。海派旗袍加入了西式服装的腰身,重在表现女性的特点,修长、紧身、适体、高开衩,更适合身材高挑

▲ 穿旗袍的胡蝶

的南方女性穿着。

胡蝶驾驭旗袍的能力很强，无论是高领中袖旗袍，还是低领短袖旗袍，穿在她身上都是仪态万方。胡蝶在《劫后桃花》中的扮相，既有深色底丝绒旗袍，上绣花朵，雍容华贵，也有短袖碎花旗袍，简洁质朴，素雅简约，如清水芙蓉。1935年3月，胡蝶随中国代表团去苏联莫斯科参加国际电影展，她身穿立领、琵琶襟、中开衩、下摆垂地的扫地旗袍，身披白狐披肩，面如芙蓉眉如柳，仪态端庄大方，美艳惊人，让世人为之折服，被誉为"中国的葛利泰·嘉宝"。她的这身旗袍装扭转了世人对中国女演员的看法。

胡蝶是上海滩的时尚标杆，她穿什么，上海滩就流行什么，她怎么穿，上海的女人就怎么效仿。胡蝶曾穿过一件蝴蝶褶衣边的旗袍，风靡一时，人称"胡蝶旗袍"。

阮玲玉惊艳旗袍

阮玲玉与胡蝶同为民国时期的影坛大腕，在阮玲玉与胡蝶合作的影片中，阮玲玉始终是悲情色彩的女二号，但胡蝶却坦然承认："阮玲玉演得了我演过的角色，而我演不了她演的角色。"阮玲玉的性格刚烈，感情奔放，一向以本色出演，表演率真，驾驭角色的本领很强，很容易入戏。

阮玲玉的演技超群，粉丝众多，她也是时尚的风向标。

阮玲玉在银屏上走红的20世纪30年代，正是旗袍花开正艳的时候。

旗袍总体特点是领小、袖小、下摆多变化，核心是讲究腰身。汉族女性的旗袍，有明显的腰身，胸、腰、臀部贴合身体曲线，穿在每一位女性的身上都是合身、妥帖的。民国旗袍不是批

▲ 穿旗袍的阮玲玉

量生产,千人一式,而是量身定做的个性化服饰,千人千样。

阮玲玉喜欢高领、长下摆、网格图案的旗袍。

20世纪30年代的旗袍流行长下摆,长可及地,盖住脚面,俗称"扫地旗袍"。阮玲玉在影坛大红大紫时,正是扫地旗袍流行之时。长旗袍配高领,衣领紧裹脖颈,直抵下巴,即使在炎热的夏天也不改高耸的姿态。盛夏酷暑,薄如蝉翼的旗袍也必须配上高耸及耳的硬领,高到直抵腭下,继而至耳。后来低领开始盛行,当低到实在无法再低的时候,干脆不要领子了,也是时尚。身穿高立领长旗袍,脚蹬高跟鞋,将女性衬托得亭亭玉立,再将头发吹烫一下,美不胜收。

阮玲玉1933年出演《三个摩登女性》,1934年出演《神女》,1935年出演《新女性》,她在影片中扮演的角色都穿着旗袍。她精湛的演技、迷茫的美丽让影迷为之疯狂。她将旗袍的丰姿绰约、风情万种展露得淋漓尽致,留下了惊艳的一瞬。

扫地旗袍下摆长,贴身穿,行动有所不便,于是设计上对旗袍采取了开衩处理,尤其是高开衩,解决了这个问题。女性走动时,隐约露出白皙的大腿,十分性感。

旗袍的袖子也富于变化,时而长过手腕,时而短至露肘,当然也有无袖的。长袖有长袖的美,短袖有短袖的俏,无袖有无袖的媚。因人而异的旗袍,符合每一个穿着者的身材,贴合而周致。

清风徐来着旗袍

徐来长得标致,是标准的美人,原名小妹,又名洁凤,18岁时考入黎锦晖主办的中华歌舞专科学校,毕业后加入明月歌舞团,奔走于平津宁汉等大城市,因美貌与机灵拥有很多粉丝。黎锦晖以"清风徐来",为她改艺名徐来。

1931年9月,"明月"更名为联华歌舞班,隶属联华影业公司,拍摄了一些歌舞短片。1933年,徐来在明星影业公司主演了影片《残春》,一炮走红。徐来从影的时间不长,1935年,阮玲玉的自杀对徐来刺激很大,在主演了《船家女》之后,她就息影了。美人徐来受到电影界、时尚界的推崇。除了沐浴镜头、泳装的轰动,徐来在衣着方面也很讲究。她是标准的旗袍模特身材。徐来的衣柜中有多款旗袍,长下摆、短下摆、高

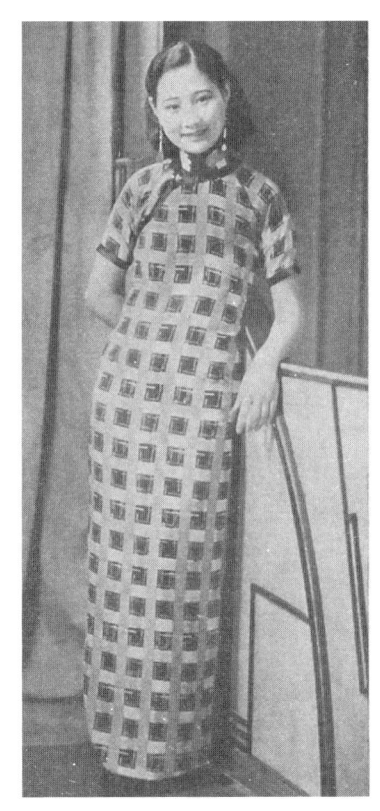

▲ 穿旗袍的徐来

开衩、低开衩，长袖、中袖、短袖，直襟、斜襟、双襟、曲襟，样式多种，款款有形，件件精致，穿在她身上风情万种，神采飞扬。

春夏季节，徐来在素底圆点绸缎料旗袍外面套上一件长袖丝绸外套，低开衩长下摆，露出秀美的小腿，以及一双高跟皮鞋，时尚浪漫。秋风刚起，徐来换上一款深色底大花的旗袍，短短的袖子尚未变成中长袖，意味着苦夏还未远去，尚不及换下夏季的单旗袍，不过脖子上加上了一条狐皮围领，即表明时令在变化。当树叶飘落时，气温下降，徐来的旗袍由单变成夹，旗袍里多了衬里，比单旗袍厚实，风情不减。飘雪的隆冬，徐来在旗袍外面罩上裘皮大衣。当走进有暖气的室内，脱去裘皮大衣，里面就是长袖、高领的长下摆的旗袍。

张爱玲旗袍缀满华丽

翻阅张爱玲的书，如同欣赏一件放置箱底已久的旗袍，轻轻地抚去沾在旗袍上的浮尘，仔细端详，虽然有了些褶皱，然而烫去折痕，旗袍依然亮丽。

张爱玲才华横溢，也是一位服装控，受母亲的影响，她从小就对服装有一种特别的喜好，爱穿漂亮的衣裳，把自己打扮得与众不同。

1943年7月的一天，张爱玲去福建路昼锦里附近的一个小弄堂，《万象》编辑部就设在一座双开间的石库门内。编辑柯灵约见张爱玲，请她为《万象》撰稿。张爱玲穿着一件色泽淡雅的丝质碎花旗袍，是上海小姐普通的装束，可是在腋下却夹着一个报纸包，与旗袍的穿着搭配有点怪异。她说有一篇稿子要给柯灵看一看，这是柯灵与张爱玲的第一次见面。

张爱玲对服饰有自己的审美，尤其喜欢标新立异，弟弟张子静称之为"古怪样子"。她从香港回上海，张子静去看她，张爱玲穿着一件矮领布旗袍，大红颜色的底子，上面印着一朵一朵的蓝白大花，两边都没有纽扣，是跟外国衣裳一样钻进去穿的。领子矮得几乎没有；在领子下面打着一个结，袖子短到肩膀，长度只到膝盖。

张爱玲有一件薄料子的旗袍，深灰色，不但没有袖子，而且袖缘往里裁剪得很深，从这边的肩骨，通过盖着前胸骨的上襟，可以看到那边的肩骨。深色旗袍似乎是张爱玲的制服。

▲ 穿旗袍的张爱玲与姑姑

张爱玲与胡兰成逛马路，穿一件桃红单旗袍。胡兰成说：好看。张爱玲回答：桃红的颜色闻得见香气。

阴丹士林情结

民国期间，有一种旗袍非常流行，年长的老太太穿，年轻的俏女郎穿，年幼的小学生也穿；大户人家的贵妇人穿，贫寒人家的小媳妇也穿。她们不约而同地选择了——阴丹士林旗袍。

阴丹士林旗袍不是一种款式，而是指制作旗袍选用的面料,即阴丹士林布。阴丹士林本是一种还原染料名称,德文Indanthren的译音,这种染料耐洗、耐晒、坚牢度高,以它染成的布色彩艳丽,人们习惯称之为阴丹士林布,其中以大德染料厂出品的最有名。与传统的土布相比,阴丹士林布颜色鲜艳,种类繁多,与纯洋布比,它又具备了朴素典雅的民族性,因此很受人们的喜爱。阴丹士林布不仅质量好,还可以满足低、中、高不同层次顾客的需求。

影星李丽华的旗袍中就有用阴丹士林面料制作的,有一种朴素淡雅之美。因为看中了李丽华的气质,商家请李丽华为阴丹士林旗袍做了广告,"阴丹士林布是我最喜欢用的衣料",李丽华做了这样的表白。

阴丹士林布的广告遍及都市和乡村,在学生中影响尤大。阴丹士林布也以其优良的品质,畅销大江南北,家喻户晓。学生喜

▲ 20世纪30年代阴丹士林旗袍（老月份牌）

▲ 泰山牌阴丹士林布广告

欢穿阴丹士林布做的制服,时髦女郎也喜欢穿阴丹士林布做的旗袍,阴丹士林布几乎成了"国布"。阴丹士林旗袍成了20世纪30年代时尚的宠物。若干年后,阴丹士林、士林蓝仍然是经历过世纪沧桑的老人耳熟能详的字眼,她(他)们依然对阴丹士林布充满着怀念和向往,有着深深的阴丹士林情结。

第二章　渐行渐去的长衫马褂

▲ 穿长衫的胡汉民 1933 年在广州

民国时期的男装世界，长袍（衫）、中山装、西装三足鼎立，代表着不同身份的人群。一般来说，传统文人、老夫子们喜穿长袍马褂，喝过洋墨水的海归好穿西装，而那些在政府任职、信奉三民主义的官员则穿中山装，这与他们的教育背景和工作有关。这样的穿戴，仿佛是一种身份的标签。

庄重长袍与时尚马褂

辛亥革命之前，传统服饰以长袍马褂为主。辛亥革命之后，中华服饰从整体上摆脱了古典服制的束缚。关于日常服制的确立有两种方案，一种主张采用西服，一种主张日常服饰基本照旧。礼服用纯丝绵品，专以国货为主，由此掀起了国产绸布缝制蓝布

第二章 渐行渐去的长衫马褂

衫的热潮。

尽管出现了西式服装,但是在老百姓中仍然是中式服装的天下。民国时期的长袍马褂,款式与前清有所不同,马褂对襟窄袖,下长至腹,前襟钉5粒纽扣,一般以黑色丝麻棉毛织品为主。长衫一般是大襟右衽,长至踝上两寸,左右两侧的下摆处开有一尺左右的小衩,袖长与马褂齐平,一般用蓝色。用作便服的马褂、长衫,颜色可以不拘。在春秋两季,人们还喜欢穿马甲,在长衫外罩一件马甲,以此代替马褂。这时期的男装也长年在灰色、咖啡色、深青色里面打滚,质地与图案极单调。

从20世纪20年代起,大城市的教师、公司洋行和机关办事员中的青年人开始穿西装,而老年职员和普通市民穿西装的较少,仍以长衫马褂为主。与西装比起来,长袍算不上挺阔,但是穿着的舒适性却胜于西装,特别适合行动缓慢、年龄偏大的中老年人。保守的中式服饰,很贴合中国知识分子温和、可信的形象。

长衫庄重、典雅,体现出民族的韵味,颇得中老年知识分子喜爱。

鲁迅几乎是常年穿长衫,一件廉价的白色洋官纱长衫,端午前就穿起,一直穿到重阳节。气温降低后,再换上深色的棉布长衫。

▲ 穿长衫的鲁迅,1928年3月于上海景云里寓所

名士风度教授穿长衫

▲ 穿长衫的黄侃

1927年，黄侃任教中央大学，与校方约定"下雨不来，降雪不来，刮风不来"，绰号"三不来教授"。中央大学教授们大多西装革履，进出乘坐汽车，最起码也有黄包车。唯黄侃天天步行，出入总是一件半新不旧的长衫，用一块青布包几本常读之书。

中央大学艺术系教授徐悲鸿，平时穿黄铜纽扣的青色土布长衫，简朴古雅。因为经常画画，有时候长衫上也会沾上颜料。

武汉大学政治系任凯南教授常穿长袍，外面罩着蓝布大褂，布鞋。出门时带一根手杖，把手杖挂在左肘上，颇有名士风度。

北京大学的师生不太讲究衣着打扮，老师和学生多是长衫。海归的洋博士胡适、刘半农也总是长衫，很少见他们穿西装。至于李大钊、周作人、钱玄同这些在日本留过学的人，更是一年四季穿长袍，有时还要套上一件马褂。

抗战时期，北京大学、清华大学、南开大学南迁，在昆明组建了西南联合大学。西南联大的生活是艰苦的，缺衣少食。教授的收入也不足以满足家庭所需，教授们不得不通过兼课、刻印、卖文等方式挣钱；教授夫人也抛头露面，制作定胜糕，贴补

▲ 1944年欢送罗常培赴美国考察,在昆明大吉普镇合影。从左起朱自清、罗庸、罗常培、闻一多、王力等

家用。联大的教授中不乏留洋归来的知名学者,如陈寅恪、闻一多、钱锺书、王竹溪、吴有训、吴大猷、赵忠尧、张文裕、杨石先等。频繁的战争与艰苦生活,考验着人们的意志。在联大的校园中,穿什么服饰的都有,中装、长衫、西装,各人有各人的习惯。

沈从文穿衣服从不讲究,《湘行散记》里说他穿了一件细毛料的长衫,汪曾祺回忆:"这件长衫我可见过。我见他时总是一件洗得褪色的蓝布长衫,夹着一摞书,匆匆忙忙地走。"

在西南联大,有人把教授们的穿着、形象列入校园八大景观,编成顺口溜:闻一多的胡子,朱自清的披毡,吴宓的烟斗,曾昭抡的脑门儿,陈寅恪的罗锅,刘文典的棍子。

抗战胜利后,俞平伯在北大讲授古代文学。适值冬天,教室朝南,阳光充足。俞平伯头戴黑羔皮土耳其式高筒小皮帽,外罩阴丹士林蓝布大褂,里面是藏青绸料棉袍,黑色棉裤。大褂短于

▲ 穿长衫的陈寅恪

棉袍约二寸。大褂新时同棉袍一样长,洗后缩水,便越来越短。冯友兰、闻一多、张子嵩也是常年长褂长袍,很少见他们穿西装。清华大学20世纪30年代的梅贻琦校长也不例外。

陈寅恪在清华大学国学研究院做导师时,冬季里面穿着皮袍,外面罩以蓝布大褂青布马褂,头上戴一顶两旁有遮耳的皮帽,足下蹬着棉鞋,右手抱着一个蓝布大包袱,走路一高一下。

抗战胜利后,陈寅恪57岁,双目失明,由人搀扶着重返清华园,校长梅贻琦劝他休养一段时间,陈寅恪回答:"我是教书匠,不教书怎么能叫教书匠?我每个月薪水不少,怎么能光拿钱不干活呢?"脸上带着微笑,语气却是严肃、坚定的。清华为陈寅恪配了3个助手,陈寅恪以古代书院的精神授课,师生之间则以学问道义相重。有一天,学生胡守为来到陈宅,陈寅恪正在工作。尽管只有他一个学生,知道他来了之后,陈寅恪挪步到楼上,郑重地换上了一身长袍(落尘《民国的底气》)。

洋派的闻一多换上长衫

1925年5月14日,闻一多、余上沅等从美国西海岸登上回上海的轮船。一望无际的大海,波涛滚滚,思绪也随着滔滔翻滚的海水,回到让闻一多等海外赤子魂牵梦萦的故土……

寂寞的海上生活,耳边回响着轮机的轰鸣声,偶尔看到飞翔

第二章 渐行渐去的长衫马褂

在大海上的海鸥，不畏风浪，勇敢地搏击。茫茫的大海，白浪滔天，看不到陆地，可是闻一多心里知道，轮船每天都在靠近阔别多年的祖国。

当船驶入上海吴淞口，远远地看到一片陆地，那就是自己的祖国呀。站在甲板上的闻一多兴奋起来，欢欣雀跃，突然他脱下身上的西装，"嗖"地扔进了大海。1922年闻一多去美国留学，在美国喝了多年的洋墨水，穿了多年的西装。一旦回到中华大地，压

▲ 穿长衫的闻一多 1945年在昆明西南联合大学

抑在心中的民族本性就被激发了，西装不再是一种必需的服饰。闻一多说过："我15岁以前，受的是旧家庭的束缚，考入清华以后，又到美国留学，回来以后在学院里当教授，一直过的是假洋鬼子的生活。对于中国的认识，其实很肤浅；过去漂洋过海，领略了海的辽阔，可在今天，我要用我的脚板、脚跟和脚趾，去抚摸祖先的沧桑，领略山的雄伟。国难当头，我们这些掉书袋的人，应该重新认识中国了。"

扔掉西装并非闻一多一时的冲动，而是他内心深处的一种民族精神的体现。回国后的闻一多，实践着他的诺言，不再穿西装，戴领带，而是穿上了传统的中式长衫。

1946年7月15日，在云南大学纪念李公朴追悼大会上，闻一多慷慨激昂地演讲，痛斥暗杀李公朴的凶手。当晚，闻一多也与李公朴一样，倒在了国民党特务的枪下。穿长衫的闻一多，化成中国知识分子追求民主、反对独裁的精神雕像。

第三章　改良的中山装

中山装是在学生装的基础上加以改革而成，因孙中山先生率先穿着而得名。

中山装发端于20世纪20年代末期，当时孙中山先生感到传统中装不能体现中国人的奋发向上的精神；西装是舶来品，也不大适合中国人的生活习惯，于是萌发了对传统服装进行改革的念头。他从当时在南洋华侨中流行的"企领文装"以及日本流行的陆军士官服中得到启发，在"企领文装"上增加一条翻领，代替西装的硬领，创造出一款新式服装。

本着"适于卫生，便于动作，易于经济，壮于观瞻"的原则，一套新式服装诞生。改良的服装采用翻领，胸、腹各做两大两小有袋盖的四只贴袋（明袋），两小贴盖做成倒山形体架式（即笔架盖），寓意中国革命必须依靠知识分子。

▲ 穿中山装的孙中山

中山装式样原为九纽,胖裥袋,后根据《易经》《周礼》等内容寓以新意。其形制为立翻领,对襟,前襟五粒扣,四个贴袋,袖口三粒扣,后片不破缝。依据国之四维(礼、义、廉、耻)确定前襟四个口袋,袋盖为倒笔架,寓意为以文治国;依据国民党区别其他西方国家三权分立的五权分立(行政、立法、司法、考试、监察),确定前襟五个扣子;依据三民主义(民族、民权、民生)确定袖上为三个扣子;后背不破缝,表示国家和平统一之大义;翻领封闭式的衣领表示"三省吾身",严谨治国的理念。对这种寓意,并没文献记载,只是传说,也有说是后人的附会。

中山装创制后,孙中山带头穿着,中山装成为革命与时尚的象征,风靡一时。

政府制服中山装风行一时

1912年,民国政府通令将中山装定为礼服,修改中山装造型。民国十八年(1929)制定国民党宪法时,规定特任、简任、荐任、委任四级文官宣誓就职时一律穿中山装,以示奉孙中山先生之法,中山装遂成为南京国民政府的统一制服。

在国家正式典礼中,中山装成为重要的象征。1928年7月6日,蒋介石将冯玉祥、阎锡山、李宗仁等请到北京香山碧云寺公祭孙中山,在北京的国民党

▲ 1945年的中山装

中央委员、市党部委员均谒陵，主祭、襄祭官员均着中山装。在南京国民政府时期，蒋介石等领导人出席重要仪典，都要穿中山装。在总理纪念周时，更是明确规定穿礼服或中山装。以后在各种正式典礼中，均要求各部公务员一律着中山装。

政府院部如此，国民党党部如此，到了地方政府、机关更是如此。国民党向机关、学校推广中山装，将中山装塑造为革命、进步、时尚服装，向民众宣传。1928年3月，国民党内政部就要求部员一律穿棉布中山装，除国民党党员服装须党务系统批准外，其余均穿中山装。此后，各地均将中山装定位为制服。1934年，陈仪入主闽政，对公务人员加以训练，中山装风行一时。1934年，南京特别市政府规定办公时间内一律穿着制服，严厉"取缔奇装异服"，穿中山装，且质料"必须国货"。

冯玉祥说中国的长袍大褂，糟蹋布料，妨碍行动，他极力推崇孙中山先生创制的中山装，"中西兼长，至美至宜"。他主政河南期间，着力推广中山装，规定河南开封政界一律改穿中山装，各机关内，穿长衫者不准出入。中山装似乎成了进入政府机关的通行证。即使女界，亦已有剪发穿中山服者。冯玉祥衣着原本朴素，他可以穿着粗布军装办公，此时也穿起了灰布中山装。有政府令，又有执政的率先垂范，河南

▲ 穿中山装的蒋介石、毛泽东

的官员们纷纷改穿中山装。有一时期,机关职业薪水发放困难,省政府又下令,由各机关代做灰色中山装一套、棉风衣一件,费用由公家垫付,充抵部分薪水。当时河南公务人员到乡村执行公务也必须穿制服——中山装。河南省南阳县政府规定:土地丈量员制服,夏季着白色中山装,其他季节着黑色中山装,帽子与衣服颜色相配。

1945年8月,国共两党领袖蒋介石、毛泽东在重庆会晤,两人穿的都是中山装。毛泽东当时说:"国共两党继承的是中山先生民主革命的衣钵,同宗同源。"穿中山装表明对于中山先生的怀念,以及继承中山先生的衣钵,继续推进中国的民主革命。

周恩来、董必武等在国统区从事革命工作时,中山装也是他们经常穿的服装。

老舍:对不起,这已经是我最好的衣裳了

民国时期中山装已经成为公务员及教育界人士中最流行的服装,穿中山装的人会自然而然被认为是教育界官员。著名报人张慧剑曾经穿着中山装去浙江金华一所村小学观光,引起全校震惊,师生们惊慌失措,仿佛大祸降临。张慧剑很是纳闷,校长毕恭毕敬来到张慧剑面前,恳请他进办公室休息。一细问,张慧剑才明白,原来师生们见他穿着中山装,误以为他是县督学,以为摊上什么大事了,惶恐至极。张慧剑为此感慨:"穿上中山装,我还是我,但是在别人的眼里我不是我了,衣服是人类一切误会的根源。"

1938年8月,老舍来到重庆,出任中华全国文艺界抗敌协会常务理事兼总务部主任,负责协会的日常工作。为参加活动,老舍特意买了两身灰布中山装。抗战期间,老舍轮换穿着这两套

中山装，在万县、成都、青城山、灌县、昆明等地了解各地抗日宣传工作和"文协"活动情况，发表演讲。衣服下过几次水之后，掉色，变得灰不灰蓝不蓝，老在身上裹着，使老舍看起来像个清道夫，有人管他的这种服装叫作斯文扫地的衣服。但是老舍顾不了衣服的"不斯文"，他马不停蹄地奔波在文艺抗战前沿，做鼓动宣传动员，写作了抗战剧本《残雾》《国家至上》《张自忠》，长篇小说《四世同堂》的前两部《惶惑》《偷生》也是在重庆写就。

曾经有人对老舍的穿着投以质疑的眼光，老舍说："对不起，这已经是我最好的衣裳了。"

晴天一身中山装，雨天还是那套中山装。灰不灰蓝不蓝的中山装成了抗战在重庆的老舍的形象。此后，这两身衣服伴随了老舍多年。

卢作孚：跟班着装胜过实业大佬

实业家卢作孚是民生公司的创始人。作为民族运输业巨子，卢作孚的产业做得很大，涉及矿冶、机械、纺织、贸易、保险、新闻等多行业，但是他的生活非常简朴，常年穿一套中山装。

卢作孚创办的北碚三峡染织厂，生产一种芝麻色粗布面料，颇受中国民众欢迎。民生公司成立后，卢作孚就选用北碚厂的芝麻色面料，制作了中山装，作为公司制服。他穿上了同员工一样面料的中山装，一直坚持数十年，即便担任交通部次长、粮食局局长也不例外。

粗布中山装成了卢作孚常年穿着的服装，因为过于朴实，也闹过误会。卢作孚曾应邀去国民政府军事委员会政治部第三厅做报告，车子开到第三厅时，从车上下来一位穿着派力司中山装，戴着巴拿马草帽,手提黑色公文包的人,非常气派。第三厅工作人员不认识卢作孚,误认为此人就是卢作孚,迎上去,握着对方的手,表示欢迎:"感谢卢先生大驾光临。"此人抽出手来,往身后一指:"卢先生还在车上呢。"原来此人是卢作孚的助手,穿着比卢先生讲究,而车上的那位穿着粗布中山装的才是卢先生。这让迎接的工作人员很是尴尬。

▲ 穿中山装的卢作孚

卢作孚的个头瘦小,衣着简朴,粗布面料,又喜欢剃光头,据说是为了减少梳理的时间。有一次民国政府要员张群(岳军)遇到卢作孚,见他仍然穿着简朴的中山装,就开玩笑,"你的跟班都比你穿得漂亮"。两人会心一笑。

1944年10月,卢作孚去美国参加国际通商会议,遇到在美国为乡村学院筹款的乡村教育家晏阳初博士。晏博士见他还是一身芝麻色粗布中山装,就向他建议:"外国人重视衣冠,你这样不修边幅要吃亏的,何况国际会议,中国人的服饰礼仪总要有的,中国面子不能丢。"卢作孚觉得晏博士说得有理,穿衣是中国人形象,这才做了一套普通面料的西装。遇到重要外事活动,他才换上西装,平时不改本色,仍然是那件粗布中山装。

第四章　新校风貌学生装

校服不仅有统一风格之作用，更有提高精神风貌的效果。整齐划一的校服，体现的是学校的风格，学生的风貌。民国时期也有校服，在一些有西方教学背景的学校尤其这样，如中西女中、圣玛利亚女校、培华女中、清心女中、明德学堂等。

林徽因的文明新装

1916年的北平，国民教育尚不普及，出现了一些教会学校，包括专门接纳女生的女子学堂（校），由英国教会创办的培华女中就是其中著名的一所。女学生主要来自生活富庶且思想开明的家庭。这些家庭的女孩子得到父母的宠爱，摈弃了"女子无才便是德"的古训，走出家门，抛头露面，进入学堂，接受教育，接触到复杂却又精彩纷呈的世界。

一天，四个十二三岁，身着统一的高领长袖黑色绒缎袄、半裙，脚蹬黑色皮鞋的女子，走出培华女中校门。她们一路欣赏着街景，有说有笑，非常开心。见到四个女生，路人纷纷投来惊诧的眼光，她们并不理会，她们就是走出藩篱、自由飞翔快乐的小鸟。当她们路过繁华市区的一家照相馆，被橱窗里陈列的照片吸引。这舶来的摄影术，在当时社会上还是新玩意。为什么自己会

"跑"进照片中去？会将人的魂魄摄进去吗？神奇的相片，让人们充满好奇。听过传教士的讲解，四位女学生知道这是光影产生的影像，可以留住美丽的人生。尽管家庭富裕，可是几个年轻的女子尚未体验过拍照。不知是谁说了一句："我们也去照个相吧。"大家心里都有这样的想法，一拍即合。镁光灯闪过，

▲ 林徽因1916年北平培华女子校服（摘自山东《老照片》）

一张影像在胶片上定格，锁定了她们青春的倩影。

我们眼前的这张泛黄的老照片，是培华女中四位女学生当时的合影。初看时，大家对这四个女孩都感到陌生，她们是谁？家住何处？或许她们的名字已经湮没在时间的长河中，无人知晓。我们凝视照片，通过她们的眼眸，似乎看到了什么，尘封的记忆也在轻抚中有了回响。

这帧照片非常经典，被很多杂志、书籍引用，我们对于四位女孩中，最右边的那个中等身材，脸形略圆的女孩并不陌生，她就是民国的才女，集美丽、智慧、优雅、才华于一身的林徽因。

因为林徽因的存在，我们熟悉了这张照片，知道了民国时期北平有个培华女子学校，这个学校的女学生穿着统一的校服，有

着优雅的气质。林徽因原名林徽音，其名出自《诗·大雅·思齐》："大姒嗣徽音，则百斯男。"林徽因祖籍福建福州，1904年出生于浙江杭州。林家声势显赫，其父林长民曾任北洋政府司法总长等职，擅诗文，工书法；堂叔林觉民、林尹民，更是大名鼎鼎，均为黄花岗七十二烈士。林徽因8岁时，林家移居上海，林徽因入虹口爱国小学学习。1916年，父亲林长民供职北洋政府，举家迁往北京，林徽因进了英国教会办的培华女中。大约学习了4年，林徽因中断了培华女中的学习，1920年4月至9月，她随父亲林长民，赴欧洲考察，游历伦敦、巴黎、日内瓦、罗马、法兰克福、柏林、布鲁塞尔等地。1921年回国，林徽因再次进入培华女中读书。

具有江南女子诗意才情的林徽因，自开蒙接受的便是中国传统文化的熏陶；进入培华女中，又受到西方思想的教育；游历欧洲，更是大开眼界。其思想中西合璧，后来她之所以选择建筑学为研读方向，是受到一位外国女房东的影响。

中国传统奉行的"女子无才便是德"，阻碍了女子受教育。明清之际，只有极少数女性能够进入私塾学习。在中国流传甚广的《梁山伯与祝英台》中类似祝英台女扮男装进入学堂的故事，只是传奇。至于专门为女性开设学校，也只是理想国的愿望。直到清道光二十二年（1842），英国妇女组织的东方女子教育协进社社员爱尔德赛，借五口通商开放之际，在宁波创办了中国境内的第一所女子学校，开了中国正规化女子教育之先河。此后的40年，外国传教士相继在广州、福州、厦门、宁波、上海、北京、天津等地设立多所女学，其中影响较大的有上海的圣玛利亚女校、中西女塾、清心女中等。

文化的隔阂、思想的鸿沟，使西方教会在中国设立女校的进程举步维艰，招收女学生也十分艰难。辛亥革命之后，共和思想深入人心，西学东渐，为女学堂发展破了冰。此时，社会上竞办女学，掀起了一股女权运动浪潮，寻求思想、个性解放的社会大气候涤荡着女子服饰上的陈规陋习。社会对女性的种种礼节限制有所松弛，女性服饰一扫清朝矫饰之风，趋向于简洁，色调力求淡雅，体现女性的自然之美。

当时日本的服装审美和流行趋势在一定程度影响了我国。妇女（尤其是女学生、女教师）多穿窄而修长的高领衫袄，下穿黑色长裙，裙上不施绣纹，呈现朴素、清纯、淡雅的风情，昔日繁多的簪钗、手镯、耳环、戒指等首饰一概不用。在反映当时社会生活的小说中，有关于学生装的描写。张恨水在《春明外史》第24回就有这样的记述："她身上穿了一件瓦布灰皮袄，下穿黑布裙子，肩上披了一条绿色镶白边的围脖，分明是个女学生。"

林徽因穿的培华女中校服，款式源于文明新装。民国初年至20世纪20年代，糅合了西洋服饰元素和中国传统服饰特点的文明新装在女学生中应运而生。文明新装有别于传统的女性服饰，上衣多为腰身窄小的大襟袄，摆长不过臀，袖短露肘或露腕，呈现喇叭状，袖口一般为七寸，称之为倒大袖，衣服的下摆多为圆弧形，并在领、袖、襟等处缀有花边。裙子也略为缩短，但不曾缩短到膝上（在这以前的裙子下垂及足），裙褶完全取消而任其下垂。留洋女学生和本土教会学校女学生，率先穿着这种由袄子演进、变化而来的服装，被称为"文明新装"。文明新装在女学生中流行起来，虽然还不是校服，但是可以看成学生装的先导。在文明新装的基础上，以袄衫为基本形制，革除倒大袖，去除装饰的花边，衣料、颜色以素雅为主，就形成了民国初年至20世纪20年代的女校校服的基本格调。

张爱玲的校服"时装秀"

民国时期的上海是一块创造神奇的土地,作为一个开放的商埠,西方文化最先进入上海,时尚流行也从上海蔓延。

清末民初,上海的学堂如火如荼,南洋公学(上海交通大学前身)、圣约翰大学,都是中国近现代教育史上的名校。此外,小学、中学教育也颇为发达,其中著名的女校有圣玛利亚女校、清心女中、中西女中、民立女中等。

圣玛利亚女校也是女作家张爱玲的母校。张爱玲系出名门,祖父张佩纶是清末名臣,祖母李菊耦是晚清四大重臣之一李鸿章的女儿。圣玛利亚女校系教会学校,教师主要是外籍人士,学校按照外国教材,用西语授课,校园文化有着浓厚的西方色彩。不过圣玛利亚的校服并没有完全西化,不同时期的校服是有所变化的。1920年前后,女生们穿着高领大袖袄,中式的风格;1930年前后则穿着中西式紧身旗袍,风格中西合璧;1940年前后,又变成了西装、西式衬衫与绒线编织服装的组合(张竞琼《西

▲ 圣玛利亚女校20世纪30年代校服

"服"东渐）。

张爱玲年幼时父母就离婚了，她跟父亲张志沂（字廷重）生活。1924年母亲黄逸梵与姑姑张茂渊赴欧洲留学。父亲生活颓废，终日与一群酒肉朋友花天酒地，又抽上了鸦片。1931年张爱玲进入上海白利南路（今长宁路1187号）美国圣公会创办的贵族学校——圣玛利亚女校读书。

受母亲的影响，张爱玲从小就对服饰有特别的兴趣，她喜欢花花绿绿的服装，步入青春期时，继母孙用蕃（民国政府前总理孙宝琦之女）带来两箱子旧衣裳，料子尽管很好，但是毕竟是旧衣裳，有的领子也破了。张爱玲穿着一件暗红色的薄棉袍，走进了圣玛利亚女校。圣玛利亚女校是一所贵族学校，学生都来自富裕或殷实的家庭。忽然间看到一个穿着仿佛碎牛肉颜色棉袍的女生，同学们投来诧异的目光，让敏感而自尊心很强的张爱玲不免有些难堪。"碎牛肉的颜色，穿不完地穿着，就像浑身都生了冻疮；冬天已经过去了，还留着冻疮的疤——是那样的憎恶与羞耻。"若干年后，张爱玲以这样的文字记下了她刚到圣玛利亚女中的感受。好在圣玛利亚女校对女生服饰有专门的要求，她们的校服并不是像其他学校校服统一制作，而是规定款式、面料符合要求即可。张爱玲1931年入校，这时期的校服是旗袍，土布、阴丹士林布料都可以，素面花色、碎花、条纹都可以，总体上要求简朴。旗袍是张爱玲喜欢穿的一种服饰，不用再穿继母给的衣领破旧的袍子，换上新的阴丹士林旗袍，着实让张爱玲兴奋了一阵。

在学校穿校服，这是通常的规定，但是遇到迎新聚会、节日庆典等活动，很多学校是鼓励学生展示自己风采的，允许穿其他服饰，于是各种潮流服饰、时装，争奇斗艳，校园里就会上演一场场"时装秀"。

南高师女生校服开风气

民国时期的南京是教育重镇,南京高师(国立东南大学、中央大学前身)、金陵女子文理学院、金陵大学、河海工科大学,以及后来的国立中央大学等均落户于此,中等教育更为普及。

今天的人们对于女生上学,男女学生同校读书司空见惯,但清朝末年,男女学生仍然不能同校,女性上学只能进女子学堂。1919年五四运动之后,男女不能同校规定才有所松动。

1919年12月7日,南京高等师范学校教务主任陶行知在第10次校务会议上提出建议——允准女子与男子同在南高接受教育。得到校长郭秉文、学监主任兼史地部主任刘伯明、教育系主任陆志韦等坚决支持,校务会议决定自1920年暑假正式招收女生。

南高开女禁消息传出,朝野哗然,甚至思想开明的实业家张謇和南高老校长江谦都表示反对,但是南高排除种种困难,在南京如期开考招生。报考的女生多达百人,张佩英(后改名张蓓薇)得到陈独秀、张国焘、茅盾等人的鼓励,专程从上海赶来南京投考。千挑万选,学校最后只录取了李今英、陈梅保、黄淑班、曹美恩、吴淑贞、韩明夷、倪亮、张佩英8位女生。她们被安排在不同系科,与男生同班学习(王德滋等《南京大学百年史》)。南高成为在中国首开女禁的高校(流行而且权威的说法是"北京大学在中国首开女禁",事实上是"南高在中国首开女禁",或者说"北大和南高在中国首开女禁")。

女生与男生同堂,在当年非常热闹。习惯了清一色男生上课的南高,忽然间来了几个女同学,同学们也充满好奇。学校对这8位女生也是格外照顾,她们有专门的校服,沿袭教育司规定的竹布上衣、黑色裙子的款式,上衣是下摆至腰间的素色袄子,长袖。这8位开女禁直接受益的南高女学生,穿上校服后,在校园

▲ 20世纪20年代南京高师首开女禁

里草坪上拍下了一张纪念照。两人坐在草坪上，一人半靠长椅，另5位则在长椅旁站立，有的双手抱胸前，有的双臂下垂，有的则放在背后，坐与站都很随意。

1920年初，私立上海大同学院为实行女子解放主义，效仿美国制度，允准中学毕业的女学生进文商各科学校，南京金陵大学也新开一班"英语教授法"，实行男女同学制，有金陵女子大学女学生10余人到该班与男生同学。大学男女同学的禁令被冲破之后，中学男女同学也开始实行。1921年，湖南第一师范、岳云中学开始招收女生，北京等地中等学校男女同校的也逐渐增多。

布褂短裙成时尚

女学的兴起，男女同校"女禁"的解除，让很多女性迈出家门，见识了社会。女学生的人数渐渐增多，成为社会上的一股新兴势力。她们接受新思想、新文化，主张男女平等平权，标榜

▲ 20世纪30年代学生裙装

自由，不拘旧俗，时人称她们为"自由女"，她们开始追逐时尚，将西风东渐带来的文明、科学在社会上传播。女学生因此成了时尚的急先锋。

当时送女孩上学不仅需要家长思想开放，经济上也要有相当实力，因为女校的收费不菲，具有百年历史的南京私立明德女子中学，当年的学生中就有很多政府官员的女公子，如张治中女儿张素我等。尽管有奖学金之类的补助，也有教会学校对于信徒的赞助，但是金陵女子大学等数所大专院校每学年的费用也非一般家庭可以承担。女学生的组织成分复杂，有留学归国者，带来东洋女子的衣着特色；有不甘做家中寂寞者的少奶奶，进学堂读书消遣时间；甚至还有妓院的雏妓求学者。西式围巾、皮鞋，以及金丝眼镜、手表、怀表、洋伞、手提包等，在女校都能见到。她们衣着别致，很重视发型和发髻的点缀。

清纯的女学生装成为当时的时尚。张恨水先生在《啼笑因缘》中就有关于女子穿学生装的记录，"看她身上，今天换了一件蓝竹布褂，束着黑布短裙，下面露出两条白袜子的圆腿来，头上也改绾了双圆髻，光脖子上，露出一排稀稀的长毫毛"。

民国初年女学生的打扮一般是齐耳短发，浓密的长刘海，短袄长裙，脚蹬一双黑皮鞋。素色上衣四周镶着鲜艳的绲边，斜襟上插着一支自来水笔。20世纪20年代末至30年代初，还有许多女孩子模仿十几年前的女学生打扮。20世纪20年代开始走红、梨园世家出生的京剧名伶孟小冬留存一张玉照，活脱脱是一个女学生的样子。20世纪30年代，在上海演出过明月歌舞，做了影星的王人美，仍然照常穿学生服、短裙。

20世纪30年代，阴丹士林布料流行于中国，阴丹士林旗袍也大行其道，被很多学校选为校服。女生的校服以朴素大方为主流，各式各样的布质长旗袍、搭扣皮鞋、齐耳短发，成了女大学生的标准形象。

▲ 20世纪30年代女学生在南京白鹭洲春游

第五章　洋装穿在身

西风东渐，也带来服饰的变革，西式服装影响着中国服饰，并与中国服饰结合，形成一些新品种、新款式。民国时期出现了骑马装、连衣裙等新品种，文胸与泳装也应运而生。男人们更是穿起了洋装。

扬鞭策马骑马装

20世纪30年代，林徽因、梁思成居住在北京，当时他们参与了营造学社的工作，对中国各地的建筑进行考察。回北京时，金岳霖、沈从文等朋友时常在林徽因家聚会，林徽因家的客厅俨然成了一个文艺沙龙，被称为"太太的客厅"。

阳光洒进宽敞的客厅，陈设简朴，女主人林徽因的衣服和言谈给人简单雅致的美感，客厅的先生有的正在欣赏她，有的却假装没有注意她。金岳霖是林家的常客，他的住所与林家有一个门相通。老金的身材高大，穿什么都显得舒展，有一股绅士的气质。梁思成喜欢坐在他的椅子上，或低头看书，或微笑看着大家交流。

萧乾跟着沈从文第一次去"太太的客厅"拜访林徽因，当时林徽因肺病已经相当严重，卧床不起了，萧乾以为林徽因一定是穿着睡衣，半躺在床上接待，情况却出乎意料，林徽因穿的是一套骑马装，话讲得又多又快又兴奋，不但沈从文和萧乾插不上嘴，就连在座的梁思成、金岳霖两位也只是坐在沙发上吧嗒着烟斗，点头赞赏。林徽因完全没有病态，而是精力旺盛，非常健谈，她不是只会抿嘴嫣笑的娇小姐，而是学识渊博、思维敏捷、语言锋利的评论家。

▲ 林徽因骑马归来

1936年，美国汉学家费正清、费慰梅夫妇在北京，与林徽因一家往来密切。11月的某一天，费慰梅建议林徽因去郊外骑马，活动筋骨，增加运动，有利于身体健康。林徽因在山西考察时，曾经骑过驴，骑马是头一回，她充满好奇，也有点紧张。骑在马背上的林徽因，神情像个愉快的少女，马对缰绳的敏感反应，常常令她惊诧。迎着料峭的寒风，她抖擞精神，扬鞭策马，一段路程跑下来，林徽因双颊泛红，黝黑的眸子闪烁着神采。林徽因是个喜欢新鲜的女子，她喜欢上了骑马，马上置办了一套新骑装（朱千一《林徽因和她客厅里的先生们》）。穿着新骑装，戴着帽子，马背上的林徽因英姿飒爽，有那么一股豪气，与客厅里妙语连珠、睿智的林徽因，与爬上应县木塔顶上全神专注、忘我工作的林徽因，都不一样。林徽因的美丽是多样的，无论穿什么样的服饰，都能与她的气质相融，恰到好处。

花想容来陈云裳

唐代大诗人李白在《清平调三章》中有"云想衣裳花想容，春风拂槛露华浓"的诗句。后来"云裳"常常指代华丽的衣裳。民国时期的上海滩有位知名的影星，有"南国影后"之誉，艺名就叫"陈云裳"。

陈云裳原名陈民强，成名于20世纪30年代末期。1938年因参演上海新华公司拍摄的《木兰从军》，陈云裳一举成名。至1943年，她陆续拍摄了《一夜皇后》《风流大姐》《裸国风光》等20多部电影。1940年，上海电影杂志《青青电影》举办"影迷心爱的影星"选举活动，陈云裳成为新一届"电影皇后"，上海滩随即出现了"云裳热"。

陈云裳也穿旗袍，但是更多的情况下，她喜欢西式风格的服饰。西风东渐，将西方审美意识和注意腰身的裁剪技术之风吹进了中国。20世纪30年代末期，旗袍出现了改良品种，借鉴西式服装剪裁方法，有了胸省和腰省，同时，第一次出现肩缝和装袖，使肩部和腋下变得适体。凸显女性玲珑的曲线之美成为女服制作中的一种时尚风格。西式的连衣裙漂洋过海传入中国，上衣下裳连属形式的服饰，古代就有，算不上新品种，但是加入腰身，凸显身体曲线，则是西式女服的

▲ 陈云裳的签名照

特点。

连衣裙的变化很多，采用皱褶的面料，有着大下摆的连衣裙，在微风中呈现飘逸的美感，乃是夏季一道亮丽的风景线。配上西式的小马甲，又具有了装饰性。陈云裳就有多款连衣裙及连衣裙式的服饰。面料有纱、绉、绸、缎等，她通常的穿法是在连衣裙里面穿一件衬衣，衬衫通常是平肩小领，也有小方领，泡泡袖。连衣裙的款式也是经常变化。

▲ 穿连衣裙的陈云裳

阮玲玉不拒义乳

民国初年，女性的内衣流行一种马甲，这种马甲与穿在外面的坎肩不同，一般都比较短小，俗称"小马甲"，在小马甲的前片，缀有一批密纽，使用时将胸部紧紧扣住。茅盾先生的小说《创造》中有这样的描写："沙发榻上乱堆着一些女衣。天蓝色沙丁绸旗袍，玄色绸的旗马甲，白棉线织的胸褡，还有绯色的裤管口和裤腰都用紧带的短裤，都卷作一团。"

旗袍讲究腰身，将女性的S形曲线完美呈现，但是对于胸部平坦的女性来说，无疑是个缺陷。民国初年，女性没有合适的内衣衬托胸部的丰满与性感。意识到了这个问题之后，一些受过西方教育、思想比较开放的女子开始琢磨如何改变平坦的胸部。有

▲ 义乳实践者阮玲玉

的人用棉花塞在胸前,使胸部凸出;还有人将小皮球剖成一半,做成假乳。1914年美国女子克劳斯贝(Caresee Crosby)用两块手绢和一条窄缎带制作了第一只无骨撑裸露腰腹的文胸,给女性内衣带来了一场革命。文胸不再用来压平胸部,而是用来突出胸部,隆胸细腰丰臀成为当时的流行审美形象。

20世纪20年代末期,文胸漂洋过海来到中国,当时人们称之为"义乳",作为时尚的弄潮者,开放女性的代表,阮玲玉勇敢地戴上了"义乳",再穿上她喜爱的旗袍。

有了"义乳"的衬托,胸乳部与旗袍的曲线结合得近似完美,走起路来,挺胸抬头,曲线毕露,风姿绰约,女人味十足。

到了20世纪30年代,法国生产的文胸运至上海,进入香闺,成为时髦女性的心爱之物。因为是一个新物品,习惯了用传统抹胸的中国女子开始并不习惯,更主要还是经济条件的限制,一般女子是用不起的。因此那时月份牌中的女郎有的穿着薄如蝉翼的旗袍,里面露出的是肚兜和背心,而不是文胸。多数女性还是使用传统的胸衣。

文胸可以保护胸乳,修正体态,却为封建卫道士所不齿,有一批标榜道德卫士的人跳出来,要求政府禁止女性使用文胸。因为阮玲玉等一批明星的亲身实践,女性纷纷效仿,穿戴文胸的流行浪潮才未被打压下去。文胸终于成为女人的贴身密友。

20世纪30年代的风气开放，女装追求性感，在交际场所出现了以"露、透、瘦"为特征的新颖女装。在上海这样的大城市，袒胸露臂成为女性服饰的一种时尚潮流。《上海竹枝词》中就有云："春江女子感文明，装束无端又变更，高底皮鞋长统袜，袒胸露臂若为情。"

连体泳装开始风靡

西风东渐不仅仅带来西式裁剪技术、纺织面料与辅料，更为重要的是带来了开放的服饰观。泳装、睡衣都是舶来品，接受了新思想、新观念的中国女性也与西方女子一样，换上了裸露身体的泳装，走进公共泳池，玉臂拨清波。这对于长期在笑不露齿、走不露脚禁锢思想统摄下的中国女性无疑是一个解放。

抛头露面，在公众场合下敢于袒肩露背的女子，当时主要是受过西方教育的名媛与时尚的领潮者影星，陈云裳便是其中的一位。这时候的泳装尽管还是以连体衣为主，袒露肩、背、腰部不是很多，然而在八九十年前，已经非常了不起了。

骄阳下的海边，波澜不惊，脚踩在细碎的小沙上很是柔软，一群老少爷们在海中追逐，劈波斩浪。穿着小斜领、胸口有两粒扣装饰的连体泳装的陈云裳从更衣室走向沙滩，泳装面料厚实，手臂、大腿却裸露在外。她撑着一把伞，遮挡正午的阳光，也遮挡了一些窥视的视线。一开始，她在沙滩上驻足、玩耍，在海里击浪的人们并没有注意。当她走到海边，放下洋伞，迈进海水里，人们才注意到，是位穿泳装的靓女。呼叫声响起，人们的目光唰的一下转到了这边。虽然这片沙滩、这处海边浴场不是第一次走进女泳客，但是20世纪40年代，女性敢于穿着泳装闯进被

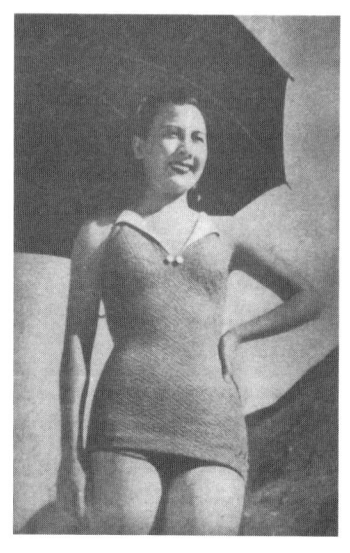 

▲ 陈云裳泳装照　　　　　　▲ 穿泳装的徐来

男性占据的海边浴场，并不多见。男人火辣辣的眼光，仿佛具有穿透力，若非足够勇敢的女性，在那个时代，很难承受。

陈云裳落落大方，在水中游动，身体矫健，浪遏飞舟。走出海水，用浴巾擦拭水珠，依然我行我素，任由男人们目光上下扫描。

徐来在《残春》的大胆出演，为她赢得了名声。"徐来出浴"的镜头成为经典。生活中的徐来也拍摄了一些穿泳装的照片，大胆出位的泳装撩拨了影迷的心弦。

明星影片公司的老板有鉴于此，特地邀请徐来加盟"明星"拍戏，并将她与明星的台柱子胡蝶并列，成为明星公司的票房保证。自1932年至1935年，徐来在明星公司拍摄了8部影片，每部都为公司带来可观效益。

她们的亲身实践，引领泳装走出了家庭，迈向了社会。

西装在身皮鞋亮

西装在20世纪30年代是时髦的男子装束,受到知识阶层的青睐。20世纪20年代,男子服装主要有长袍、马褂、中山装、西装。长袍马褂或长袍坎肩、西装、中山装、学生装是城市及乡间上层人士流行的服装。而中式衫袄和中式裆裤则是劳动人民的主要服饰。社会上穿西装的男人很多,不过大多是青年人,其中以学生、教师、公司洋行和各机关的办事员为主。

▲ 穿西装的陈鹤琴

在演艺界,流行效仿美国明星的装束,以中分头和吊带裤为时尚。茅盾先生的小说《官舱里》中,有这段服饰变化的记录:"男青年是穿洋服的,玄色的佛兰绒上衣,克罗米纽子,袖口上一排五个,光芒闪闪的;连领的绸衬衫,多处是黑绲边,甚至领子上也是黑绲边;两个假肩头实在太阔,又翘得太高了,叫人看着难受;一双尖头皮鞋太尖了。"所谓洋服也就是我们通常说的西装。

因为西服流行,也有了配套的衬衣、毛衣、大衣。20世纪30年代流行深色绲边、宽驳头、单纽、圆摆的西装。对于那个时期的男子服饰可以简单概括为:30年代以前,长袍马褂占据上风,霸主地位稳固;30年代以后,西装则显示出"世界服装"的本色,大有居上之势,与长袍马褂分庭抗礼。喝过洋墨水的知

▲ 1934年，四位喜剧明星殷秀岑（左二）、韩兰根（左三）等模仿美国明星的装束，以中分头和吊带裤为时尚

识分子，穿西装的居多，《再别康桥》的诗人徐志摩就是西装的拥趸。

▲ 穿洋装的徐志摩

因为有这样的政治、文化背景，西装有需求、有市场，大服装公司纷纷染指西装制作，出现了一批著名的品牌，如南京的李顺昌、老久章，北京的荣昌源，上海的荣昌祥、培罗蒙等。

清华大学诞生于1911年，是依托于美国退还的部分庚子赔款建立起来的学校，因坐落在北京西北郊的清华园而得名，早期叫清华学堂，是留美预备学校，梅贻琦、竺可桢、赵元任都是庚子赔款留美的学生。清华教授衣着比较复杂一些，有穿长袍的，也有穿西装的，但因为清华大学里的教授大多有海外留学背景，因此穿西装的较多。

清华大学校长周诒春早年毕业于上海圣约翰大学，后赴美留学，就读于耶鲁大学、威斯康星大学，1913年10月至1918年1月任清华学校校长。周诒春规划督造了清华早期四大建筑——大礼堂、科学馆、图书馆和体育馆，并为清华留下了著名的校训——自强不息，厚德载物。周诒春习惯穿西装，西装挺括，仪表堂堂，有"洋翰林"美称。

经济学家陈岱孙先后在美国威斯康星大学、哈佛大学留学，1928年起任清华大学经济系教授、系主任，次年兼任清华大学法学院院长。在清华校园，同学们经常可以看到一位身穿笔挺西服、头发一丝不苟、走起路来常常带着一根文明棍、仪表帅气的教授，那就是陈岱孙。

哲学家金岳霖是清华大学的毕业生，在美国、英国留过学，1926年任清华大学教授，并创办清华大学哲学系。金岳霖生活

▲ 穿西装的金岳霖、陈岱孙和朋友合影

西化,家里有擅长制作西式糕点的厨师。他的服装以西服为主,扎领带,戴礼帽。西装相对单薄,春夏秋季穿着都很自在,冬天为了保持穿西装的风度,一般不能在西装里面穿太多的衣裳,因此,冬季在室外需要套大衣,金岳霖不穿大衣,而是在西装外面套一件棉袍。到了室内棉袍一脱,又是一身西装。

西洋史学家刘崇鋐,毕业于威斯康星大学和哈佛大学,1925年8月来清华大学任教,讲授西洋通史和希腊罗马史。平时他穿中式长衫、中式鞋,进城时候就换上一身笔挺的西服,脚蹬擦得锃亮的皮鞋,颇具西方绅士的风度。

画家们的洋范儿

傅抱石经常穿一身半旧洗的蓝布长衫,右边口袋里总装着香烟和火柴,一副不修边幅、放荡不羁的潇洒学者风度。在创作时,傅抱石更是不拘小节,时常脱掉长衫,短衣打扮,这样挥毫泼墨,更加自由。傅抱石与其他画家不同,他作画习惯把自己一人关在屋内,不让其他人观看,最多让夫人罗时慧在一旁研墨。天热时,他穿着汗衫,无拘无束。傅抱石很少当众作画,大概与他绘画时,不拘礼俗,穿着自由有关。

傅抱石也有洋范儿的时候,1932年经徐悲鸿推荐,

▲ 傅抱石 1932 年在南京玄武湖

他去日本留学。临行前,他在南京玄武湖拍下了一张照片:西装革履,脚蹬黑皮鞋,外面罩一件呢子大衣,梳着二八开的分头,还戴着一顶呢子礼帽,礼帽放在石凳上,跷着二郎腿。

画家们的穿着也很多样。画国画的画家多穿长袍马褂,年事稍大的则蓄山羊须;画油画的,喜穿西装扎围巾。有的画家打扮更新潮,叼烟斗、头发梳得光亮,类似当今的"雅痞"。宋征殷便是其中的一个,宋征殷曾留学日本,他穿着西装作画,却在西装外面罩一件工作服,作画时叼着烟(秦风《你没见过的历史照片》)。

第六章　标新立异时尚美

标新立异的服装，总给人们新奇的感觉，如果过于超前，就可能被视为奇装异服。奇有奇的美，异有异的特点。民国时期，有个性的女性，尤其是有独特审美意识的女性，不甘平庸，在服饰穿戴上也会追求与众不同。

林徽因创意婚礼服

▲ 林徽因穿着自己设计的嫁衣

林徽因的性格活泼，她的才情与创造性，不仅体现在建筑设计与文学创作上，也体现在穿着打扮上。

在服饰穿戴上，林徽因有两副面孔。外出考察、建筑测绘时，她是"女汉子"，穿着工装裤等朴素的服饰，像男性一样，爬上爬下。平日里，林徽因就恢复了女性的婀娜多姿、妩媚动人。

1923 年，林徽因与梁思成

来到美国宾夕法尼亚大学，本来想学建筑，与梁思成同学，然而宾大建筑系不招女生，林徽因只好改报美术学院，而进修的却是建筑系的课程。1927年，林徽因获得学位之后，又到耶鲁大学戏剧学院跟随贝克教授学习舞台美术，她是中国第一个在国外学习舞台美术的学生（杨永生《记忆中的林徽因》）。

1928年，林徽因与梁思成在加拿大渥太华举行婚礼，林徽因不愿意穿西式的白婚纱礼服，又没有中式礼服可穿，便发挥艺术想象力，依据舞台服装，自己设计了一套东方式结婚礼服。最为奇特的是有一个头饰，两边垂下长长的流苏。这种东方没见过，西方也没有的奇特婚礼服，让加拿大新闻记者好不惊奇。

张爱玲别出心裁奇异装

张爱玲有句名言"成名趁年少"，对张爱玲而言，她确是年少成名。1942年她在上海文坛崭露头角，1943年以《沉香屑：第一炉香》走红上海。1944年《传奇》出版，大获成功。人们都知道沪上有个女作家张爱玲，那时的张爱玲不过24岁。

成名后的张爱玲，在穿着上更加率性，将出新出奇推向了极致。有一次女作家潘柳黛、苏青打电话约好，去张爱玲的赫德路（今常德路）公寓看她。两人在寓所见到张爱玲，见她穿着一件柠檬黄色的袒胸裸臂的晚礼服，满头珠翠，手镯项链一样不缺，身上喷了香水，香气袭人。潘、苏二人以为有贵客来临，左等右等不见贵客上门。一问，张爱玲说你们就是贵客呀。

张爱玲对衣着喜欢标新立异，她的这种生活态度一直伴随着她从上海到香港，到台湾，最后客死美国。她穿西装，会把自己打扮成一个18世纪的少妇；着旗袍，又把自己打扮得像祖母，年轻人的脸，老古董的服装。

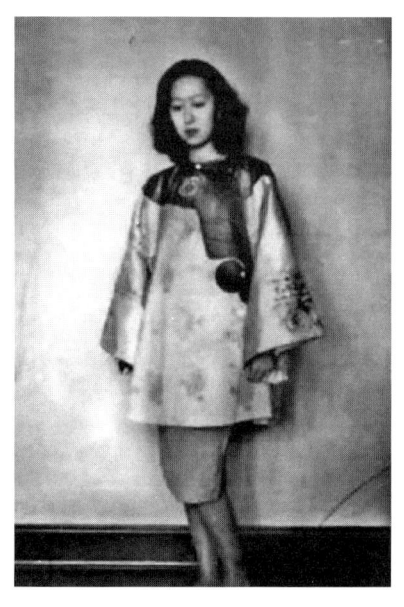

▲ 张爱玲穿着祖母的大袖衫

《倾城之恋》刊出,张爱玲成为上海滩的新闻人物,应酬活动多了起来,她经常穿着自己设计的服饰,四处亮相。她的设计别出心裁,处处体现用心。穿着这样的服装,需要惊世骇俗的勇气。

《倾城之恋》舞台剧在大中剧团上演时,经柯灵介绍,张爱玲与剧团主持人周剑云见面。张爱玲穿着一袭拟古式齐膝的夹袄,超级宽身大袖,水红绸子,用特别宽的黑缎镶边,右襟下有一朵舒卷的云头(也许是如意)。长袍短套,罩在旗袍外面(季季、关鸿《永远的张爱玲》)。她设计的旗袍最突出的特点是宽边大袖,有她祖母衣裳的遗风。

张爱玲自己设计的连衣裙,下身仿佛套着一只灯笼,灯笼底下伸出她的双脚,在上海的马路上匆匆而过。

1944年2月,胡兰成拜访张爱玲,不遇,留下地址与电话。第二天,张爱玲去大西路美丽园,拜访胡兰成。24岁的张爱玲与38岁的胡兰成,第一次见面,在客厅里一坐就是5个小时。胡兰成对张爱玲感到惊艳,胡兰成的健谈与翩翩风度,也吸引着张爱玲。第二天,胡兰成回访张爱玲,张爱玲穿着宝蓝色的绸袄裤,戴着嫩黄色的边框眼镜迎接他,两人相谈甚欢(陈升燕《上海的金枝玉叶》)。

1944年8月15日,张爱玲的第一部小说集《传奇》由上海《杂志》社出版，4天后便销售一空。8月26日下午，《杂志》社在上海康乐酒家举办《传奇》茶话会，邀请沪上部分文艺界人士和读者座谈。当时张爱玲与胡兰成刚刚成婚，胡兰成回忆：张爱玲女士穿着橙黄色绸底上衣，像《传奇》封面那样蓝颜色的裙子，头发在鬓角上卷了一圈，其他便长长地披下来，戴着淡黄色玳瑁边的眼镜，涂着口红，风度沉静而庄重。

许多同事、同行对张爱玲的穿戴都有很深刻的印象，比如她穿一件白颜色的衬衫，亮如海水的蓝裙子，女学生般的半衬衫扎进裙腰里，腰上打了无数碎细摺，像只收口的软手袋。因为太瘦，衬衫肩头以及裙摆的摺线的始终撑不圆，线条笔直瘦长，头发梳得丝毫不乱。浅底撒着竹叶的旗袍更是典雅出色，但她露在无袖旗袍外的两条臂膀是那么纤细，走在街上那么勇往直前，目不斜视。

在色彩上，张爱玲喜欢鲜明和对比强烈的色彩，柠檬黄、大红、葱绿、桃红、士林蓝都是她常用的色彩。抗战胜利后，张爱玲在香港买了块广东土布，深紫及碧绿的底色上，套印着刺目的玫瑰红和粉红的花朵，加上嫩黄绿的叶子，这是乡下婴儿穿的，城里人从来不穿。张爱玲却说："大红大绿的配色，是一种强烈的对比。但它的刺激性还是大于启发性。

▲ 张爱玲着旗袍

苍凉之所以有更深长的回味，就因为它像葱绿配桃红，是一种参差的对照。在大俗的色彩下，洋溢着古老文明才能熏陶出来的文化雅趣与韵味。"张爱玲的第一任丈夫胡兰成对她有一比，"其明亮的一面是银紫色，其阴暗的一面是月下的青灰色。……张爱玲所寻觅的是世界上有一点顶红顶红的红色，或者是一点顶黑顶黑的黑色，作为她的皈依"。

名教授朱自清怪异披毡

抗战时，朱自清在西南联大，平时常穿一件在马帮中流行的类似斗篷的毛毡，据说在昆明大街上，如此装束者无第二人。

西南联大迁入昆明的第四年，西伯利亚寒流席卷了整个红土高原，寒风一阵紧似一阵，联大的校舍简陋，不御寒冷，师生们生活贫寒，营养欠缺，衣裳单薄，寒流一来，联大校园里也流行起冻疮。也就在这个时候，联大校园出现了一位怪人，他身披一件云南赶马人采用的羊毛毡子，毡子顶端开了有两个洞，用一细麻绳拴起来，套在颈子上，脚上穿一双可能是深黄色而事实上是已辨不清本色的破皮鞋。透过披毡的孔洞，可以看到怪人里面是一件破旧却依然笔挺的黑西装。领带也是旧的，系扎得一丝不苟，鼻梁上还架着一副很有水平的玳瑁眼镜，头发却是凌乱的。此人是谁？师生都在猜测，谁会这样搞怪地打扮？他究竟是什么人？这个怪人就是中文系的系主任朱自清。

1941年冬天，朱自清卖光了家里所有能够过冬的衣服，在凛冽的寒风中，赎不回搁在当铺里的冬衣，买不起新的衣服，口袋里仅剩几个零花钱，全部凑在一起，刚够从赶马人手里买下一件别人已经用旧的破毛毡，把自己武装起来，以此和寒风作斗争。当"怪人"走进教室，掀开毡服，学生才看清来人的真面目，先是惊愕，后是哄堂大笑。大笑背后的沉思则让师生们感到酸楚（李洪涛《精神的雕塑》）。

散文家李广田在西南联大时，还是个讲师，他把朱自清穿披毡写进了散文中："假若不是他大老远脱帽打招呼，我简直不认识他了，因为他穿了一件很奇怪的大衣，后来，才知道那是赶马人所披的毛毡。样子像蓑衣，也像斗篷，颜色却像水牛皮。"

北平与西北的服饰

各地文化背景、风俗不一样，也影响着服饰。北平这地方，人情风俗，总是两极端的。摩登男女，卸去肩上挂的溜冰鞋，女的穿了露臂的单旗袍，男的换了薄呢西服，就去遛公园。

西北人的衣服都很朴实，男子有终身不穿绸缎的，近年来，年轻的女子也慢慢染了东方人士奢华的习气，但是也不过穿人造丝织的衣料而已。本地人是绝少穿西服的，摩登少年也不过穿穿那青色粗呢的学生服，若在上海，人们会疑心是大饭店里的工友。

昆明走长道的驮着盐巴等货物的马帮，赶马的马锅头，有他们特殊的装束。短褂外都套了一件白色的羊皮背心，脑后挂着漆布的凉帽，脚下是一双厚牛皮底的草鞋状的凉鞋，鞋帮上大都绣了花，还钉着亮晶晶的"鬼眨眼"亮片。

第七章　顶上风流脚下生辉

帽子在中国有着传统的与文化的内涵。帽子与官职联系在一起，古人以乌纱帽来比喻官职。弹冠相庆、冠冕堂皇等成语也与帽子、官位有关。到了民国时期，帽子的官职象征意义消失了，没有了古代中国的冕冠、乌纱帽，帽子的功能回归到保暖与装饰上。

礼帽瓜皮帽合身份

▲ 梅贻琦的礼帽

民国时期，男子帽子的种类很多，主要有礼帽、瓜皮帽、碗帽、毡帽、绒帽、大甲藤帽、草帽、猴帽、暖帽、麻胡帽、巴拿马草帽等。

民国初年的礼仪场合，男子多戴礼帽，其圆顶，下有宽阔的帽檐，有大礼帽、小礼帽之分。大礼帽的帽冠较高，一般在14~19厘米；而小礼帽款型则相对较小。材质有皮革、呢子、兔绒、条绒等。礼帽又分冬夏两种款式，冬天用黑色毛呢，夏天用白色丝葛。穿着中式、西式服装都可以戴礼帽。

瓜皮帽也称"小帽子"，上锐下宽，以六瓣合缝，缀檐如筒，有的底边镶一个约一至三厘米宽的小檐，有的无檐，只用一片织锦缎（又称片金）包个窄边，前端钉一个玉或翠的饰物，帽顶钉一个大红襻疙瘩（疙瘩）。因其造型呈多瓣状，和西瓜皮有点相似，在民间则被谑称为"西瓜皮帽"。瓜皮帽的质料春冬用缎，夏秋则多用实地纱，颜色以黑色见多，夹里用红，富者用红片金或石青锦缎缘其边。男性戴的瓜皮小帽分平顶帽和尖顶帽。平顶有十二瓣、八瓣两种，尖顶只有八瓣。十二瓣是年过花甲的老年人戴的，八瓣是中年人戴的，尖顶六瓣的都是青年人戴的。质地分为硬胎和软胎，平顶大都做成硬胎，内用硬纸板为衬并絮以棉花；尖顶大都为软胎，取其便利，不戴时可折之藏入衣袋之中。

瓜皮帽曾经是清朝最为普遍的一种帽子，流传至民国。从小孩到老人，人人都可以戴它。它虽不能登上大雅之堂，但却是人们日常必需之物。讲究点的人，也有在颜色和纹饰上与身上的袍褂配套的。

民国时期流行鸭舌帽，帽子前檐形状好像舌头。戴时，帽子和帽舌相扣，前面低；后面较高，成为斜形，看起来类似瓦盖，因此，又称"瓦盖帽"，一般用灰色或蓝色的呢、布制成，以青少年所用为多。

学生中也流行鸭舌帽，但帽围较坚实，用厚胶片做帽舌，俗称学生帽。毛泽东年轻时就读的湖南一师，学生们穿制服（学生服），所戴的帽子就是学生帽。

老年人和在户外工作的农夫或行商走贩冬季多戴猴帽，帽子用纱线织成筒状，留有两个眼孔，戴时将上端扎住，平时翻卷起来只盖住头顶，天冷时放下，包住整个头部。

冬季的帽子主要是暖帽、皮帽。百姓的暖帽主要是老头乐毡帽，顶部采用黑色或棕色细毡子，两边有皮毛护耳，前面有一块皮帽护脸。天气寒冷时，前面与两侧的皮毛放下来，保护脸部与耳朵。天暖时，皮毛收上去，掖在帽檐里，作为单帽子使用。皮帽子则是贵族冬季使用的，与大衣搭配。分英式、法式两种，使用的皮毛有水獭皮、黄鼠狼皮、貂皮、松鼠皮等。1922年，热河督军汤玉麟在北京同升合鞋帽店买了一顶海龙皮的帽子，花费240块银圆。

金岳霖讲课不摘帽

金岳霖常年戴着一顶呢帽，进教室也不脱下。每学期开始，他对新学生说的第一句话就是：我的眼睛有毛病，不能摘帽子，并不是对你们不尊重，请原谅。据说金岳霖眼疾怕光，常年戴着一圈大檐儿帽子，连上课也不例外。他的眼镜，据传两边不一样，一边竟是黑的。金岳霖身材高大，经常穿一件烟草黄色的麂皮大夹克，天冷了就在里面围一条很长的驼色的羊绒围巾。除了体育教员，教授里穿夹克的，只有金岳霖一人（汪曾祺《汪曾祺散文选集》）。

杨振声是大名鼎鼎的教授。曾在哥伦比亚大学、哈佛大学留学，担任过清华大学教务长、文学院院长职务，1930年出任国立青岛大学（今山东大学）校长。一年冬天北京大学中文系开会，散会后胡适与杨振声、唐兰三人一起出来。杨振声穿着獭皮领礼服呢的中式大衣，戴一顶水獭皮的土耳其式高帽子，嘴含烟斗，走在最前面，派头十足。胡适穿着棉袍子、蓝布罩衫，走在杨振声后面，还替杨夹着皮包。乍一看，杨倒像个校长，胡更像一个校长秘书。

第七章 顶上风流脚下生辉

▲ 梁思成、金岳霖等手持礼帽在昆明合影——1938年8月，左起周培源、梁思成、陈岱孙、林徽因、金岳霖、吴有训

顾随在教授中算是仪表、风度、做派都很讲究，也出众的一个。作文、讲课认真，穿戴上也不含糊，追求完美，注重仪表。冬天上课，顾随内穿春绸衬绒袍子，外套丝绵或灰鼠袍子，最外面再套大毛狐胗袍子，狐胗袍子外面围条五六尺的黑绒线围巾，戴着皮帽子。据说这种穿法在当年北平的老先生中，是绝无仅有。他进教室后，先摘去围巾，其他的大衣、袍子并不急着脱掉，而是开讲之后，随着讲课进度，一件件脱，先大衣后袍子。顾随时间把握得很好，等到快下课时，脱掉的袍子、大衣又再一件件穿上，下课铃响了，课结束，大衣、围巾、帽子也穿戴整齐了。

夏丏尊曾经负笈日本，他是出版家，也在复旦大学、暨南大学做过中国文学系主任。他总是朴素的中国教书先生的形象，常年长袍大褂。在浙江上虞春晖中学执教时，他在自己建筑的平屋小书斋里，时常熬夜写作、翻译，冬季白马湖湖畔空旷，风大天寒，矮小的平屋抵御不住寒风，室内也很冷。夏丏尊穿着棉袍，头上的罗宋帽拉得低低的，饮着浓茶，在洋灯下笔耕至深夜。一盏灯火映在白马湖寂寥的夜晚，给人以光明。

后来夏丏尊到了上海，在立达学园执教，一顶呢帽子成了他的标志。夏丏尊的头发渐渐稀疏，半秃的脑袋上总是那顶茶色的呢帽。帽的褶缝已经破了。破旧的呢帽、肥胖的身体、认真的姿态是老年夏丏尊的形象。经营开明书店时，书店经常给青年职工开2小时课，培训他们，夏丏尊讲国文课中的文法。每到讲课时，他总是很早来到课堂，听到笃笃的脚步声，学员们知道夏丏尊来了，于是吵吵嚷嚷的学员们肃静下来。夏丏尊一上课，就脱去那顶破旧的呢帽，肥胖的身躯坐在藤椅上，戴起老花镜，开始讲课，学生们也进入专注的状态。

时尚烫发禁不止

男人的帽子，女人的发型，民国时期的女子也戴帽子，但是更多的时候，她们是以发型展示顶上的风采。20世纪30年代，大上海的女子的典型扮样就是烫发，长丝袜，高跟鞋，旗袍。

20世纪20年代末，烫发从国外传入，在妇女中产生了强烈反响，大城市的妇女，大多模仿西方，将头发烫成卷曲的模样，有的还把头发染成红、黄、棕等各种不同的颜色。有些人不习惯头顶漫无约束，居然想出来用生漆固定发型的主意，这也许就是发胶、摩丝一类护发定型用品的前身吧。当时烫发技术和设备比较原始，还不能随心所欲地决定头发颜色，所以烫发之后头发发

▲ 阮玲玉烫发

▲ 陈云裳烫发

黄变硬。青年女子把头发梳成短发或束成马尾，烫出刘海，拉出波浪，有精干状，也有蓬松状；最流行的烫发是波浪卷，从额前到脑后纵向地烫出许多波浪。

陈云裳很重视头发的造型，她偏爱烫发：有耳边垂下两道小波浪的；也有整个蓬松起来，形成大波浪的；还有盘发形成一个高高发髻的；甚至还有夸张的犄角形的烫发，标新立异，独领风骚。她尤其钟情长发波浪，状如瀑布，飘逸大方。当时还没有定型发胶水，只是用电烫，发型不能持久，极容易疲软、坍塌。为了保持发型，需要在蓬松的发型里垫棉花等物，以支撑发型的挺括。

1934年国民政府发起"新生活运动"，其准则是"整齐、清洁、简单、朴素、迅速、确实"，要求国民安分守己，循规蹈矩。南京政府向全国通令，禁止妇女烫发，但是有令不止，上海、北平的烫发仍然流行。

教授们的"破皮鞋"

民国时期,与长衫、中山装三足鼎立的是西装。西装是舶来品,在海归派中尤为流行,与西装配套的是皮鞋。

武汉大学政治系主任周鲠生,早年留学日本、英国、法国,在巴黎大学获得法学博士学位。1945—1949年曾任武汉大学校长。他常年穿洋服,着黄皮鞋,几年来总是那几套换来换去。隆冬时节天气酷寒,西装外面套穿驼绒棉袍和大毛皮袍。

抗战期间,物资匮乏,生活艰难。西南联大的教师们分散在昆明城区、郊县居住,有的居所距离学校有三四十里路程,每天花在路上的时间很长。当时的道路也不好,在泥泞的地方走长路,很浪费鞋子,教授们买鞋子的预算开支,总是跟不上趟。于是,西南联大校园里,穿破皮鞋上课也就渐渐成了教授们中间的一种"时尚"。外国语文学系有位留学过四个国家的教授,无论穷到怎样的地步,都必须穿皮鞋,以显示他的留学生身份。后来,他的皮鞋破了,鞋底和鞋面已经分成两截,他仍然不肯脱下,于是找来一条细麻绳,把皮鞋上下一绑,照样穿着上课。

时尚高跟鞋

女性的鞋子主要有布鞋、皮鞋、高跟鞋、凉鞋。传统女性以布鞋为主,时尚女性以皮鞋、高跟鞋为主。合脸鞋盛行于民国十几年,前部圆尖,后部圆肥,有系鞋带与鞋带鼻,有皮底也有布底。

与时装呼应的,除了头上的烫发,就是脚上的鞋子。如果没有一双出色的鞋子,那是很煞风景的。高跟鞋是必不可少的。高跟鞋来自西方,但并不是说高跟鞋在中国就没有历史渊源。细究起来，南朝谢灵运发明的登山谢公屐，明代凤头高底鞋，清代满族女性的高底、花盆底鞋子，都是高跟鞋的远祖。

布鞋是中国的传统，款式很多，在鞋头、鞋帮子上绣不同的图案，就有了虎头鞋、凤珠鞋的名称。鞋子在某些文人的眼里也是性感的象征。胡兰成就喜欢看张爱玲穿绣花鞋子，鞋头、鞋帮绣有双凤，穿在张爱玲的脚

▲ 穿洋服高跟鞋的女子

上，线条非常柔和。张爱玲明白胡兰成的喜好，每次胡兰成从南京回来时，在房里张爱玲总是穿这双鞋。

带襻子的皮鞋、布鞋，在女学生中颇为流行，也有包裹系带式的小皮鞋，都是与校服配套。从1916年北京培华女中林徽因等人穿学生装的照片中，我们可以看到他们脚上穿的中跟小皮鞋，非常时尚。

除此之外，民国时期已经有了旅游鞋、运动鞋、网球鞋、防雨胶鞋等其他品种的鞋子。大中华橡胶厂出品的双钱牌胶鞋、正泰橡胶厂推出的回力牌球鞋都属于民族品牌，名气很大，当年很流行。

第八章　舞广袖引领新时尚

民国舞台上活跃着一批"名媛",她们以美丽容颜、高雅气质、大舞广袖,引领时尚潮流,演绎精彩故事,在民国舞台上掀起波澜。

才女陆小曼的"挥霍"

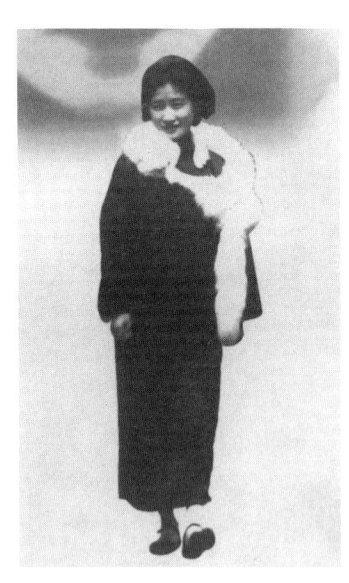

▲ 时髦的陆小曼

说到民国的名媛,不得不提陆小曼。陆小曼很有才气,精通英、法两门外语,早年被北洋政府外交部长顾维钧聘为兼职外交翻译;她也擅长丹青,晚年成为上海画院职业画家。然而更让人印象深刻的,还是她的名媛气质。

陆小曼系出名门,其父亲陆定是晚清举人,曾留学日本,在国民政府任过司长。陆小曼生得眉清目秀,肌白肤嫩,又生性聪慧,在学校时就被同学尊为"皇后"。

陆小曼喜欢新奇的东西,与徐志摩结婚后,没有改掉大手大脚的习惯,看到喜欢的东西就要买,看到中意的衣服鞋帽更是不放手。有一次她看到喜欢的鞋子,一下子买了5双同款的。当时他们夫妇家庭开支每月500~600元大洋,相当于现在的两万元。徐志摩被父亲中断经济支援后,讲课、写稿的收入虽然不低,却也感到吃紧。

陆小曼的鞋架上有很多鞋子,双双精致;她的衣柜里挂满衣服,款款亮丽。

1928年陆小曼、徐志摩居住在上海,郁达夫携新婚夫人王映霞去徐志摩家。陆小曼穿一件银色的丝绸旗袍,显得朴素、美丽、大方。杭州第一美人王映霞与沪上名媛陆小曼一见如故,惺惺相惜,赞美对方的俏丽容颜,也称赞对方的精致打扮。

徐志摩去世时,翁瑞午为陆小曼定制了几套丧服,其中一件是白色法兰绒大衣,领子是用白狐狸皮做的毛领子(丁言昭《悲情陆小曼》)。俗话说,要想俏,一身孝。白色的孝服穿在陆小曼身上,淡淡的悲伤之中有那么一种素雅的悲情之美。

1931年5月,徐志摩母亲去世,陆小曼回浙江硖石奔丧,尽儿媳妇的孝道,但是徐志摩走了,陆小曼被拒绝参加婆婆葬礼。无奈之下,陆小曼与翁瑞午、两个堂侄子,去了杭州西湖。陆小曼穿着深色的旗袍,脖子上围了条白色的皮毛围巾,脚蹬一双平底鞋。她的心已经追随徐志摩去了,不留下一片云彩。

陆小曼,那个交际场上的风云人物,在徐志摩走后,心灰意冷。

徐志摩与陆小曼是一对欢喜冤家,徐志摩为陆小曼痴迷、痴狂,苦中有乐,尽管两人有争吵,但是他们相生相克,彼此相爱,互相欣赏。没有了徐志摩,陆小曼的才情受到抑制,她走向了颓废，名媛的风采渐渐淡去。

唐瑛引领潮流"独一份"

与陆小曼并驾齐驱的还有一位名媛，就是上海滩有名的交际花唐瑛，与陆小曼并称"南唐北陆"。1927年7月15日的《上海画报》对陆小曼和唐瑛有过评价，陆小曼是北方交际名媛之首，唐瑛是南方交际界头号人物。唐瑛毕业于中西女私塾（圣玛利亚女校前身），沪上名医唐乃安的女公子，其兄唐腴庐是宋子文的秘书。

唐瑛穿衣考究、前卫，一直是引领上海滩时尚风潮的风向标，Channel香水、Ferragamo的高跟鞋、Celine的服饰、Louis Vuitton的手袋，这些顶尖的奢侈品，她都拥有。

▲ 上海交际花唐瑛

当年流行一种说法，说唐瑛有十个描金箱子，里面全是衣服，光皮衣就挂了满满一整面墙。她家雇有裁缝，专门给她一个人做衣服。她逛街从不买衣服，而是将新款服装的样式记下来，然后和裁缝商量，经改良后再做出来。因此她的衣服，多半是引领潮流的"独一份"。

1927年，唐瑛与陆小曼、徐志摩、张幼仪、张禹九等创办云裳服装公司

（位于上海静安寺一栋三层小洋楼）。店名是张幼仪八弟张禹九取的，来自李白的"云想衣裳花想容"，这是中国第一家专为女性开办的服装公司。当时在《上海画报》刊登广告，"要穿漂亮的衣服，到云裳去！要配最有意识的衣服，到云裳去！要想最精美的打扮，到云裳去！要个性最分明的式样，到云裳去！"四个排比句，很炫，很有鼓动性，拨动了很多爱美和追求时尚的女性的心弦。

8月7日云裳开业典礼上明星云集，吸引了上海媒体注目。总经理是徐志摩的前妻张幼仪，艺术主任是画家江小鹣，也是时装设计师，陶芹为艺术干事。

云裳自称公司为美术服装公司。其宗旨是在"新"而不在"贵"，设计师江小鹣留学法国、日本，对模特、时装也有研究，他出任设计师，有了名家和高品位时装的保证。

开业初期，唐瑛、陆小曼、张嘉蕊天天在店里亲自为顾客试衣。张嘉蕊是张幼仪的妹妹，学服装设计的。两位名媛、沪上交际场魁首唐瑛、陆小曼，加上也是系出名门、懂得服装设计的张嘉蕊，为顾客试穿新衣，试新鞋子，顾客觉得不仅服务好，而且面子足。有唐瑛、陆小曼的名人效应和广泛的人脉关系，名媛、阔太、千金小姐、有钱人的外室，纷纷光临。邵洵美的夫人盛佩玉为出席刘季文的婚宴，在云裳公司制作了一件白色银丝乔其纱的长礼服，赢得了很高的回头率。唐瑛号称"独一份"，云裳公司的时装也有"独一份"的风格。云裳公司虽然不是什么大公司，却是知名度颇高、设计独特、服务"独一份"的服装公司。股东留过洋，思想西方化，但是在服装设计上却有本土化的特点。云裳的时装追慕世界流行趋势，却不是照搬模仿，而是采取拿来主义，借鉴外国的款式，结合中国实际，进行符合中国文化、中国人审美要求的改造、创新。服装所用的面料，也主要是中国的，进口货只是辅助品（丁言昭《悲情陆小曼》）。

1927年冬，上海、南京、苏州、无锡、北京、天津等城市的大街上，凡有时尚女子出现的地方，就会有云裳牌大衣。第二年，云裳公司又设计、制作了春秋两季的夹大衣、单大衣、仲夏夜穿的装饰性的绸外衣，风靡上海滩。云裳公司带动了上海服装业的发展。

潘素脱俗的惊艳

这是潘素1937年拍摄的照片，时年22岁的潘素身着短袖、深色高领、下摆长至脚面的扫地旗袍，在一束背景光的衬映下，姿态优雅，神情落落大方。

民国四公子之一的张伯驹第一次见到潘素，便惊叹遇到了天女下凡，苦苦追求，历经波折，最终抱得美人归。

潘素的美丽不仅表现在容颜上，更在其气质上，有一种清新之美、脱俗之艳。潘素系前清状元宰相潘世恩的后人，其母沈桂香亦出自名门，懂音律，工女红，善对弈，精丹青。因为家道中落，母亲病逝，被其继母卖予他人，误落风尘，人称潘妃（山东《老照片》）。虽然一度流落风尘，然而内在的

▲ 1937年潘素在上海

气质、修养，则使她出落秀气，谈吐不俗。

张伯驹在盐业银行任总稽核时，遇到了潘素，被她的美丽吸引，为她的才情折服，提笔书写："潘步掌中轻，十步香尘生罗袜；妃弹塞上曲，千秋胡语入琵琶。"英雄爱美女，美女惜英雄。潘素遇到风流倜傥的张公子，其身上的"内秀"也被张伯驹开发出来，成为著名的青绿山水画家。

潘素的衣着与沪上、北平交际花的艳丽、奢华迥然不同，与大户人家的阔太太们的珠光宝气也不一样。她穿着朴素、大方，平常的服饰穿在她的身上，竟然有一种超越奢华的俊美。"相携翠袖，万里看山来。云鬟整，风鬟艳，两眉开，净如揩。"

旗袍的面料多种多样，高档的绸缎、低端的粗布、中档的阴丹士林面料都可以制作旗袍。穿在不同人身上，效果也不一样。旗袍下摆高低也是不断变化的，1932年旗袍下摆接近脚踝下摆绲花边；1933年旗袍流行高开衩；1934年旗袍的下摆又加长了；1935年旗袍下摆延伸到足面，因为下摆实在是长，拖到脚面，走路时仿佛扫地，这种旗袍因此得名"扫地旗袍"。潘素1937年穿的深色旗袍，下摆更长，超过脚面，衬托高挑身材的高跟鞋，在扫地旗袍掩映下不显山不露水，静谧安静，而潘素则一派秀外慧中的优雅，临水照花人的艳丽。

Yin Shi
饮食

第九章　美食饕餮

传说中龙生九子，各有所好。饕餮排行老五，好吃，因为太能吃，把自己的身子都吃掉了，只剩了一个大头和一张大嘴。因为饕餮好吃的本性，古人将它立于鼎盖之上。对于精于美味品尝的美食家，也称之为"老饕"。民国期间善吃会吃的"饕餮"还真的不少。鲁迅喜欢吃，进过许多大小餐馆，居住在北京时常在广和居等知名餐馆宴请朋友；喜欢品螃蟹的清道人李瑞清一日吃蟹数十只，赢得"李百蟹"美名；国民党政坛要员谭延闿，善于书法，也精于美食……

谭延闿精擅食法

在民国大美食家中，要数谭延闿官做得最大。他的书法也非常了得，尤其以楷书著称，与吴稚晖（篆书）、胡汉民（隶书）、于右任（行、草书）并列民国四大书法家。谭延闿有"谭三法"之称，即诗法、书法、枪法，其实还应加上食法，称其为"谭四法"似乎更准确。

谭延闿会吃，好吃，大概也因为他太喜欢美食了，日积月累，对健康产生了影响，谭延闿寿命并不长，50多岁就去世了。

谭延闿精擅食法，享有盛名的"谭家菜"就是湘菜和官府菜中的重要组成部分。谭延闿好美食的逸闻很多,有一则逸闻说,谭延闿好食鱼翅,几乎每餐必进,非鱼翅不饱,几乎成癖。有一次赴某君宴请,席间主人大谈鱼翅不可食,因为没有什么营养,味同嚼蜡,谭延闿点头认可。可是酒至半酣,却未见鱼翅上席,谭延闿有点按捺不住了。这时候主人客气,邀请宾客随意点菜,宾客也是客气,说菜肴够了,吃得很

▲ 美食家谭延闿

好。当问及谭延闿时,他莞尔而笑,说:"如蒙不弃,请赐嚼蜡如何?"

谭延闿是书法名家,曾经主持三江师范学校的清道人李瑞清也是书法名家,死后安葬于南京牛首山。惺惺惜惺惺,北伐后谭延闿出任行政院院长之职,某年清明,他将 120 元一席的粤菜送至牛首山李瑞清墓地,祭拜故人。参与祭拜的皆为当时的文人名士。祭后谭延闿与诸位就着这些丰盛的粤菜,高谈阔论(石三友《金陵野史》)。当时一担上熟米不到 8 元,谭延闿置办的一桌酒席就达到了 120 元,可以买米 15 担,足够三四十号人吃上一月。

私房祖庵菜

中国八大菜系中,湘菜算一支,湘菜(湖南菜)的特点是酸辣,湖南人喜欢吃辣,湖南人不怕辣,就怕辣不够。毛泽东除了

喜欢红烧肉，还喜欢吃辣椒，辣椒就是下饭的最佳菜肴。谭延闿是湖南人，对于湘菜自然是再熟悉不过，他创制的私房菜——祖庵菜，属于湘菜中的一支。

谭延闿爱研究美食，遇到精美的菜肴，都要向厨师讨教一番，回家后就琢磨如何制作。他的厨房就是他研制私房菜的后场，家里还有几个厨艺高超的师傅，为他试验菜肴，在家请客时负责掌勺。谭延闿根据自己多年的美食经验，结合湘菜特点，制作出了一套私房菜——谭家菜。谭家菜有两家，北方的谭家菜（北京谭宗浚谭琢青父子）和南方的谭家菜（湖南谭延闿）。谭延闿字祖庵，因此南方谭家菜又称祖庵菜。

祖庵菜属于名人菜，在烹饪方面，祖庵菜也很有特点。

第一，对于食材的挑选非常考究，追求极致，只用上档之料、珍品之料、时鲜之料。

第二，刀工精妙。菜肴制作按照不同的要求，食材切割也很讲究："发丝百页"细如银发，"梳子百页"形似梳齿，"熘牛里脊"片同薄纸，"鳝丝蒜薹"细如火柴梗。

第三，擅长调味。上等的食材有其独特的滋味，厨师要善于发挥食材的滋味，既保持本源滋味，又有所变化和提升，这就是厨师创造出的新滋味。祖庵菜注重食材主味的突出，加入调料烹饪之后，锁住原味，却又不同于原味，味感的调摄精细入微。祖庵菜口味独特，其他人想模仿，可以得其形，却难以得其味。

第四，技法多样。根据菜肴的设计，组合羹、炙、脍、煨、熬、腊、濡、脯、菹等多种烹饪技法，急火起味用"熘"，慢火浸味的"煨"，调味用"烤"，边入味边烹制用"蒸"等。祖庵菜的"煨"也不是一成不变的，在色泽变化上分为"红煨""白煨"，在调味上则分为"清汤煨""浓汤煨""奶汤煨"，采用小火慢焖，保持汤的原汁原味。

据说祖庵菜有 200 多个品种，其经典菜有祖庵鱼翅、红煨熊掌、透汁鹿筋、鸡汁鱼唇、糖心整鲍、麻仁鸽蛋、龙凤鸡丝、祖庵豆腐、邵芽白心等。其中鱼翅又分为羔汤鱼翅、红煨鱼翅、蟹黄鱼翅、红烧鱼翅等多种烹调方法。

谭府经常宴请，每次设宴，谭延闿对于菜肴搭配都要亲自过问，交代家厨注意事项，把控菜肴品种，对于厨师提出的方案，也要进行斟酌，宴请的菜单也由他来确定。

看一下谭延闿某次宴请的乳猪鱼翅席的菜单，对于祖庵菜的搭配，可以知道个大概：

四冷碟：云威火腿、油酥银杏、软酥鲫鱼、口蘑素丝
四热碟：糖心鲍脯、番茄虾仁、金钱鸡饼、鸡油冬菇
八大菜：祖庵鱼翅、羔汤鹿筋、麻仁鸽蛋、鸭淋粉松、
　　　　清蒸鲫鱼、祖庵豆腐、冰糖山药、鸡片芥蓝汤
席面菜：叉烧乳猪（双麻饼、荷叶夹随上）
四随菜：辣椒金钩肉丁、烧菜心、醋熘红菜薹、虾仁蒸蛋
点　心：鸳鸯盒
席　尾：水果四色

谭延闿妙取菜名

中国菜肴讲究色香味形，精致的菜肴，不仅刺激人的食欲，还可以给人美的享受。同样，一个好的名称，也会成为美味佳肴的组成部分，提升菜肴的知名度、美誉度。

中央大学名教授胡小石、胡翔冬就给南京马祥兴菜馆的若干菜肴取了令人叫绝的名字，诸如"美人肝"、胡先生豆腐；历史上的东坡肉、东坡肘子也都是名人佳肴。谭延闿是美食家，对于菜肴的取名，是有独到眼光的。

湖南长沙曲园酒楼有一道菜，鳝鱼脱皮切丝爆炒，按照一般的套路就叫炒鳝鱼，江苏淮安对于鳝鱼菜，取名软兜。谭延闿联想到三国战将赵云于万马军中救幼主刘禅的故事，脱下袍子将幼主包裹，挥枪杀入，单骑突围成功，于是取名"子龙脱袍"。玉楼东酒家也有一道菜肴，老鳖炖鸡，菜虽然大补，可总不能直呼其名，老鳖鸡汤或者王八炖鸡，太直白，也不雅观。1920年，原来谭家主厨谭奚庭离开谭府，在长沙主持玉楼东酒家，谭奚庭请谭延闿赐名。谭延闿想起秦末楚霸王项羽与汉王刘邦交战，兵败垓下（今安徽灵璧南），突围至乌江（今安徽和县乌江镇）边自刎而死，上演了一出西楚霸王别姬的故事，于是大笔一挥，给这道菜肴取名——霸王别姬。至今各家酒楼、饭店的老鳖炖鸡汤，都叫"霸王别姬"。

贪吃的悲剧

谭延闿曾对朋友说："吃喝嫖赌四件事，嫖赌与我无缘，吃喝在所不辞。"谭延闿为官圆滑，在美食上却从不含糊，政客谭延闿与美食家谭延闿判若两人。

湘菜口味重，偏辣，祖庵菜在湘菜的基础上，偏重高蛋白的食材，而谭延闿又嗜好鱼翅这样的菜肴，每顿必有大鱼大肉，长期吃，摄取了过多的高蛋白、高脂肪、高油脂的食物，对于健康有影响，尤其对心脑血管的刺激很大。谭延闿吃成了一个胖子，行动不是很灵活，但是他仍然管不住自己的嘴，见到美食就迈不动步，必须大快朵颐。医生多次劝他控制饮食，少吃荤腥，多吃蔬菜。肚子里的馋虫却控制着他的大脑，让他欲罢不能。医生说多了，谭延闿也嫌烦了，干脆辞掉医生，耳边少了唠叨，清静多了，他继续海吃，管不住嘴的结果就是体重又上去了，时不时地觉得身子重，走一会儿路就喘粗气，肚子大，低头看不到脚面。

他去医院检查，医生说："依你的身体状况，将来有两个死法：一是得急病，脑溢血而死；二是半身不遂而死。"谭延闿遇到胡汉民就说："这个医生如果说的是真的，那我宁愿选择第一个，如果半身不遂几年，未免太使我难堪了。"谁知一语成谶，1930年9月22日，谭延闿突发脑溢血，在南京逝世，享年51岁。

祖庵菜的外传

民国第一美食家谭延闿因为贪吃，壮年辞世，谭氏楷书从此成绝书。不过谭延闿创制的祖庵菜并没有成绝学。谭家原先有两个家厨，谭奚庭与曹敬臣，在谭延闿指导下，善于烹饪谭家菜（祖庵菜）。祖庵菜原本是私房菜，只有在谭府才能吃到，但1920年谭奚庭从谭家辞职，经营玉楼东酒家之后，玉楼东就推出了祖庵菜，当然是谭奚庭手中的祖庵菜，这样不到谭府也可以品尝到祖庵菜了。此外，谭延闿颇具商业头脑，与另一位湖南军阀、国民政府二级上将何健投资开设了曲园酒家，鼎盛时期曲园酒家在北平有曲园酒楼，在南京有曲园酒家，主要经营湘菜及祖庵菜。1930年谭延闿去世，曹敬臣回到长沙，在坡子横街开设健乐园，便将这些菜肴均以祖庵菜的名牌烹制应市，并大肆宣传。抗战期间，国民政府主席林森由南京乘汽车去四川，路过长沙，当时市商会的左学谦便在健乐园设宴以"祖庵菜"替其洗尘，获得佳誉，健乐园与祖庵菜更名噪一时。

民国时期，有南北两家谭家菜，北谭指北平的谭宗浚家的私房菜，南谭指湖南谭延闿的私房菜。这两支谭家菜，原先都不对外，因为家道中落，谭宗浚后人开设了饭店，北谭私房菜得以在社会生存；南谭因为家厨经营饭店，谭延闿自己也投资开酒楼，祖庵菜也对外开放。两家私房菜都不再局限于私房，而成为面向社会的特色菜肴。这样也使得南北谭家菜得以为社会所认识，并至今流传。

张大千好食松子香

▲ 精于美食的张大千

张大千是书画大家，也是一位美食大家。他痴迷绘画，除绘画之外，最钟情美食，品尝美食，动手操作，乐此不疲。

张大千是四川人，川菜重口味，味道麻辣，做工细致。他对饮食很挑剔，死物绝对不上餐桌，蔬菜更不能过夜。对于美食，他不仅重视口味，亲手烹制，而且对于美食理论也有一套看法。

点评中国美食

张大千说："百人百口，各有各的喜好，要依照各人的喜爱自由选择，会炒菜的人，该用油的时候用得多而菜的表面又不浮油，给人清爽之感，就要凭经验了，烹饪全靠日积月累，眼观手临鼻闻得来的经验。满天下菜谱有的是，名厨师屈指可数，就是这个道理。我炒菜不喜用粉，掌握好火候，菜自然鲜嫩，我也不喜欢用味精，人工的味精哪里比得上自然的味道。"

张大千说得很有道理，天然的食材有其独特的鲜味，属于大自然赐予的，百种食材有百种鲜味，各不相同。而且各具独特鲜味的食材搭配之后，其滋味互相渗透，其味又岂是人工合成的味精可以调制出来的。

设计菜品、书写菜谱

张大千的画室号大风堂,在他的宅院中有自己的厨子,张大千经常在家设宴,招待朋友。多数情况是张大千安排菜单,家厨操办,因此,张大千选择的家厨也非普通。遇到尊贵宾客,张大千对某道菜肴有兴趣时,就会亲自下厨。每次请客,张大千亲自写菜谱,还要写上主要客人的名字,以示尊重。来看几份张大千的食单。

食单一:

辛亥四年十五日,恕人乡兄自华府重来"可以居",命家人治具欢宴,并邀亲家亲家母作陪。

菜品:干烧鳇翅、香糟蒸鸭、葱烧乌参、成都狮子头、鸡油芦笋、鸡蓉椒乳饼、茶腿晚菘、豆泥糍饭、西瓜盅。

食单二:

辛酉元宵后一日,命家人治具邀汉卿、一荻兄嫂(即张学良、赵一荻),屏秋副院长及其夫人同进屋藏。岳军大兄(张群,字岳军,曾任国民政府外交部长、行政院副院长)与其哲嗣夫妇亦惠然莅临,近(尽)半日之欢。是日小园垂柳,海棠盛开,宾主欢欣,汉兄命记食单如下:干贝鸭掌、红油豚蹄、菜薹腊肉、蚝油肚丝、干烧鳇翅、六一丝、葱烧乌参、烧酒煨、干烧明虾、清蒸晚菘、粉蒸牛肉、鱼羹烩面、汆黄瓜肉片、煮元宵、豆泥蒸饺、西瓜盅。

食单三:

乙巳年冬初一日摩反诘山园玩宴,钟烈表弟伉俪相邀。

菜单有：炒虾球、糖醋背柳、白汁鱼唇、红煨大乌参、清汤缠回手抓鸡、糯米鸡、冬菇豆腐、炒六一丝、莴仙米羹。

喻钟烈系黄花岗七十二烈士喻培伦之子，柏林自由大学经济学博士；其妻系德国人，曾获著名的瑞士格特尔文学奖。张大千亲自下厨炒菜，片刻工夫，菜肴依次上桌，造型之美，口味之鲜，令人叫绝。

广采博集，自作主张

张大千的口味偏重麻辣，做出的菜是地道的川菜风格。他做菜的秘诀是八个字："广征博采，自作主张。"

鱼翅与肉是张大千的最爱，他对这两道食材的操作也得心应手，可以烹调出多种口味，如鱼翅干烧、狮子头。

1937年"七七事变"之后，张大千携家眷到成都，住在藏书家严谷孙的贲园书库侧院。某日严谷孙尽地主之谊，设宴招待张大千，张大千闻听成都的笼蒸牛肉很有名气，就提出品尝要求。严老安排下人在三倒拐铁路公司附近的一家小店购买了一笼蒸牛肉，请张大千品尝。看品相尚可，大家品尝之后也觉得不错，但是张大千却吃出了不一样，因为牛肉中的牛筋没有剔除，与牛肉混搭，肉质显得粗糙，没有蒸肉的粉嫩感。于是严老又安排人去长顺街治德号店铺，买回一笼蒸牛肉。与前面的一比较，肉质较嫩，不过张大千觉得火候还欠缺，川菜的麻辣味不足。于是他对此菜进行了加工，先让人去东牛市口德胜街1号购买椒盐叶锅盔（这家最有名，最正宗）备用，将治德号烹制的蒸牛肉，加入自炕自舂的辣椒面、花椒面，增加麻辣味；再加入少许芫荽，取其鲜味。吃蒸牛肉时，用椒盐叶锅盔夹入肉中，热中透鲜，而且蒸肉很烫，汁浓，蘸了椒盐，其滋味浓厚，香气四溢，咸咸的味道，混搭着麻辣，吃到嘴里很有快感。麻辣烫鲜香五味俱全，全部包裹在蒸牛肉之中。原先平淡的蒸牛肉，经过张大千的加工，顿时口味得到提升，浓香酥麻，辣味劲道（车辐《川菜杂谈》）。

张大千喜欢川菜的麻辣香，也喜欢重口味的菜肴。鸡屁股俗称松子香，因为不卫生、含有致癌物、口感重，很多人不吃。但张大千却好这口。张大千居上海时，喜好冬菇烧鸡、冬菇鸡翅汤，也常用冬菇烧鸡尾（鸡屁股）。南迁成都后，他很久没有吃到鸡屁股，时常与家厨说及，心里痒痒。中央银行的行长杨孝慈闻听此消息后，就留意了此事。某次中央银行聚餐，杨行长就交代厨房，留了一些鸡尾，交给张大千的家厨。

于是张大千邀请了几位记者来到住所，说请大家吃一道特别的、平时不容易吃到的菜，记者们很好奇，问究竟吃什么？张大千卖关子，就是不说，只是告诉他们，吃了就知道。

他亲自下厨，烧制了几道拿手菜。记者们品尝，觉得确实与餐馆的菜肴口感不一样，但是并没有张大千说的特别。究竟是什么菜特别呢？在大家期待中，主打菜上桌了，一个直径47厘米的白瓷圆盘，满满的一盘，一块块的肉，还没搞清楚是什么，就闻到一股特别浓厚的香气。

三大菌烧鸡尾，是张大千的拿手菜。夹起一块肉放进嘴里，汁浓味鲜，菌菇的鲜美之味已经渗入到鸡尾之中，鸡香与菌鲜交织在一起，鲜美无比，爽滑可口，大家都齐声叫好。

记者们赞扬张大千的烹调手艺，张大千也特别高兴，比别人赞美他的画还要高兴。世间都知道张大千是绘画大家，而能够品尝到张大千厨艺的人却很少，若非熟悉的朋友，对张大千的厨艺都不清楚。张大千亲自下厨，一展身手，也是让人们知道他对美食的驾驭能力，不亚于绘画水准（车辐《川菜杂谈》）。

李瑞清日啖百蟹

螃蟹尽管长相不雅,张牙舞爪,横行霸道,但是不影响它的美食大名。中国人吃蟹的历史悠久,《逸周书·五会解》《周礼·天官·庖人》中均有记载。螃蟹味道鲜美,但是蟹肉性寒,吃蟹时,应佐以生姜、醋等调料。蟹富含蛋白质、高胆固醇、高嘌呤,食多易痛风,不宜多食。很多人一餐吃一两只蟹,尚可承受,三四只以上就会肠胃不适。然而螃蟹的美味,却让饕餮们忍不住食指大动。

李瑞清雅号李百蟹

李瑞清,清光绪年间进士,曾任江宁布政使兼两江师范学堂(南京大学前身)监督(即校长),民国时期寓居上海卖字鬻书的教育家、书法家,是一位嗜食螃蟹的饕餮。

李瑞清生活简朴,饮食上并没有特别挑剔,唯对螃蟹情有独钟。每年"秋风起,蟹脚痒",螃蟹上市了。李瑞清肚里的馋虫也蠢蠢欲动,品尝"无肠公子"是必须的。民国期间的螃蟹价格不高,也就是普通食物,到了20世纪七八十年代,螃蟹也是很普通的食物,大概就几角钱一斤,工薪家庭也可以吃得起。只是螃蟹吃的是味,做菜的实用性差些,因此吃螃蟹的家庭并不多。

▲ 清道人李瑞清

李瑞清好螃蟹，吃螃蟹不加限制，他的肠胃似乎很特别，对于寒性极大的螃蟹有很强的承受力。李瑞清吃螃蟹很讲究，不是囫囵吞枣，而是慢慢品味。吃螃蟹讲究五大步，即掰、吮、挖、夹、捅。先掰开蟹，一掰尾盖、二掰蟹壳、三掰蟹身。力道一定要拿捏得恰到好处，手劲不能太重，重了，蟹壳易碎，蟹黄流失；太轻蟹壳剥不开，要反复几次，失去雅兴。吮，对于蟹黄流汁要吮吸，鲜美无比，满口流芳。挖，吮吸完蟹黄之后，就要对蟹肉进行分离，专业吃蟹者会用上蟹腿钳、扁平小勺，挖蟹体中的肉；如果没有专业工具，也可以用牙签，耐心是必需的。夹，是针对螃蟹的大肉钳，壳子坚硬，牙齿咬嚼不慎就可能将牙齿崩掉，因此借助工具效果更好。捅，坚硬的蟹钳、蟹壳被夹碎之后，就要小心翼翼地捅蟹肉，肥嫩的蟹腿肉就一块块剔出来。"无肠公子任横行，自恃双栖介甲兵。不识人间真况味，何怜佐酒待君烹。"

蟹肉浇上浸泡了生姜的香醋，喝上一口酒，品上一口蟹肉，那真是人间美味。有言道：大碗量酒，吮蟹当肴，神仙不换！

李瑞清吃螃蟹吃得细致、耐心，而且数量也是一只接一只，一天可以吃上几十只之多，让人惊叹，因此得了"李百蟹"之雅号。李瑞清因中风，于1920年8月去世，年仅54岁，是否与他吃蟹太多有关？

施今墨的吃蟹经

民国时期，还有一位吃螃蟹的行家，他觉得喜欢吃就吃，不要顾忌那么多，在吃螃蟹方面并不逊色李瑞清，他就是京师四大名医之一施今墨。

说起施今墨，也不是等闲之辈。施今墨早年加入中国同盟会，以医疗为掩护，随黄兴奔走革命。1912年参加孙中山就职

▲ 名医施今墨

大总统典礼,并以客卿身份协助陆军总长黄兴制定陆军法典。出任过湖南教育厅厅长,后因看不惯社会腐败、官场倾轧,感到理想难以实现,愤而辞职,弃政从医。1925年孙中山先生病重期间,曾延请施今墨诊病。1930年应邀赴陕西为杨虎城将军治病,药到病除,当时报纸传为佳话。何香凝、溥仪、载涛、李宗仁、郭德洁等社会名流多次延请他看病。1930年中央国医馆成立,他任副馆长。

每年深秋时节,施今墨必定南下行医,主要到苏州和南京,行医是幌子,食蟹才是目的。苏州的阳澄湖、南京的固城湖的大闸蟹乃是蟹中珍品,需现场品尝才能享受美味。施大夫吃螃蟹有别常人,不用姜醋,不饮老酒,蘸点酱油即可。

施大夫对于食蟹还有满腹经纶的蟹经。他把各地出产的螃蟹划分为六等,每等又分两级。一等湖蟹,江苏阳澄湖、浙江嘉兴湖为一级,江苏邵伯湖、高邮湖为二级;二等江蟹,安徽芜湖为一级,江西九江为二级;三等河蟹,清水河为一级,浑水河为二级;四等溪蟹;五等沟蟹;六等海蟹。对于海蟹也不能一概而论,福建福州的海蟹,从内河随水流出,先天条件好,品质颇佳,可列入四等;此外,阳澄湖中的一级蟹出自双羊潭的更是无与伦比,可列为特级。施今墨辨证施治有一套,说起蟹经也颇为幽默,他说无肠公子因为出生的血统不同,也如官场等级,一等者为特任官,二等者为简任官,三等者为推荐官,四等者为委任官,其他都是不入流的芝麻绿豆官(石三友《金陵野史》,俞允尧《秦淮古今大观》)。

吴白匋遍尝成都美食

剧作家吴白匋教授是戏曲大家吴梅教授的弟子,以戏曲研究著称。吴白匋足迹遍及全国多地,尝遍川、粤、湘、鲁、闽、苏、浙、徽八大菜系,对四川美食和南京佳肴情有独钟。

▲ 剧作家吴白匋

遍尝成都小吃

抗日战争初期,吴白匋随金陵大学南迁入川,也曾执教于四川白沙国立女子师范学院。居住在成都期间,喜爱美食的吴白匋,有机会遍尝成都小吃,也应邀参加宴请,惠顾大餐佳肴。

吴白匋本是江苏扬州人,惯吃淮扬菜,初尝川菜的麻辣,有些不习惯,因为居住在成都,不吃川味几乎不可能,于是就静下心来,细细品尝,渐渐觉得川味的麻辣并不是那么浓烈、凶猛,大概是居住在四川,受到当地气候的影响,身体渐渐适应,需要摄取适量的辣椒、花椒驱湿。花椒的麻与海椒的辣,互相配伍,相互渗透,产生的浓郁香气,可以增加食欲。吴白匋的体会是:"海椒虽然火爆,终究不是毁掉一切的火;花椒虽麻,也不是使舌头失去知觉的麻醉剂。它们都是食品,是舌头上可以接受的味道。……再细加咀嚼,则不仅是鸡鸭鱼肉的原味依然可以分辨,而且会感到味道更厚了,最奇怪的是咽下去以后,回味却是清而甜的。"(车辐《川菜杂谈》)

再来碗陈麻婆豆腐

吴教授入川第二年的春天,品尝了当地名菜陈麻婆豆腐。豆腐很烫,看着就有些冒汗,真的不清楚,为什么成都人可以吃下如此烫的豆腐。俗话说,心急吃不了热豆腐,似乎成都人不受此话的影响,偏偏喜欢吃滚烫的豆腐。成都人如此,吴白匋想自己已经进入四川一年了,吃了不少川菜系的小吃、佳肴,肠胃已经适应了川菜的麻辣,也算半个四川人了,那就照成都人的方法,也来一碗烫豆腐。说来奇怪,吃下一勺,再吃第二勺,就不感觉那么烫了,似乎温度正好,而且开始冒汗,是烫的,还是辣的,说不清楚。陈麻婆豆腐口味真好,嫩嫩的豆腐,入口即化,辣中带麻的滋味,刺激着口腔。一口下去,想吃第二口,接着第三口,就这样一勺一勺,勺子舀得很快,片刻工夫,碗就见底了。食欲好像被调动起来了,一碗不过瘾,于是乎,吴白匋对着店小二喊叫:"伙计,再叫一碗。"

又是一碗热气腾腾的烫豆腐,一勺又一勺,香辣麻爽,吃得满头大汗,好像刚从浴室出来,却烫得痛快,全身舒畅。没想到一碗烫豆腐,会有如此酣畅淋漓的快感。

南迁四川,吴白匋居住在成都有三年半的时间,教书之余,就是逛街、下馆子,寻找当地的美食。他品尝过南门大桥枕江楼的醉虾,吃过荣乐园的金钩玉笋;成都有名的馆子川味的四五六、大三元,北味的宴宾楼,粤味的冠生园、津津酒家,都留下了吴白匋的足迹。因此,在成都的大街小巷中,经常可以看到吴白匋的身影。

亲手做川菜

吴白匋也经常去市场采购食材，亲手尝试做四川菜，以此比较与饭店、店铺的四川菜有什么差别，是手艺差别，还是调料不同，或是火候不足？只有比较才知道，川菜原料与烹饪技艺的重要性。他发现，同是辣味，回锅肉比盐煎肉辣，但是如果回锅肉不放豆瓣酱、辣椒，只放京酱，那么辣味就会淡许多，比盐煎肉还淡，可见川味中调料对辣味的影响很大。做法上的不同，菜肴的口味也有差别，盐煎肉是生爆肉，生肉直接在锅中爆炒，下调料，装盘；回锅肉要先煮熟，切片后再回锅爆炒，放作料、调料，装盘，一生一熟，技法上不同，口味上就不同，可见川菜"百菜百味"名不虚传（车辐《川菜杂谈》）。

旅居成都三年半，吴白匋遍尝四川美食，他不仅喜欢上了川菜，而且对川菜有了更深的认识。吴白匋说："品尝川味，凡是经过实践，习惯成自然，品尝川菜非到成都不可。"他举白油苦笋为例："笋子本身有一种苦涩味，先煮后才去水，去涩留苦，这苦味中有一种回味，有如橄榄回甘，真是大有诗意……我见过唐代大书法家怀素的《苦笋帖》，读过宋代大诗人黄庭坚的《苦笋赋》，闻名已久，当然要多尝几次……在理论指导下去寻食，实地品尝经验，有利于在比较中说出好坏，这样就避开了主观片面性。"

吴白匋评出川味中上品是汤，汤的汁子是佐菜，以原汤做菜，当然是不同凡响。民间也流传有"川戏的腔，川菜的汤"的说法。

教授夫人制作定胜糕

西南联大期间，梅贻琦与潘光旦两家一起在办事处包饭，经常吃的是白饭拌辣椒，没有青菜，有时候吃菠菜豆腐汤，大家就很高兴了。教授们的月薪，1938、1939年还能维持三个星期的生活，到后来只够半个月用的。教授夫人们只好自己想办法，有的绣围巾，有的做帽子，也有的做食品拿出去卖。梅贻琦夫人韩咏华年龄比别人大，视力也不好，只能帮助做围巾穗子。后来学校庶务赵世昌介绍做糕点卖。赵是上海人，教她做上海式的米粉碗糕，由潘光旦夫人在乡下磨好七成大米、三成糯米的米粉，加上白糖和好面，用一个银锭形的木模子做成糕，两三分钟蒸一块，取名"定胜糕"（即抗战一定胜利之意），由韩咏华挎着篮子，步行45分钟到冠生园寄卖。卖糕时，穿蓝布褂子，自称姓韩不姓梅。尽管如此，还是有人知道了梅校长夫人挎篮子卖定胜糕的事。由于路走得多，又舍不得穿袜子，韩咏华的脚都磨破了，腿肿得好粗（《民国的底气》）。韩咏华当时参加了昆明女青年会的活动，还有龙云夫人、缪云台夫人等，大家轮流备饭，最困难的时候，韩咏华为了筹集10元饭钱，在大西门旁铺一块油布摆个地摊，把孩子长大后不穿的衣服、毛线头编结的东西以及自己的衣服去卖，一早上卖了10元钱。

第十章　文人与美食

中国文人自古会吃，苏东坡、李渔、袁枚，个个都是美食家。他们能从吃中挖掘出文化的内涵。民国时期的文人也不乏这样的美食家。

胡小石嗜爱东坡肉

胡小石，原籍浙江嘉兴（古称秀州），生长于南京。其父胡季石系晚清举人，因候补道，移居南京。因此胡小石落户并在南京居住了半个世纪，对这座城市有深厚感情。胡小石国学功底深厚，又擅长书法，此外对于美食也颇多感受。胡小石自述："平生有三好，一好读书，二好赋诗挥毫，三好东坡肉。今天生肠病，或嗜东坡肉之过。"

▲ 中央大学教授胡小石

在南京期间,胡小石主要在中央大学任教,同时兼任金陵大学教授。1938年他成为国民政府教育部的部聘教授,按照教育部的规定,部聘教授薪水500元左右,加上兼职,收入可观。

授课之余,他经常与朋友雅集,或者邀请学生外出游玩,或者品尝美食。马祥兴、六华春、永和园等餐馆、茶楼,都能经常看到胡教授的身影。从老板到厨师、跑堂,都与胡先生很熟。胡小石还为六华春餐馆、马祥兴餐馆、永和园题写过店招牌。胡小石品尝美食,不拘一格,不仅会正襟危坐在马祥兴菜馆里,宴请亲朋好友,品尝大餐;也会撩起长衫下摆,与学生坐在夫子庙小摊上,有滋有味地吃油炸臭豆腐,全无教授的作派;还时常与好友、学生登上清凉山扫叶楼喝上一壶茶,边品茶边赏景。

胡小石与胡翔冬是同学、诗友。胡翔冬,名俊,字翔冬,人称胡三太爷,名士风度,不拘小节。某次胡小石写作《甲骨文字释例》用功良苦,时值岁暮,接连数日与翔冬作近郊之游,并在马回回酒肆(马祥兴之前身)小饮。胡小石不抽烟,也不善饮酒,而胡翔冬虽有酒量,但是贪杯,与朋友喝酒喜欢畅饮,往往喝醉。"城南胡三世所笑,一醉天地同昏昏。"胡小石作了一首五言古诗,调侃这位与他同称为"胡教授"的同学。诗末云:"连连对覆杯,梦梦对吐哕。吾生不解饮,观饮亦成醉。归去复不寂,九城翻夜吹。"(郭维森《学苑奇峰——文史学家胡小石》)

关于吃,胡小石还有个故事,那是在北京女高师教书时,通常到每月发薪水日子,胡小石会将所发薪水寄往家里,用于家庭的生活。有一次竟然分文未寄,家人很是纳闷,薪水到哪里去了?其实那次胡小石的薪水都用于还欠饭店包伙的伙食费了。原来胡小石每月都在校外包伙,先吃饭挂账,到发薪水时再结算。大概学生晓得了这个"窍门",有的学生生活拮据,吃饭困难,就假冒胡小石之名,将饭钱记在胡先生账上。这时候学生以吃饱为主,并不追求美食。到了发薪时,伙食费超过标准了,胡先生的薪水都贴到伙食费上了。胡小石自然不会去追究那些签账的学生,他也理解学生的生活不易,付之一笑。就是那一个月家人的生活紧张了些。

梁实秋对火腿、羊肉情有独钟

梁实秋的《雅舍谈吃》,很有名气,那是梁实秋在台湾时,将刊发在《联合报》副刊、《中华日报》副刊的有关谈吃的文章汇编后出版的著作。文章是后写的,所涉及的事大多是民国时期发生的。而雅舍则是梁实秋抗战时期在重庆的寓所,当时成为文人们聚会的场所。

火腿食后齿颊留香

梁实秋对火腿情有独钟。1926年冬季某日,戏曲大家吴梅在南京老万全宴请东南大学同人,梁实秋也在座。席间上的一方清蒸火腿,让梁实秋印象深刻。二三十块半寸高的火腿,盛

◀ 雅舍主人梁实秋

放在高边大瓷盘中,纯由醇酿花雕蒸制熟透,味道之鲜美无与伦比。

抗战期间,张道藩在重庆的云南馆子留春坞请客,上了一道菜叫叉烧火腿,火腿采用的是云腿,云腿脂多肉厚,香味较金华火腿稍逊。不过大厚片烤熟后,夹在面包中间,丰腴适口。品尝之后,梁实秋感觉比湖南馆子的蜜汁火腿还略胜一筹。

蒸熟的火腿切成薄片,肥肉依稀透明,瘦肉鲜亮似火,香浓爽口,食过之后齿颊留香,是佐酒下饭的无上妙品,梁实秋说想起来,就会觉得嘴馋。

围着八仙桌烤羊肉

北京的烤羊肉很出名,据说"烤"字原先没有,是齐白石老人造出来的,大家觉得这个"烤"字很形象,于是有了"烤"字一说,烤山芋、烤鱼、烤羊排、烤羊肉,等等。

中秋一过,羊肉就开始走上餐桌了,羊肉火锅、烤羊肉都是北京的流行菜肴。

梁实秋喜欢吃羊肉,但是家里不让羊肉进门,解馋只能上馆子,去店铺。北京的烤羊肉以前门肉市正阳楼的最出名。大概是为了招揽客人,正阳楼安排师傅在柜台表演切肉的技艺,这种做法现在的名称叫明档,就是让食客看到后场的操作,证明食材货真价实不掺假。如此看来,民国时期已经有明档操作了。

要切的肉一部分被布盖着,师傅一手按住肉,一手持刀,只见刀片飞快,片刻工夫,一片片羊肉就被切好了,肉片很薄,没点练功还真的切不好。

正阳楼烤羊肉就在院子里,四张八仙桌,桌子旁是四把条凳。烤肉的支架就架在八仙桌上,直径约二尺,羊肉挂在支架上,点起下面的松树枝子,就开烤了。经过松树枝烧烤的羊肉,散发出羊肉的焦香和松树的清香,很诱人。食客们就围在八仙桌旁,边烤边聊。参与露天烤羊肉的主要是男食客,女食客一般不参与烧烤,而是在正阳楼的餐厅,等着伙计将烤熟的羊肉送进来。

正阳楼的烤羊肉,让梁实秋吃得满嘴流油,大快朵颐。若干年后,他在山东青岛任教,时常想起北平的烤羊肉,馋涎欲滴。

东兴楼的奢侈宴

东兴楼是北京的大馆子,芙蓉鸡片是他们的拿手菜。1926年夏天,时昭瀛从美国归来,在东兴楼宴请同学吴文藻、谢冰心、瞿菊农、谢奋程、孙国华、梁实秋。当时小学教师的月薪不过30多元,东兴楼的燕翅席16元,一桌酒席抵上小学教师半月薪水。时昭瀛委托梁实秋经办,指定要30元一桌的酒席。订餐时,东兴楼的伙计说:"16元的燕翅席已经足够吃了,菜肴够档次,分量够足,包管吃好吃饱,何必多花钱?"梁实秋执意要30元的标准。民国时期一般饭店一桌菜,5元就可以搞定,东兴楼16元的标准已经算贵的,至于30元可以算奢华的大餐了。开筵之时,菜肴丰盛,珍馐杂陈。

芙蓉鸡片是筵席少不了的一道菜肴。芙蓉就是蛋白,取鸡胸肉细切成泥,以蛋白搅和,入温油锅摊成片状,片大而薄,薄而不碎,熟而不焦。东兴楼的芙蓉鸡片盛放在中小盘中,一片片白嫩的形状,上面撒上数根嫩绿的豆苗,点缀在雪白的芙蓉上,煞是好看;起锅时洒上的几滴鸡油,在芙蓉片的温热下,激发出鸡香,吃进嘴里,鸡肉泥与蛋白交融,非常嫩滑。

最让梁实秋满意的是东兴楼珍藏的十年花雕。坛盖一打开,一股醇香就飘溢出来,斟在大口浅底的细瓷酒碗里,酒香更浓,醇香扑鼻,酒的色泽光润,喝在嘴里,醇厚香浓,梁实秋说这是生平品过的酒中最好的。

李劼人掌勺小雅馆

对于李劼人的文名，当下的读者恐怕有些陌生。李劼人20世纪60年代初期就去世了，知道他的，多半是研究现当代中国文学史的人。

李劼人是写有《死水微澜》《暴风雨前》《大波》等名作的四川籍作家，也许他没有想到，数十年之后，会以美食家的身份走进这本书中，成为读者了解他的一扇窗口。

生活磨砺烹饪手艺

善于烹饪的技艺，是李劼人在生活中培养出的一门手艺。李劼人小时候随父亲宦游，经历多种场面，品尝多种食物，渐渐培育了味蕾，让他对味道有独特的鉴别能力。味蕾也刺激了他的其他感官，当一道美食上来，不仅仅是品尝味道，李劼人还观察菜肴的色泽搭配、造型，探究制作的方式。如此关注菜肴的方法，与他关注人生、剖析社会的作家眼光是一致的。

后来李劼人留学法国，美食之国的生活费昂贵，何况异国他乡的饮食，对于法国人是美味，对于吃惯了中式菜肴的李劼人来说，就不对胃口了。红酒、面包，太单一，哪有中国菜肴变化多样，法国的饮食吃不惯，价格也贵，那就自己动手做饭烧菜，李劼人的烹饪绝活就这样锤炼出来了。后来真的派上用场，成为养家糊口的一门手艺。

1924年归国后，李劼人在成都出任《川报》主笔，撰文抨击军阀，不到3个月，报纸被军阀杨森查封。1926年他被聘为公立成都大学教授，后又任文科主任兼预科主任。

开办小雅菜馆

1930年李劼人愤于军阀、政客践蹦大学教育，迫害进步师生，毅然辞去大学教授职务，借了300元，在成都租了一个门面房，开了一家名"小雅"的小菜馆。"小雅"之名出自《诗经·小雅·鹿鸣》："我有旨酒，以燕乐嘉宾之心。"意思是"我有美酒香而醇，宴请嘉宾心中乐陶陶"。他与妻子亲自下厨操作。教授不执教，摇身一变成为个体餐馆的老板，在1930年秋，成为成都的轰动新闻，有的报纸标题这样写道：《成大教授不当教授开酒馆，师大学生不当学生当堂倌》。

小雅菜馆的门面不大，前后两间，前店后场，后面小间是厨房操作间，前面是餐馆雅座。店面虽小，收拾得却干干净净。留法学者、教授厨师的影响力，让"小雅"虽小，却成为人们瞩目的焦点。很多教育界人士频频光顾"小雅"，包括原成都师大校长张澜也曾在小雅菜馆就餐。

小雅菜馆的菜品并不奢华，都是普普通通的家常菜，每周更换一次菜单，经济实惠。普通菜也同样做得精致，这就是特色，也是李劼人的手艺。

菜肴主要有：酒煮盐鸡、干烧牛肉、青笋烧鸡、怪味鸡、厚皮菜烧猪蹄、肝丝炒绿豆芽、粉蒸苕菜、黄花猪肝汤、夹江腐乳汁蒸鸡蛋、泡水黄瓜、豆豉葱烧鱼、干煸鱿鱼丝、板栗烧鸡、香糟鱼、沙仁肘子，还有西式菜肴卷心白菜、奶油沙士菜花、蟹羹等（车辐《川菜杂谈》）。

小雅地小，也很简陋，可是菜肴却不简陋，也不会偷工减料。菜馆没有菜谱，但是菜肴就在李劼人的肚子里装着。除了主要菜肴，一般菜有客人点了就可以上；小雅菜馆没有的，客人提出要求，大厨李劼人也可以现场烹制。"让客人满意"是小雅菜馆的经营之道。

小雅菜馆的菜肴价格不高,但是烹调用料却不含糊,豆豉葱烧鱼所用的豆豉比其他餐馆用的潼川豆豉、永川豆豉的颗粒都大,味厚浓香;干烧牛肉,不用茴香、八角,而用黄酒做料酒再加姜块,干烧,入味。李劼人说茴香、八角有一种草药味,冲淡了牛肉的原香味,也显示不出厨师的真功夫。原始的食材,加上原味的烧法,才能发挥出食材自身的鲜香。少用调料,也就是保持食材的本原滋味。

小雅菜馆遭难关门大吉

口味好,价低廉,菜馆不时地推出家常菜新品,很受顾客的欢迎。教授下厨也让顾客好奇,因此小雅菜馆的生意颇为红火,每天来买泡菜的都排起了长队,社会上也有传闻,说李劼人的菜馆发财了。

因为生意好,小雅菜馆让歹人惦记上了,土匪绑架了李劼人

▲ 1940 年李劼人一家

3岁的儿子李远岑。土匪绑票,无非求财,为了儿子的生命安全,李劼人没有报警,经过中间人的交涉,李劼人借钱凑齐了绑匪索要的1000块银圆。27天后,儿子安全回来。开小雅菜馆投资不过300元,因为赎人花费千元,小雅菜馆已经是债台高筑,李劼人也无心经营菜馆,最后关门大吉。

小雅小菜馆关掉了,从此成都少了一家店虽小,菜却精致的大众菜馆。为生活所迫,李劼人奔波于几家中学讲课,非常辛苦。

开餐馆的经历告一段落,李劼人也无意在餐馆上东山再起,不过李劼人对美食的研究兴趣仍然保持着,他提出了烹饪是艺术与烹饪美学的观点。对美食的经历与认识,也融入他的创作中。李劼人对美食有很多论述,如"无论文火武火,而要紧者端在火候,过与不及皆不可;其次则在调味用盐,如何先淡后浓,如何急挥缓送,皆运用于心,不可言宣"。然而可惜的是精于美食,善于烹调,懂得搭配,也有过开餐馆实战经验的他,没有像清代的袁枚那样,写成一部流传后世的《随园食单》。

第十一章　文人下馆子

民国时期的文人中，爱下馆子、喜欢美食的不少，他们不仅会吃，甚至还可以指导厨师开发菜品，为菜肴取上一个颇有文采的菜名。

鲁迅吃遍天下鲜

鲁迅喜欢下馆子，在《鲁迅日记》中有很多或独自或与朋友下馆子的记录。1912年5月5日晚7时，鲁迅坐火车抵达北京，住在长发店，晚上至宣武门外南半截胡同的山会邑馆（即绍兴会馆）拜访许铭伯，大概商谈进驻会馆事宜。

第二天上午鲁迅搬进山会邑馆，由此开始了他在北京安营扎寨的生活。到北京的第三天也就是5月7日，鲁迅"夜饮广和居"。广和居是北京著名的饭店，就在绍兴会馆对面，就餐很方便。

偏爱广和居

鲁迅对于广和居情有独钟，经常到广和居就餐，1912年5月，就有4次在广和居吃饭。5月11日晚，朋友董恂人、张协和来绍兴会馆拜访鲁迅，相谈甚欢，顺便在广和居吃了晚饭。5

月18日,董恂人、张协和又到会馆拜访鲁迅,鲁迅邀请许寿裳、蔡国亲去广和居。蔡国亲比他们先一步到了饭店。5月31日,谷清在广和居请鲁迅与季市吃晚饭。6月13日傍晚,下起了小雨,蔡国亲在广和居设宴,鲁迅、许铭伯、许寿裳、俞英崖应约前往。

广和居是鲁迅就餐最多的一家,离绍兴会馆近,很方便。朋友来会馆拜访鲁迅,到了吃饭时间,通常就去广和居。鲁迅一人独居时,也常去广和居,广和居成了他在绍兴会馆的食堂。广和居的菜肴确实做得好,著名的有潘鱼、江豉。鲁迅刚到北京时,薪水一部分要寄回老家,寄给二弟周作人,还要购买书籍、小古玩、文具,因此在广和居几乎不点潘鱼这样的名贵菜肴,而是随便炒几个菜就可以了。

除了名菜,广和居的花费并不高,三人吃一桌丰盛的酒席,约花费3元。《鲁迅日记》1912年8月22日记载,鲁迅被教育部任命为佥事,晚上钱稻孙、许寿裳来祝贺,鲁迅带着两位好友去广和居,本来鲁迅要做东,两位朋友不允,说:"我们为你祝贺,怎么能让你破费?"鲁迅说:"我被任命为佥事,是喜事,

◀ 北平广和居

应该我请二位。"最后,僵持不下,采取了ＡＡ制,大家出资,每人花费1元,快乐地喝了一顿酒,吃了一顿佳肴。酒到半酣,酣畅淋漓,不觉时间已晚。彼此搀扶着走出广和居,抬头见月亮一轮,月光如水,在街头要了三匹骡子,骑在骡子上逛街。

广和居服务质量上乘。每天一开张,伙计就精神饱满地站在门口,笑容可掬地接待四方宾客,热情地引进客堂,询问:"几位吃点什么?"再根据客人的需求,推荐店里的菜肴,让客人满意,吃得开心,是广和居的服务宗旨。

广和居的伙计记忆力特别好,对于熟客及其口味喜好,都了如指掌。见是熟客,就知道你今天订的是什么筵席,在几号桌。"周大先生,你来了,里面请。"伙计热情地将鲁迅引进包间。"钱先生你来了,周大先生在××包间等着你呢,请往里面走。"

不限广和居

后来,鲁迅在北京约饭由广和居逐渐扩大至其他饭店,因为客人口味不同,宴请的目的不一样,他会选择不同的饭店。根据《鲁迅日记》的记载,鲁迅在北京宴请的饭店有60多家,有前门外肉市的便宜坊、前门外陕西巷的醉琼林、五道庙的京华春、西四牌楼的同和居、西河沿劝业场的小有天、东四牌楼隆福寺街的福全馆、东安门大街的东兴楼、西长安街的龙海轩、东长安街的东安饭店、中山公园的四宜轩等。

1912年7月28日是休息日,早上钱稻孙来绍兴会馆拜访鲁迅,交谈了一上午,午饭鲁迅与钱稻孙、许寿裳就近解决,去了广和居。这边刚招待完朋友,鲁迅还有个饭局,又匆匆赶去吴兴馆,参加第二场。晚上又与朋友在便宜坊吃饭,一天中三次下馆子。

鲁迅也经常参加同事聚餐。1914年正月初二,晚上教育部

▲ 1922年5月23日鲁迅在北京世界语学会合影

社会教育司同人在劝业场小有天聚餐，这是单位的公干，用公款。出席者十人，鲁迅、钱稻孙都到场了，许寿裳和胡子方因为有事没来。1914年12月31日教育部社会教育司同人晚上在西珠市口金谷春聚餐，又是公款。在《鲁迅日记》中记录的公款吃喝并不多，早年鲁迅在教育部任职，有机会参加，兼职高校教授之后，就很少了。后来迁居上海，他自己放弃了公职，以自由撰稿人身份赚稿酬维持生活，更是远离了公款吃喝。

1912年7月，蔡元培离开教育部，教育部的同事为蔡元培饯行，22日晚上在陈公猛家设宴，天公不作美，下起了大雨，蔡谷青、俞英崖、王叔眉、许寿裳、鲁迅冒雨来到陈公猛家，菜肴没有荤腥，全是素菜，也就是素席。

鲁迅下饭店，几乎不选素菜馆，尽管鲁迅的母亲信佛，他也曾为母亲捐资刻印佛经《百喻经》，但是他不信佛，也不吃素。就其去的馆子而言，都是荤腥菜肴。鲁迅还多次去吃西餐，主要就是位于西单大街的番菜馆益锠号，1913年11月4日的午饭，鲁迅与钱稻孙是在益锠号吃的，点了牛肉、面包，喝了少许酒。

大概西餐的味道还不错，此后，鲁迅多次去益锠番菜馆吃西餐。

吃不惯福建菜

鲁迅的口味以浙江菜、山东菜、河南菜、北京菜为主，广和居属于山东馆子；南味斋是淮扬菜，名菜有糖醋黄鱼、虾子蹄筋；厚德福做河南菜，以烧鱼著称，独门绝技萝卜鱼、糖醋瓦块。1912年12月31日许铭伯招待鲁迅，就选用了绍兴菜，"肴质而旨，有乡味也"，绍兴菜中烧肉、冷猪肉是有名的，油水足。绍兴菜远不如花雕酒出名，也不如黄酒走得远，在北京喝上绍兴的花雕，并不困难，而绍兴菜馆就很少了。鲁迅居住在北京，品尝各地菜肴，唯独绍兴菜肴吃得最少，在《鲁迅日记》中有几次品尝绍兴菜的记录。许铭伯以绍兴菜来招待鲁迅，自然让他大饱口福，家乡的菜肴，让鲁迅思绪万千。

鲁迅偶尔也去粤菜馆、闽菜馆，对于广东菜倒是可以接受，唯独对福建菜不习惯。1912年9月29日日记记载："晚饮于劝业场之小西天，董恂士（教育部次长）、钱稻孙、许季茀（许寿裳）在座，肴皆闽式，不甚适口，有所谓红糟者亦不美也。"小西天经营福建菜，在当年也是一家名菜馆，食客不少，只是鲁迅个人的口味不喜欢闽菜而已。

路边小馆皆成趣

民国时期的文人喜欢下馆子，泡茶馆。那时候的物价不高，大饭店十人规模的酒席，不过十几二十块钱；小酒家，三五块钱就可以吃上一桌像样的菜肴。不要说像胡适那样的知名文人，仅在北大任教的月薪就五百多元，收入颇丰，就是一些落魄的作家，一篇小说也能换上三五元稿费，足够下馆子吃上一顿。那时候重友情，穷文人拿到稿费，邀请朋友吃一顿，是常有的事。

张恨水小饭馆请客

张恨水在北平时，忙于办报，写小说，废寝忘食。在他家附近有条小河，小河拐弯处有一家小馆子，店面不大，只有三四张桌子。通常情况，张恨水写作至下午。上午来了客人，张恨水会中断写作，拉上客人走出家门，来到这家小馆子吃饭。

▲ 言情小说家张恨水

张恨水通常是不看菜单的，吃什么并无定式，也不按照饭馆的菜单，而是由客人走进厨房，看有什么食材，现场搭配。店掌柜与张恨水很熟，知道他的请客之道，随客人要求，厨子按照客人的要求，现场烹饪，或凉拌，或热炒，片刻工夫，几道菜单上没有的菜肴就出锅了。

张恨水及其客人对菜肴的刀工、火候都不讲究，食材的搭配也不严格，客人想到什么，只要有食材就可以，等于每次都是创新菜。价格不贵，吃这样一顿饭，三五个菜，七八个菜不等，花费也就八九毛钱（涂城北《谁是美食家》）。

张恨水爱下馆子、上茶楼喝茶，还有一个重要的原因，无论是办报，写社论、评论，写小说，都要了解社会，与客人吃饭、喝酒、聊天，可以观察社会动态，了解社会新闻。

季羡林路边尝美味

1946年深秋，季羡林回国后在北京大学任教，红楼对面有

▲ 年轻时的季羡林

一个小饭铺，极为窄狭，只有四五张桌子，然而老板手艺极高，待客又特别和气，好多北大的教员都到那里去吃饭，季羡林也是座上常客。季羡林有时还会坐到红楼前马路旁的长条板凳上，同"引车卖浆者流"挤在一起，在小摊子上喝一碗豆腐脑，吃两个火烧，既廉且美，舒畅难言。在抗日战争前的黄金时期，大学教授社会地位高，工资优厚。到了季羡林当教授的时候，已经今非昔比，工资一天少似一天，季羡林自嘲是天生的"土包子"，虽留洋十余年，而"土"性难改。于是以大学教授之"尊"而端坐在街头饭摊的长板凳上，却又怡然自得，旁人谓之斯文扫地，他则称之源于天性。

马神庙有两个极小的饭铺，一个叫"菜根香"，只有一味主菜：清炖鸡，然而却是宾客盈门，川流不息，其中颇有些知名人物。不仅仅是北大的教授们，连马连良、杜近芳等京剧名家也会挤进这小小的饭铺。马神庙路南有一个四川饭馆，门面更小，然而名声更大，季羡林就见到外交官的汽车停在门口。当年北京的汽车是稀罕物，北大只有胡适校长有一辆。这两个饭铺，对季羡林来说是"山川信美非吾土"，价钱较贵。当时通货膨胀骇人听闻，纸币上每天加一个0，也还不够。季羡林吃不起，只是偶尔去一次而已。

王世襄借灶常三小馆

燕京大学东门外有常三小馆，是燕大师生常去的饭店。常三是一座长方院,四周有房,院内带住家的饭店。门道以南是灶房,门道以北是散座,北方三间是雅座,西南角设杂货铺。

常三小馆本无店名,因为店掌柜姓常排行三,因此被燕大师生称为常三小馆。店掌柜、伙计随和,经营的品种是大众化的鸡肉、猪肉,用料地道,新鲜,口味也不错,尤其是价格不高,师生们都能接受,加上小馆就在燕大东门,就餐很方便。许地山在燕大任教时,王世襄在燕大读本科、研究生时,都是常三小馆的常客。许地山传授店掌柜印度饼的做法,被大家命名为"许地山饼"。王世襄想吃爆炒的菜时,也会自备原料,借常三小馆的灶具,自己上去做一回厨子,颠几下菜勺,满足自己的口腹之需。

王世襄介绍,对虾上市时,常三小馆也进些对虾,烹调的口味不亚于大饭店的大厨。民国时期的对虾并不是稀罕食材,普通人也能吃起,新鲜便宜,口感好。

店掌柜常三与燕大师生们相处得很融洽。师生们有拿手的菜肴,会传授给常三小馆,店掌柜与厨师也乐意接受,并按照传授者的要求烹制,让更多的顾客品尝。除了"许地山饼"之外,还有葛菜和卢鸡。王世襄为常三小馆写的第二副对联是:"葛菜卢鸡,今有客夸长盛馆;潘鱼江豉,更无人问广和居。"下联中的"潘鱼江豉"是北京广和居的两道名菜,上联中的"葛菜卢鸡"就是燕大师生传授给小馆的两道招牌菜。葛菜是一位姓葛的学长传授给常三的,卢鸡是一位广东女同学卢惠卿教给常三的。卢鸡是用仔鸡与葱头丝烩烧的菜肴,作料有姜末、酱油、黄酒、白糖和胡椒粉,十分可口。

常三小馆的菜肴还有软炸里脊、肉末炒松花、糖醋熘松花、焦熘土豆丝、炒木须肉、海米白菜汤等。王世襄印象中,肉末炒松花,皮蛋上佳,色深而软,姜味甚浓(王世襄《京华忆往》)。

胡适题联海泉成

北京大学所在的沙滩、马神庙、汉花园等处,有若干家小饭店,主要做师生们的生意,因为口感好,价格低,很受欢迎,俨然成了北大师生们的第二食堂。有位20世纪三四十年代住城里沙滩的老北大学生在回忆录中写到北大附近的小吃:"北大的小吃是绝对的自由,爱怎么吃就怎么吃。"

北大红楼沙滩有多家小饭店,最出名的是东斋外海泉成,堪称北大附近小馆中的翘楚,以炒腰花著名。五四时期,胡适等北大学术名流,经常来此吃饭。一来二往,店掌柜与这些学界大佬熟悉了,就请胡适题字。胡适对海泉成的菜肴很是满意,爽快地书写了一副对联:"学术文章,举世咸推北大老;羹调烹饪,沙滩都道海泉成。"(邓云乡《水流云在琐语》)有了胡适先生的褒奖,海泉成名声大噪,来此宴请吃饭的师生就更多了。

《青春之歌》中于永泽的原型张中行就是北大的学生,20世纪30年代他在北大读书时,经常在沙滩几个饭店挨个吃喝,今天是这家,明天又换一家,他在海泉成也曾吃过饭。

专做学生生意的小饭店

中国大学后墙有一家小饭店,叫有缘居,专做中国大学的生意。中午到此吃饭的教师、学生很多,炮三样、熘肝尖、南煎丸子都很好。

北京师范大学斜对面有一家新华楼,灰砖老式两层楼,偏南三间开一家饭馆子,专做师大、附中、附小的生意,南式馄饨、汤包做得都很好。师大学生虽穷,但是附中、附小的学生,不少是阔家子弟,早上坐包月车上学,中午就在此用餐。邓云乡读书时,也经常来新华楼吃馄饨、汤包(邓云乡《水流云在琐语》)。

第十二章　金字招牌老字号

老字号不仅是一种商业景观，也是一种历史文化景观。老字号是一个城市的名片，餐饮老字号让我们不仅想到它的优质服务，还有让我们垂涎欲滴的美味。北京民间歇后语就有"东来顺的涮羊肉——真叫嫩""六必居的抹布——酸甜苦辣都尝过""砂锅居的买卖——过午不候"等，生动地表述了这些老字号的品牌特色。

四大名菜马祥兴

改革开放初期，一位上了年纪的台湾同胞来到南京，到马祥兴清真菜馆点"美人肝""松鼠鱼"等四大名菜，但是那时马祥兴尚未恢复四大名菜生产，台胞非常遗憾，他说："回到久别的故乡，就想品尝一下家乡名餐馆名菜肴的味道，了却怀乡之思。"

马祥兴是金陵首屈一指的清真菜馆。创办人马思发是河南人，回族，清道光二十年（1840）从河南孟县（今孟州市）逃荒来到南京，在南京花神庙摆一个饭摊谋生，做些便宜的饭菜，维持生计。开始也很艰难，后来因为饭菜便宜、招呼殷勤，光顾的客人日渐多了。

因为经营有方，饭摊迁到回回营时，就变成了一间小饭店。

小饭店在马思发之子马盛祥接手后就命名为马祥兴菜馆。"祥"取自马盛祥之名,"兴"寓意生意兴隆。当时有顺口溜说马祥兴的经营:"要吃饭里面坐,小毛驴拴对过。大米饭香又白,牛肉煨得金黄色。要吃多,牛肉烧萝卜;要吃好,牛肉炒小吃。"

民国期间,马祥兴菜馆开在中华门外米行大街(今雨花路),主要经营清真菜,有熏牛肉、牛肚、牛肉汤(俗称牛八样)。马盛祥去世后,其子马德铭继承父业,成为马祥兴的第三代掌门人。马祥兴发迹正在此时,1925年由熟食转向炒菜,算是上了一个台阶。宴席不再是价廉物美、大块肉食的风格,而转向菜肴的精致,用料讲究鲜活,口味注重独特,原料由以前的主要面向回民的牛羊肉,转向面向大众的鸡鸭鱼虾,形成清淡适口、雅静鲜美的菜肴风格。

北伐战争之后,国民政府还都南京,南京餐饮业进入兴盛时期,马祥兴菜馆的生意也蒸蒸日上。这时期的马祥兴也进入了有意识地创立名菜、品牌的时期,马祥兴的传人马德铭与厨师注重菜肴的创新,多方听取美食家的意见,创制了闻名民国的四大名菜——美人肝、松鼠鱼、凤尾虾、蛋烧卖。

国民政府还都之后的首任行政院院长谭延闿是美食家,在同样也有美食家之名的中央大学教授胡翔冬的引荐下,来到马祥兴。胡翔冬是马祥兴的熟客,谭延闿又是国民党元老,马祥兴不敢怠慢,精心烹制了拿手菜。谭延闿的嘴刁得很,一张嘴吃遍天下鲜,想要让他赞好,可不容易。但是谭延闿相信胡翔冬的眼光,他推荐的菜馆,菜肴肯定有独到之处。一道形神皆似、口味独特的松鼠鱼端上来,谭延闿品尝后,外脆里嫩,酸甜适中,果然不同凡响;又一道艳如凤尾、色彩鲜艳的凤尾虾上来了,谭延闿眼睛一亮,从色泽与造型上,就可以判断这道菜下了功夫,口感肯定好,品尝后确实咸香鲜嫩滑爽。马祥兴的几道名菜,让美

▲ 马祥兴名菜松鼠鳜鱼（现代仿制）

食饕餮谭延闿也点起了赞，饱餐一顿，满意而归。

　　四大名菜的创立，带来了品牌效应，慕名前来马祥兴尝鲜的食客多了起来，甚至国民政府五院八部的官员们也纷纷来此宴请。

　　在马祥兴菜馆还出现了金发碧眼的外国食客，他们是住在南京的外国使馆的外交官和他们的夫人。汪精卫、张群、王世杰主政外交部时，多次以外交部的名义在马祥兴宴请外宾，吃惯了西餐的外国人，品尝美味可口的马祥兴菜肴，也竖起了大拇指。

　　1937年南京沦陷，马祥兴毁于日军战火，片瓦不存。1945年国民政府还都南京，马祥兴依赖其金不换的盛名，恢复经营，进入第二兴盛期。冯玉祥、李宗仁、于右任、张治中、邵力子等军政要员，都是马祥兴的常客，席上常是推杯换盏，热闹非凡。1948年，"国民代表大会"期间，蒋介石竞选总统，李宗仁、孙科角逐副总统，马祥兴成为各门各派拉选票的宴请场所。桂系的白崇禧是回民，与马祥兴老板交情深，于是桂系做东常在马祥兴设宴，宴请代表们。一时间马祥兴门前车水马龙，厅堂上交杯换盏，酒酣脸红。马祥兴菜馆名声在外，菜看确实上乘，也是事实。有那么多的达官贵人、学者教授喜欢马祥兴，喜欢四大名菜，马祥兴也算是"阅尽人间沧桑"了。

酒业大王老万全

民国时期，南京有很多著名的饭店、酒家，如马祥兴、江苏饭店、中央饭店等。夫子庙是旅游景点，在此开饭店的也特别多，从利涉桥到贡院街附近的茶馆酒家，有数十家，如问柳、老正兴、金陵春、第一春、六华春等，老万全酒家名列其中，负有盛名。文人骚客都喜欢来夫子庙的老万全酒家喝酒畅谈，欣赏美景。言情小说家张恨水、元曲一代宗师吴梅等都是老万全的常客。

老万全的老板章桂生，清末来南京讨生活，在中华路119号开办了老万全酒家，后来搬迁到夫子庙。章桂生是绍兴人，绍兴盛产黄酒，开店初期，老万全也以销售黄酒为主，辅以高粱酒。陈年花雕，口味佳、劲道足，深受酒友的欢迎；清冽的竹叶青，也让食客称赞；喜爱啤酒的，在老万全也能畅饮。老万全经营酒，除了购买来的陈年花雕、竹叶青，也自己酿酒，出产金波酒。民国时期出版的《南京游览指南》记载："味甘洌而有清香，色微黄，性甚平和，为夫子庙万全所酿。每斤价三角。"

因为经营得好，老万全渐渐有了名声，分店开到了新街口、大行宫、山西路、水西门，被称为"南京酒业大王"。老万全酒家颇有文艺范，深得民国文人的喜爱。南京词社、书画会、古琴演奏等文人活动，也经常安排在老万全，名曰文酒会。店老板爱结交文人，待客周到，画家、诗人、作家来此有宾至如归的感觉。

在老万全酒家的河厅上有一匾额——"停艇听笛"，此匾额系清代著名文人俞樾（俞平伯曾祖父）题写，为两江总督曾国藩涤笙秦淮时所遗，代表着秦淮的景点与文化。匾额的两侧悬挂的对联系清末文人、惜阴书院山长薛时雨所写。

1936年秋，闽侯陈石遗从上海来南京，同道借老万全酒家为其接风洗尘。因为原匾额"停艇听笛"年久，字迹漫漶，店主人久仰陈石遗文名，请求陈老丈书写新匾额。店家将陈老丈书写的书法装裱后，装在玻璃框中，悬挂在店堂，四周又配有文人书写的四条屏，一时满壁流韵，如同进入书香之家。这"停艇听笛"是秦淮河上的雅事，据称东晋时期，王羲之五子王徽之泊舟青溪，适逢永修县侯桓伊路过河岸，王徽之便邀请桓伊为他吹笛。桓伊能文能武，又是显贵，从不轻易为他人吹笛。但因为仰慕王徽之大名，停车为王徽之吹奏三曲，后人便将桓伊吹笛命名为"邀笛步"。"停艇听笛"成为秦淮一景。

◀ 南京夫子庙老万全酒家

1926年冬，词曲大家吴梅先生在老万全设宴招待东南大学同人，梁实秋也陪同，席间上了一款清蒸火腿。吴梅击案高歌，唱的是他最擅长的昆曲，缠绵悱恻，余音绕梁。半个世纪之后，梁实秋还清晰地记得当年的吴梅微驼的身躯，击案放歌的情景，以及老万全那盘清蒸火腿的色泽与口味（梁实秋《雅舍谈吃》，郁新琳《怀乡思亲集》）。

张恨水也有参与老万全宴请的经历：

> 秦淮河畔的夫子庙，我的朋友，几乎是"每日更忙须一至，夜深还自点灯来"，总会有机会让你在这里会面，碰头的地点，大概常是馆子里的河厅。有时候是新闻圈外的人作主，有时我们也自行聚餐，你别以为这是浪费。在老万全喝啤酒吃的地道南京菜，七八个人不过每人两元的份子。酒醉饭饱，躺在河厅栏杆边的藤椅上，喝着茶嗑着瓜子，迎水风之徐徐，望银河之耿耿，桃叶渡不一定就是古时的桃叶渡，也就够轻松一下子的了（张恨水《日暮过秦淮》）。

老万全的菜肴以浙绍菜为主，店里的名菜还有素鱼翅、芦姜鸡脯、炖生敲、熏白鱼等。以砂锅菜肴尤为著名，如白鹭瓢核、莲蓬豆腐、冻豆腐砂锅等，为其他酒家所不及。

因为店开在南京，其菜肴也逐渐发展了南京本帮菜，后来来此就餐的，尤其是文人雅集，点南京菜的居多。

京苏大菜金陵春

据1935年有关部门的统计，当时南京的酒家菜馆多达1151处，而近半数聚集在夫子庙一带，一家挨着一家，酒旗风暖，入夜霓虹灯闪烁,灯红酒绿,一派繁华。

金陵春中西餐馆主营京苏大菜和西餐,位于繁华热闹的南京夫子庙贡院东街,后厅紧靠秦淮河,3层楼,是当时南京最大、最高级的一家菜馆,也是最早经营西餐的饭店,俗称番菜馆。

金陵春的招牌菜炖菜核、清炖鸡孚、金陵烤鸭,在民国时脍炙人口,制作的燕菜席、鱼翅席、鲍鱼席、海参席、鱼肚席等高档筵席也是闻名遐迩。金陵春之所以在民国南京1000多家饭店菜馆中脱颖而出,一方面在于经营有方,另一方面在于有一批名厨,擅长菜肴的创新,金陵名厨胡长龄便是其中之一。1930年,19岁的胡长龄来到金陵春中西餐馆司厨,由于勤奋好学,肯钻研,厨艺突飞猛进,很快就成为金陵春的名厨。

1935年少帅张学良因公务来南京,闻听金陵春的大名,私人订制了4桌"燕翅双烤席",宴请邵力子、于右任、吴稚晖等国民党元老。掌勺的主厨就是胡长龄。当日下午5时许,少帅一行来到金陵春,在餐馆上等的大华厅就座。餐馆侍者奉上毛

◀ 南京餐馆

巾茶水和装有甜杏仁等干果的手碟。上菜的顺序是先果盘、冷盘，随后走热菜。其菜品有：四花盘、四鲜果、四三花拼、四镶对炒、一品燕菜、黄焖鱼翅、金陵烤鸭、麒麟鳜鱼、菊蟹盒、秘制山药、砂锅菜核；萝卜丝酥饼、四喜蒸饺；枣泥夹心包、冰糖湘莲。

一道道金陵春的拿手菜肴上席，色、香、味俱佳，看菜肴的造型与色泽，就让食客胃口大开，这些官场的大佬，尝遍了天下美味，可是品尝到金陵春的菜肴，依然赞不绝口。最让大家叫绝的是金陵烤鸭，酥、香、脆、嫩。少帅品尝后，尤其满意。

宴会后，少帅专门召见了艺高人胆大的主厨胡长龄，见到胡长龄只是一个二十多岁的年轻人，很吃惊。张学良是少帅，二十几岁时就是将军，那是因为有父亲张作霖的关系，他没想到的是金陵春的主厨胡长龄如此年轻就能烧出这样一桌高水平的菜肴。少帅夸胡长龄年少手艺高。少帅的赞许，让胡长龄在金陵餐饮界、食客中名声大噪，"燕翅双烤席"也因此被称为"少帅宴"。当时的金陵春已经是国民政府招待重要宾客的场所，来的客人以达官贵人居多，他们宴请时，经常点名要胡长龄掌勺。国民党元老于右任有一次品尝了胡长龄的美食，第二天让秘书专程给胡长龄送来一幅"肴香"草书。而以胡长龄为代表的年青一代厨师被后人称为"京苏帮"。

1937年南京沦陷前，金陵春中西餐馆一度关闭，后来餐馆毁于战火。

百年老店广和居

广和居位于北京宣武门外南半截胡同，是老北京饭馆中资格最老的一家，它历经清朝的嘉庆、道光、咸丰、同治、光绪、宣统，一直到民国二十年（1931）才封灶歇业。当时的北京名饭店有八大居和八大楼之说，八大居指广和居、同和居、砂锅居（和顺居）、万兴居、万福居、同兴居、东兴居、福兴居，八大楼指东兴楼、安福楼、致美楼、正阳楼、新丰楼、泰丰楼、鸿兴楼、鸿庆楼。

广和居位居八大居之首，名菜与名人菜不少，名菜指有名的菜，名人菜指由名人创制、命名的菜，其中最著名的两道名菜是潘鱼和江豉。潘鱼即潘炳年鱼（清蒸鲤鱼），由晚清在京为官的闽人潘炳年（晚清翰林、四川某地知府）所创，原料有羊肉汤、活鱼；江豉由江树畇（晚清翰林）传授。

广和居店面并不大，路东的大门，临街三开间，院子很窄。磨砖刻花小门楼，黑漆大门，红油对联，进门迎面是一个磨砖影壁，转过影壁，是一个东西长、南北短的小院，就是饭座，往东里面还有一个小院，隔成单间是雅座。广和居鼎盛时期在晚清，很多王公贵胄，如两朝帝师翁同龢、封疆大吏张之洞等都来此宴请。进入民国名声尚在，生意已经不如晚清，也有可能是因为由达官贵人的公款吃喝变成了文人雅士的私人宴请，消费能力有所下降。

鲁迅喜欢广和居。当时鲁迅与周作人借住在南半截胡同的绍兴会馆，有时候来客人了，谈兴正浓，时间却到了吃饭的时候，不愿去饭店打断谈话，就差人去会馆斜对面的广和居订菜。一会儿，广和居的伙计提着食盒，将饭菜送来，都是炸丸子、酸辣汤之类的大众菜肴，潘鱼、砂锅豆腐等广和居的招牌菜，相对价格高一些，周氏兄弟是不会点的。

广和居的肴品尚有炒腰花、五柳鱼、三不粘、四川辣鱼粉皮、清蒸干贝、蒸山药等，同样脍炙人口。

百吃不厌东兴楼

民国时期，山东饭庄在北平占有很大的比例，较大的有庆和堂、会贤堂、聚贤堂、福寿堂、万寿堂、聚寿堂、丰泽园、致美斋等，东兴楼是当时北平最大、最有名的山东饭庄，开在东华门大街路北。

王世襄年轻的时候，经常在京城寻吃，品尝各级饭庄的美味。东兴楼是他经常光顾的饭店。北京的美食很多，大饭庄、小吃店都有若干美食，为什么王世襄特别喜欢来东兴楼？因为烹饪口味和服务不一样。

迈步走进东兴楼，当见厅堂里坐满客人，堂倌忙得不可开交，吆喝声此起彼落。忙归忙，忙而不乱。客人一进饭庄，就有迎宾的堂倌跟上来问吃些什么，然后安排进空席的座位。如果客人爆满，会让你稍等，拿上菜单，向客人推荐东兴楼的招牌菜——酱爆鸡丁、芙蓉鸡片、烩两鸡丝、烩乌龟蛋割雏、扒三白、糟熘鱼片、糟煨冬笋、芫爆肚仁、醋椒鱼等。各种菜肴的特

▶ 东兴楼

色也会介绍一二。无论是订包间,要筵席,还是只要三两小炒,东兴楼的堂倌都会一视同仁,店大不欺客,小吃也善待。一进东兴楼落座下来,就有宾至如归的感觉,第一印象就很好。

王世襄到东兴楼,酱爆鸡丁、芙蓉鸡片、烩两鸡丝、烩乌龟蛋割雏、扒三白、糟熘鱼片、糟煨冬笋、芫爆肚仁、醋椒鱼都是他经常点的菜肴,百吃不厌。酱爆鸡丁使用的是甜面酱,而不是白糖,鸡丁很嫩,酱味已经渗入很嫩的鸡丁里面,还有一丝淡淡的甜味。炒虾仁勾芡后芡衣较稠,炒后结壳薄,虾仁很嫩。吃过之后,齿颊留有余香,让食客吃得满意,还留有想头。王世襄的体会是东兴楼的菜肴,百吃不厌,因此他经常光顾东兴楼(王世襄《谈北京风味》)。

中央饭店档次高

在南京长江路和汉府街交叉口西北侧,邻近中华民国总统府,有一座四层楼高的饭店,与周边高楼大厦相比,显得非常低矮,不起眼。然而放在八十多年前,它可是声名显赫,这就是民国时期南京最豪华的饭店——中央饭店。在这家饭店里曾经发生过很多波澜壮阔、惊心动魄的事件:1931 年,钱壮飞在这里将顾顺章被捕的消息传递给中共中央;1940 年,意图刺杀汪精卫的黄逸光在这里被捕……

1927 年,国民政府定都南京之后,商人江政卿在"新开马路"(今中山东路)上购地十亩,准备建一个商业中心。因为要开辟中山路,强拆民房无数,十亩地也被占去一半,只好改建饭店。最初设计是 7 层,因为紧临总统府,国民政府当局认为中央饭店太高,会影响到总统府的安全,只批准了 3 层。最终建成的中央饭店便只有 3 层,顶上还有一个阁楼,叫作假四层。1930

年1月1日中央饭店完全建成，对外营业。建筑物十足的民国范儿，褐色的墙壁，窄而高的窗户，镂空的铁栏杆，配以白色的边框和柱子，加上柱式门厅和拱形入口，还是让人感觉相当威严、庄重。一楼的大厅，大理石铺面，灯光耀眼，富丽堂皇。

不要小瞧这个当年仅有三层半高的中央饭店，内部设施在当年可是顶级配置，200多套客房，包括单人间、双人间和三四间一套的大客房，全部都有暖水汀、电扇，以及专门定制的有着"央"字标志的西式镀铬铜床，镶大理石面的柳桉木家具，还有大沙发。除单人间外，其余房间都有独立的西式盥洗室。不仅客房配置齐全，饭店的一层大厅，设有小商店、理发店、洗衣部和西餐厅，连当时时兴的弹子房也有一间，更为超前的是饭店开设了租赁部，配了4辆汽车。让客人感到新奇的是饭店还有电梯，尽管只有假四层，进口电梯依然可以通向各层。

顶级装潢、设施，以及服务，使得中央饭店成为当年首都最豪华的饭店，当然价格也不菲，单人间每日收银三四元，大套间每日高达二三十元，折合450斤~750斤大米。尽管如此，饭店天天爆满。据说，当时想进中央饭店做个招待，也要先缴100块银圆作为押金，还得外加厚礼打通关节。

中央饭店的菜肴也很下功夫，西餐厨师都是从上海的大饭店请来的，中餐菜肴也注重学习和创新。"美人肝"是马祥兴菜馆创制的菜肴，系马祥兴四大名菜之一。当时的行政院院长汪精卫很中意"美人肝"，晚上吃夜宵时，经常让司机夜间出城采办，曾被媒体批评，中央饭店闻听之后，投其所好，专门让厨师学做"美人肝"。汪精卫品尝后，觉得口味与马祥兴菜馆不相上下，此后夜宵采办就不出城去马祥兴，而是直接到城内大行宫的中央饭店。

1936年12月12日，少帅张学良与西北军杨虎城兵谏蒋介石,史称"西安事变"。各种势力在中央饭店较量,中央饭店一度成为国内各股势力关注的焦点。七七事变之后,国共两党开始合作抗日。1937年8月9日,中共代表周恩来、朱德、叶剑英等人应蒋介石邀请,由西安飞抵南京。一下飞机,周恩来等就被蒋介石的代表、军委会办公厅副主任姚琮,国民党军政要员何应钦等人接到中央饭店,设宴款待。当时品尝了中央饭店制作的西餐,别有风味。也就是在这段时间内,周恩来在中央饭店的红梅宴会厅,请张学良吃了一次西餐,为西安事变发生后,未能劝阻张学良亲自护送蒋介石回南京,最终被软禁而感到愧疚。

中央饭店的餐饮水平很高,也是达官贵人宴请宾客的主要场所。最出名的是孔雀厅,牛排、鱼子酱、鹅肝,绝对"爽",高级厨师是从上海华懋饭店高薪"撬"来的。不过中央饭店在政治竞选方面比它的餐饮更为有名,原因在于它是饭店,有饭(餐饮)有店(住宿),这是其他只管吃喝的菜馆无法相比的。因为中央饭店是民国首都最豪华的饭店,民国时期的竞选活动,各派势力也将它作为指挥大本营,以及宴请的场所。1948年总统、副总统竞选,蒋经国在中央饭店405房间设立竞选办公室,为竞选副总统的孙科摇旗助威。蒋经国白天在这里办公,晚上宴请国大代表,其工作人员晚上就住在中央饭店。1948年,国民政府"行宪国大"在南京召开,其中心议题是选举国民政府的总统和副总统。中央饭店邻近国民大会堂,也成为国民党各派的竞技场。

第十三章　店家绝活儿招牌菜

名馆如果没有几个叫得响、受欢迎的菜肴，那就配不上名馆的名声；品牌菜肴一定诞生在名馆之中，成为名馆的招牌菜，名馆与名菜是相得益彰的。名馆之所以有名，都要有点绝活儿，有独创的菜肴，比如马祥兴有头牌菜美人肝，曲园酒家拿手菜是东安鸡。

变废为宝"美人"肝

马祥兴的四大名菜——美人肝、松鼠鱼、凤尾虾、蛋烧卖远近闻名，深得顾客的喜爱，关于它们有讲不完的故事。

"美人肝"与美人无关

四大名菜之首是"美人肝"，听这菜名，就很有文化气息，让食客想到中国的四大美人，其实"美人肝"与美人无关，说起这"美人肝"的创制，是厨师无心插柳的结果。

南京是"鸭都"，南京人喜欢吃鸭子，招待客人最有地方风味的菜肴就是鸭子。用鸭烹制的菜肴很多，如盐水鸭、板鸭、叉烧鸭、八宝珍珠鸭等。鸭子的内脏也用来做菜肴，如卤鸭心、鸭肫，但是鸭胰脏却是弃之不用的。有一次，一位医生在马祥兴菜

第十三章 店家绝活儿招牌菜

美人肝（现代仿制）

馆预订了八大八小宴席，厨师在配菜时，发现少了一道菜，临时投料又来不及了。忽然间他看到厨房里丢弃在一边的鸭子胰脏，灵机一动，用鸭胰脏配上鸡脯，爆炒，装盘，食客品尝后觉得口味出奇的好，大赞。因为鸭胰脏雪白肥美，俗称胰子白，就有了"美人肝"这个菜名。

于右任品尝"美人肝"之后，赞不绝口，题写对联：百壶美酒人三醉，一塔孤灯映六朝。横批：饶有风味。"美人肝"一时名声大噪，达官贵人纷纷慕名前来马祥兴品尝与美人无关的"美人肝"，李宗仁、白崇禧、邵力子、孔祥熙等高官都是马祥兴的常客，而且他们来了以后，无一例外都要点上一盘"美人肝"。一只鸭子只有一条胰脏，一盘"美人肝"至少需要四五十只鸭子的胰脏，因此收购鸭胰脏就成了此道美味的首要条件。客人点此菜也要预约，否则不能保证吃到。民国时期，南京全市鸭铺行业有156家商号、菜馆，鸭馔年销量高达51万只。全市餐馆很多，尽管很多餐馆的鸭子菜肴，不用鸭胰脏，也有鸭子加工点转向马祥兴送胰子白，每天采购到的胰子白也还是有限，因此这道菜不是凡来马祥兴就餐的客人都能品尝到的，要碰运气。"美人肝"的烹制讲究火候，用大火爆炒，现炒现吃，才能品尝出那个味道。因此，尽管也有熟客打包带走，然而知道其中玄妙的老食客，尤其是那些精于品尝美味的饕餮，一般都当场品尝。

中央大学名教授胡小石，是国民政府教育部部聘教授，声望很高，他也是马祥兴的常客，对"美人肝"非常推崇，有一种说法，"美人肝"的名字就是胡小石取的。

藏书家和记者黄裳1946年去南京采访，慕名来到马祥兴，点了美人肝，不巧鸭胰白原料不够。堂倌向他解释，店家每天都派人在市场上收购，收到收不到不一定，或者收到了，客人点得多了，后面的客人未必可以品尝到。店家的解释合情合理，黄裳没得话说，"每只鸭子只有一只胰脏，大小约一英寸吧？如果要拼成一盘菜，似乎非就几十百只鸭子不办"。然而没有品尝到马祥兴四大名菜中第一把交椅的"美人肝"，也不免有些遗憾，于是改点了其他菜肴。正吃着，胖胖的老板用荷叶包了一包鸭胰送过来，脸上充满了欣喜之情，对黄裳说："刚刚收到了这一些，就给你加一个美人肝吧。"没想到店家还记得，一有原料立马想到刚才没有点到这道菜肴的顾客，黄裳欣然接受了店家的好意，不免感叹：多质朴的"人情味"。后来黄裳先生出版《金陵五记》，其中一篇文章《美人肝》专门说到此事。

当时任行政院院长的汪精卫，也好这口"美人肝"。他深夜吃夜宵，时常想起"美人"，那时候清真马祥兴菜馆还在中华门外，而每天夜间，按照规定，中华门要关门闭城。南京市档案局保存有"京市各城门开闭时间表"，20世纪30年代由首都警备司令部制定，以南京市政府公报形式告知全体南京人。规定：

光华门、通济门，开门5:30，闭门24:00；

太平门，开门5:30，闭门22:00；

中山门、中华门、水西门、汉西门，开门5:00，闭门24:00；玄武门、挹江门，开门5:00，闭门凌晨1:00。

通常情况下，城门关闭之后，就不允许人员进入。城外进城的人要等到第二天清晨。那些乘坐津浦线、沪宁线火车，或坐轮船从长江上游抵达下关码头的乘客，如果时间不巧，没有在开、闭城门时进入，就只能在城外旅社住上一夜。但是汪精卫是国民政府的大员，城门落锁了，他派人出城门，还能受阻吗？汪府的司机拿着汪精卫的手书，开车到中华门。

守城官询问司机："夜深为什么要出城？"

司机回答："奉汪院长之命，有公事出城。"

守城官又问："什么公事？"

来人也不隐晦，直截了当地回答："购买美人肝。"

几个来回之后，守城官知道汪精卫司机夜深出城公干，就是去马祥兴菜馆采办夜宵，于是指挥手下放行："放美人肝过去。"

此事被好事人知道后，撰文刊登在报纸上，对汪精卫颇多讥讽，夜禁之后，堂堂行政院长竟然公车出入中华门只做"亲吻""美人"的公"干"（肝）。媒体的讥讽让汪精卫一连几天都不敢派人出城"公干"。

形似松鼠的鱼

中国菜肴讲究色香味形，松鼠鱼就因为形似松鼠而得名。松鼠鱼并非马祥兴菜馆的首创。在传统苏菜中，松鼠鱼就是招牌菜。清代《调鼎集》对于松鼠鱼有这样的记录："取季鱼，剖肚去骨，拖蛋黄，炸黄，作松鼠式。"

不过，马祥兴的松鼠鱼，与苏菜中的松鼠鳜鱼在口感上有所不同，有所创新。这道菜是马祥兴菜馆厨师马定松根据松鼠鳜鱼改制的一道菜。

主料还是鳜鱼，辅料有虾仁、青豆、番茄酱等。鳜鱼从鱼鳃开刀，去龙骨、肚皮刺骨，鱼肉切成斜方块，不能伤皮，鱼尾与鱼头相连，放入油锅中炸至金黄色，再浇番茄酱等辅料，勾芡。形状似松鼠，外脆里嫩，酸甜适中。

食客来马祥兴，看着这外形酷似松鼠的鳜鱼，不忍下箸；品尝在嘴里的鱼肉，在唇齿间慢慢化开，酸甜的滋味，感觉真好。掌勺师傅用他们的心思，将他们的情感注入了菜肴之中，那色、香、味与情感混合在一起，特别醇厚。

蛋烧卖为白崇禧创制

桂系将领白崇禧善于带兵，有"小诸葛"之称。民国时他的公馆在梅园新村附近的雍园1号。但是他宴客并不去就近的中央饭店，而喜欢到距公馆稍远的马祥兴菜馆，因为白崇禧是回民，马祥兴是清真菜馆，他对马祥兴的厨师也很客气。

白崇禧喜欢吃烧卖和虾。有一次他的勤务兵与厨师们闲聊，说了一句"我们白长官喜欢吃你们做的烧卖"，让马祥兴菜馆师傅颇为激动。

马祥兴的厨师金宏义就针对白崇禧的口味，设计了新款烧卖。以往烧卖外面是面皮，里面是米饭、肉丁。金师傅一改传统做法，他用蛋皮代替面皮，

▲ 蛋烧卖（现代仿制）

包裹虾仁、笋丁、马蹄、胡萝卜，其配料与传统烧卖完全不同。蒸熟后，再用鸡汁、生粉、鸭油调制的卤汁勾芡，浇在烧卖上。再用绿色蔬菜在蛋烧卖腰间系了一条捆扎带。红、黄、绿、黑相间，非常好看。

白崇禧开始见到新款蛋烧卖，不知这绿色蔬菜系腰的小玩意是什么，只是觉得色彩鲜艳，品相很好。品尝后，香浓软口，口味鲜美，连声称好。这时候，金师傅才告诉他，这是为他特意创制的蛋烧卖，白崇禧大为赞赏，感谢厨师师傅专门为他设计菜肴。此后，白崇禧来马祥兴菜馆，必点蛋烧卖。马祥兴的蛋烧卖也因白长官的赞许，风靡南京城，一跃成为马祥兴菜馆的四大名菜之一。蛋烧卖确实有特点，以往的烧卖属于点心，但是这蛋烧卖，已经由点心变成了菜肴。

色彩鲜艳的凤尾虾

凤尾虾是如今流行的菜肴，但是民国之前，饭店里并没有凤尾虾。民国时期的马祥兴菜馆，以鲜活大河虾，首制了这道菜肴。

1946年1月，张治中将军在家中宴请与他一同参与国共谈判的中共代表周恩来夫妇，当时张治中是国民党谈判代表。家宴请了马祥兴大厨金宏义、马定松烹制菜肴，其中就有马祥兴四大菜肴之一凤尾虾。

凤尾虾以鲜活大河虾（大青虾最佳）为主料，去掉虾头、虾壳，裹上生粉、蛋清上浆，过油，再配以笋丁、青豆、香菇爆炒，勾芡，淋上鸭油。此道菜肴肉白尾红，艳如凤尾，色彩鲜艳，咸香鲜嫩滑爽。

凤尾虾的创制也是一次偶然，被有心的厨师发现之后，经过试验才定型。据说有一个学徒工在后场挤虾仁，有些虾壳没有挤干净，残留虾子尾部的一节壳，落入油锅一走，尾部弯曲，肉白壳红，颇似凤尾。厨师灵机一动，将虾子去头壳留尾壳，并抽去红筋，上浆滑炒。又经过几次试验，配以白的笋丁，青的青豆，褐的香菇丁，用鸭油爆炒。装盘后，红、白、青、褐色相间，颜色艳丽，尤其虾子去头留尾爆炒后，弯曲起来，形如凤尾，赏心悦目，于是又取了一个文雅的菜名——凤尾虾。菜名雅，口感佳，色彩艳，凤尾虾一经推出，颇得食客的青睐，一跃挤入马祥兴四大名菜之列。

胡先生豆腐美名扬

胡小石、胡翔冬是中央大学的名教授，也是金陵书坛的两位书法大腕，他们还是美食家，能吃出道道，说出名堂。两位胡教授经常结伴去饭店尝鲜，夫子庙的油炸臭豆腐也是他们的所爱。为品尝闻起来臭、吃起来很香的臭豆腐，两位大学者可不怕别人笑话。

▶ 胡先生豆腐（现代仿制）

两位胡教授也是马祥兴菜馆的常客，不单单是吃顿饭菜，每次对菜肴都点评一二，马祥兴菜馆根据他们的意见，对菜肴进行改进。为了感谢两位胡教授对马祥兴菜馆菜肴、服务质量的帮助，老板马盛祥的次子马德铭，特意用豆腐加上鸡肝、笋尖、虾仁、木耳，烧制了一味豆腐菜。菜肴色彩丰富，红白黑黄分明，视觉上刺激食欲，口感清爽柔滑，气味鲜香，口味鲜美。两位大教授品尝后，非常满意，连声赞好。此后每次来马祥兴，此菜必点。由此，菜肴的美名传播开来，因为是胡先生必点的菜肴，于是菜馆就以"胡先生豆腐"命名。很多食客慕名前来，为的是品尝"胡先生豆腐"的美味。有人说这个"胡先生"是胡小石，也有人说是胡翔冬。究竟是哪个胡先生命名了这菜名，已经无据可考。

　　"胡先生豆腐"是将豆腐切成菱形，煎至金黄色，加鸡肝、虾仁、笋尖、青豆、胡萝卜、鸡清汤、调料，烧至入味，勾芡淋油即成。通过烩烧，虾仁、鸡肝与鸡汤等食材的味道都交融在一起，浸入豆腐中，因此这样的豆腐已经不是普通的豆腐了，豆腐的软，笋尖的脆，虾仁的嫩，完美搭配，鲜嫩味美，让食客大快朵颐。

口蘑锅巴"天下第一响"

　　民国时期南京的头牌菜是什么？很多人回答不上来，并非鱼翅燕窝、山珍海味，而是一种口蘑锅巴。一道口蘑锅巴竟然是民国南京菜头牌菜，大概你没有想到吧。

　　口蘑锅巴以六华春的最有影响。地处夫子庙的六华春系南京最出名的京苏大菜馆之一，当年有一道"天下第一菜"——口蘑锅巴，非常有名，点单率最高。据说此菜系20世纪30年代初期由陈果夫创制，陈果夫时任江苏省主席，也精于美食。中国菜讲究色香味形,陈果夫觉得还少一个标准——声。菜肴注重了"色香味形",调动了食客的视觉、味觉、嗅觉,却无法表现声音,他就琢磨什么菜肴可以有声,调动食客的听觉。油煎过的锅巴遇到水时,可以发出声响,那么用热汤淋上效果如何?经过试验,当热汤浇在炸得酥脆的锅巴上,会发出"扑吱吱"的声响,使菜肴有了听觉的刺激。汤水用口蘑熬制,加入肉片、虾仁、鱿鱼、海参,鲜美无比,用口蘑三鲜汤浇到刚出锅的油炸锅巴上,汤汁鲜美,锅巴香脆,因此有了"天下第一响"的美名。

湘菜奇葩东安鸡

民国期间,在南京大行宫碑亭巷有一家专营湖南菜的饭店——曲园,生意很好,常常"座上客常满,金樽酒不空"。建于1930年的曲园,先开设于杨公井,后迁至大行宫碑亭巷内。

江苏以淮扬菜和南京菜最为盛行。忽然间开了一家湘菜馆,也算是标新立异,生意特别好。这曲园的背景简单,它的大股东是谭延闿,也是店招牌的题写者。谭延闿是湖南人,又是美食家,在南京办一家湘菜馆,能时常品尝家乡菜,合情合理;湖南老家来人了,在湘菜馆款待,也非常合适。

曲园代表菜有腊味合蒸、东安子鸡、紫龙脱袍、奶汤蹄筋、发丝百叶、汤泡肚尖,头牌菜则是东安鸡。传说东安鸡与谭延闿有关,其实东安鸡与谭延闿没关系,倒是与北伐名将、国民革命军第八军军长唐生智有关。

传说东安子鸡兴于唐玄宗开元年间,早年叫醋鸡,是湖南东安县人逢年过节的宴请大菜。北伐时期,祖籍湖南东安县的唐生智将军宴请宾朋。唐生智喜欢以鸡做的菜肴,厨子按照唐生智的口味,将煮熟的鸡脱掉鸡骨撕碎成条,加上姜丝、葱白、红椒等作料烹制了这道菜,来宾吃后赞不绝口。有人就问:"这道菜叫什么名字?"唐生智觉得醋鸡名字不雅,因为他是东安人,又做东宴请,就说是东安鸡。从此,这道醋鸡就改名变成了东安鸡。东安鸡用家养一年以内的仔鸡为主料,以醋、辣椒、姜等为佐味调料,经腌、煮后,加味烹炒成菜。

教授传授许地山饼

许地山是五四时期新文学运动的先驱者之一,1921年,他与沈雁冰、叶圣陶、郑振铎、周作人等12人发起成立文学研究会,创办《小说月报》,在小说、散文、梵文、宗教等方面均有研究成果。

1927年许地山在燕京大学文学院任教,当时燕京大学在北京西郊,校东门外有一家常三小馆。常三小馆最出名的是许地山饼,客人都知道,来小馆就餐,许地山饼非点不可,以至成了常三小馆的招牌品种。

◀ 许地山

这种面饼,确实是许地山传授给常三小馆的,本来该叫"印度饼",乃是许地山留学英国牛津大学曼斯菲尔德学院研究宗教史、印度哲学、梵文期间学来的。在燕京大学任教时,许地山是常三小馆的常客,与掌柜关系很好,于是传授了制作印度饼的方法,就餐的燕大师生都知道是许地山传授的,就称之为"许地山饼","印度饼"之名反而不为人知。

王世襄在《许地山饼与常三小馆》中描述了许地山饼的制作方法:先做馅,用鸡蛋炒制,捣碎;油炒葱花,放入咖喱,备用。油炒三成肥七成瘦的肉末,变色后加入备在一旁的鸡蛋和葱花,加少许白糖、盐,以此为馅,放入擀成长方形的面饼中,放在平底锅中烙熟。烙时,在饼的两面都要刷油,实际是用油煎,只是油用得较少。

许地山饼与如今饭店里的印度飞饼(甩饼)不同,属于有馅料的饼。如今的印度飞饼,无馅料,是一种油煎的薄饼,和面时加入不同调料,形成原味、葱花、咖喱等多种口味。

王世襄毕业于燕京大学,对常三小馆和许地山饼非常熟悉,当年还为常三小馆题写过对联:

葱屑灿黄金,西土传来称许饼;
槐阴浓绿玉,东门相对是常家。

三白汤成马先生汤

马先生汤是以马叙伦命名的汤,是马叙伦在北京中山公园长美轩茶馆炮制出来的。

马叙伦是长美轩茶馆的常客,除了喝茶,也请朋友在此就餐。但是他对于茶馆的汤羹总是不满意,嫌厨子的厨艺不行,其实茶馆以喝茶为主,吃饭多半是便餐(简餐),原本就不以菜肴取胜。有那么一次,在长美轩请客,他说要自己动手做汤,于是选择了三白(雪里蕻、竹笋、豆腐)为原料,上灶台亲自烹饪。客人品尝后,认为口味极佳。

原料倒是很普通,但是要做好,对原料的挑选则极其严格,豆腐最好选择杭州的天竺豆腐,上海与无锡的豆腐,都属于中等食材;竹笋也以杭州的为上品;最为重要的是雪里蕻,以上海产的为上(黄裳《马先生汤》)。

▲ 马叙伦

此汤以三白为原料,因此称之为"三白汤"。长美轩则因马叙伦炮制,打出"马先生汤"为旗号,招揽食客。来就餐的客人,十个有九个会点上一碗"马先生汤"。马叙伦先生后来声明,此汤当初确是由他亲自掌勺,只是后来长美轩打出的"马先生汤",绝不是他烹饪的,口感远不如他亲自掌勺。但客人喝的是"马先生"的名,是谁做的,已经不重要了。

大总统推荐中山酿豆腐

孙中山,虽然是广东人,但是对南京却情有独钟,中华民国定都于南京,他的饮食生活起居也渐渐南京化,喜欢品尝南京的菜肴。他对用南京的豆腐做的一道菜就特别喜爱。这道菜原本没有什么名气,也就是极普通的南京豆腐,但是经过孙先生的点化,情况就大不一样了。

有一次，他出去视察，当地闻听孙先生喜欢素食，尤其偏爱豆腐，就用酿豆腐招待他，开始还觉得档次不够高，怕孙先生责怪。但是孙中山喜欢豆腐，招待他豆腐正合心意，品尝后，口感也很好，孙先生非常满意。他对左右说，今后招待欢迎，就用豆腐菜，我总理都吃得很香，说明这个豆腐菜很有品位，很有味道，还有哪个官员嫌豆腐不好吗？大家觉得有道理，总理都爱吃这道豆腐菜，说明品位很高。孙先生对豆腐菜的评价一传出，此菜顿时身价百倍，大家都跟风品尝，遂成为一道民国名菜，菜肴也易名为中山酿豆腐。

中山酿豆腐的做法并不复杂，水豆腐切成方块焯水，将豆腐四边挖空，放入用虾仁、猪肉调制的馅料，入油锅炸至金黄色，表面起壳捞出，配以草菇、胡萝卜、青菜心，加高汤、调料，烹制入味，勾芡淋油，起锅。其特点是色泽金黄，质地软嫩，汁浓味美。

鸭都金陵叉烧鸭

南京是鸭都，南京人爱吃鸭，有盐水鸭、桂花鸭、板鸭、香酥鸭、黄焖鸭、酱鸭、烧鸭等以鸭制作的菜肴。

1934年，金陵烹饪泰斗胡长龄在金陵春菜馆，款待张学良、林森、邵力子、于右任等民国名流，烹制了金陵叉烧鸭，鸭皮平展，酥松香脆，色如枣红，油而不腻。张学良、于右任等高官名流，都是善于品尝，懂得品尝的食客，今天流行用美食家来称谓他们。他们品尝过胡长龄烤制的金陵叉烧鸭之后，赞不绝口。

金陵叉烧鸭选料精良，选用的是江宁湖熟的麻鸭，光鸭塞入青菜叶、香葱叶，使得鸭肚饱满，鸭身抹饴糖，晾干后，从鸭腿

▲ 金陵叉烧鸭（现代仿制）　　▲ 少帅小坛肉（现代仿制）

处插入烤叉，放入炭火烤制。皮色金黄时离火退叉，其皮色渐渐成枣红色。松脆的鸭皮配以薄饼、甜酱、葱段同食，其吃法与北京烤鸭相同。另外鸭肉、鸭骨、鸭油可以三吃或四吃，每一种吃法都是不同的味道，回味无穷。

民国经典菜肴还有少帅小坛肉、生炒蝴蝶片、南京罐罐肉等。少帅小坛肉系精选五花肉炖焖而成。色泽红亮，肥而不腻，香气扑鼻，诱人食欲。张学良嗜好此菜，每逢宴请必点此菜。

所谓蝴蝶片就是炒鳝鱼。色泽红亮，形似蝴蝶，质感脆嫩。顾祝同是江苏涟水人，特别爱吃鳝鱼菜，生炒蝴蝶片为其宴请的必点菜肴，形、色、味俱佳。

▲ 生炒蝴蝶片（现代仿制）

"金陵三烤"酥脆不腻

金陵三烤是开在南京状元境的义记复兴菜馆的招牌菜，也就是烤鱼、烤猪、烤鸭三味，由给张学良、于右任等名流烧过菜的名厨胡长龄创制。

烤鱼选用长江中的鲴鱼、鳜鱼为食材，先将鱼用作料腌制，再用猪网油裹，进行烘烤，烤鱼色泽鲜亮，香气四溢。烤猪选用乳猪为原料，宰杀前用作料喂养，使烹调料进入乳猪体内；宰杀后进行烤制，烤熟后乳猪外表呈现琥珀色，焦香扑鼻，入口酥脆。烤鸭又称金陵叉烧鸭，烤制后的鸭开片后鸭皮平展不卷，酥脆不腻。金陵叉烧鸭吃法多样，通常是一鸭三吃，即一吃用薄面饼包裹蘸了甜酱鸭皮、大葱，名曰饼包鸭皮；二吃将鸭肉切成方块，配以冬菇、冬笋炒制，名曰鸭肉炒食；三吃鸭的骨架煲汤，加入蔬菜，名曰鸭汤煲。

一鸭三吃的方法是如今北京烤鸭的经典吃法，据说北京烤鸭源于南京烤鸭。靖难之役后，明成祖朱棣迁都北京，将南京的烤鸭也带到了北京，于是有了北京烤鸭；南京烤鸭传至广东，成为金陵片皮大鸭，传到四川成为堂片大烤鸭。

"轰炸东京"走俏山城

抗战期间，国都西迁重庆，重庆成为陪都。日军虽然没有攻进重庆，但是对于重庆的侵袭不断，日本的飞机经常飞临重庆上空，投放炸弹，老百姓深受其害。在重庆有家菜馆，厨师从日机不断侵扰重庆中找到灵感，创制了一道新菜肴——轰炸东京。

这是一道锅巴菜，盘子里堆着油炸过的锅巴，以此比喻日本东京，用番茄虾仁做浇头，虾仁比喻成炸弹，番茄虾仁浇到锅巴上，发出"扑哧"的声响，锅巴堆成的东京城坍塌下去，软缩在汤水中。食客对"轰炸东京"的菜名与寓意，都觉得很解气，一时间"轰炸东京"菜品走俏山城，来此菜馆的食客，大多要点上这道菜，炸一下日军老巢东京，解恨。这道菜的食材与烹饪方法都很简单，饭店纷纷仿制，很多当年随着学校、单位迁至重庆的文化人、社会名流，大概都品尝过这道菜肴，他们或许还记得当年的情景，以及菜肴的口感吧。

第十四章　吃在南京京苏大菜

南京是民国的首都，政治、经济、文化的中心，这个时期，南京的餐饮业也非常发达。用"吃在南京"来评价，一点不为过。全国各大菜系云集南京，各地名厨汇集南京，带来餐饮业的繁荣。

南京菜原本不是什么大菜系，进入不了鲁菜、川菜、湘菜、粤菜等八大菜系，但是南京在民国时期得天独厚的条件，滋养了南京菜。在这个本帮菜与外帮菜交融的时期，南京菜在外帮菜大举进入南京之时，没有乱了阵脚，也没有被冲击得七零八落，而是守住了阵地，站稳了脚跟，积极吸纳外帮菜的优点，取长补短，自我丰富，自主创新，创制了一些大名鼎鼎的经典菜肴，使得南京菜异军突起，在民国时期发出光彩。而一些文化名人、政坛耆老的推波助澜，也使得南京菜有了很多的文化味道、文化内核。

南京菜，也称金陵菜，还有一个大名——京苏大菜。南京菜什么时候出现？大致出现在1800多年前的东吴时期，孙权在建康（今南京）建都，建康的经济得到快速发展，作为当时最大的商埠，金陵豪客"珠服玉馔"，餐饮盛极一时。明清之际在南京建立芥子园的李渔，不仅是文化人，也是美食家；清代诗坛祭酒袁枚，在南京五台山开辟随园，更有一部饮食名作《随园食单》，影响着南京,乃至中国的餐饮业。"炖生敲"就是曾经得到袁枚肯定的南京菜中的经典菜,也是民国名菜之一。

六朝烟水笼金陵,夜泊秦淮近酒家。到了民国,南京更加繁荣,四面八方的人络绎不绝地来到南京,政治、文化、经济的发展,刺激着南京的餐饮业,烹饪技艺顺势而上,也为南京菜的提档升级提供了条件,从而形成了南京菜汇聚包容、雅而不淡、奢而不俗、从容大气的特点。南京菜被称为民国大菜,也就是民国时期的经典菜,它是官府菜、文人菜、平民菜的大融合,有着一股浓浓的民国范。

南京板鸭盛誉不衰

南京盛产板鸭、盐水鸭,有"鸭都"之美誉。而用于久藏、方便携带送礼的则为板鸭。南京板鸭制作技术已有600多年的历史,明朝初年南京就有腌制板鸭出售的摊贩,清代乾隆年间,夫子庙一带制作板鸭的摊贩开始兴隆。明清时南京就流传"古书院,琉璃塔,玄色缎子,咸板鸭"的民谣。清乾隆《江宁新志》记载:"购觅取肥鸭者,用微暖老汁浸润之,火炙,色极嫩,秋冬尤佳,俗称板鸭。其汁数十年者,且有子孙收藏,以为恒业。江宁特产也。"

板鸭是用盐卤腌制风干而成,分腊板鸭和春板鸭两种。因其肉质细嫩紧密,像一块板似的,故名板鸭。清代地方官员习惯挑选质量较好的新板鸭进贡皇室,因此南京板鸭又称"贡鸭";又因朝廷官员在互访时以板鸭为礼品互赠,故也有"官礼板鸭"之称。

▲ 1925年的南京板鸭店

百年老店韩复兴

民国时期的南京，大街小巷，只要是人迹所到之处，处处都有板鸭店。繁盛时期，几乎是"一街一店"。在很多人的记忆中，最好的板鸭店是韩复兴，韩复兴板鸭在1910年南京举办的南洋劝业会上获得一等奖。坐落在三山街的韩复兴板鸭店是百年老店，当见：青墙门面，深宅大院，店铺大，柜台高；工作人员多，那几位切鸭子的伙计，身高八尺，虎背熊腰，手提油腻腻的重厚大刀，站在那高高的巨大的砧板旁，威风凛凛，杀气腾腾，比"关二爷"还要神气。

韩复兴的门面漂亮，板鸭出名，服务态度更是一流。挑好上货，上过秤，那伙计就挥动大刀，连切带斩把板鸭切好；把杂乱无章的骨头垫在下面，把整齐的脯子肉放在上面，用荷叶包好，就银货两讫了。（张天心《北平烤鸭与南京板鸭》）

盐水鸭香酥嫩

南京盐水鸭的特点是"香""酥""嫩"，皮白肉嫩、肥而不

第十四章 吃在南京京苏大菜

▶ 南京盐水鸭

腻、香鲜味美。尽管制作盐水鸭一年四季皆可，但是中秋节前后的盐水鸭色味最佳，又因为是在桂花盛开季节制作的，故美其名曰"桂花鸭"。盐水鸭以现做现卖、现买现吃为最佳，不宜久藏。南京人招待客人，一般习惯先斩（买）一碗盐水鸭。

南京盐水鸭、板鸭是上乘的食品，看一看饲养条件和宰杀技术，就知道质量优良的秘密了。南京城内城外，皆多河流、池沼、湖塘，水田处处。水西门一带的湖泊沟塘，水草肥美，小鱼小虾螺蛳饵料充分，是鸭子的放养理想之地，因此水西门一带养鸭人也不少，在莫愁湖放养鸭子过去也时常见到。鸭子都是放养的，吃的是无污染的天然活食，加上不是圈养，鸭子的品质自然好，肥而不腻。制作板鸭的鸭子品种亦佳，只选那些体格宽阔，肌肉丰满，成长迅速，肉质肥嫩的鸭子，而且店家很讲究职业道德，在宰杀的前一天，不准喂食，只供清水，使它们五脏清洁，血液干净。这一切才保证了南京板鸭盛誉不衰的美名（黄强《消失的南京旧景》）。

▲ 南京人放养鸭子

南京鸭肴名扬天下

除了韩复兴之外,濮恒兴、魏洪兴、马长兴、老宝兴、刘天心、信府河陈厨子、七家湾王厨子的板鸭也很有名。

濮恒兴板鸭店坐落在中华门内,老板濮老刘精于经商,在城南久负盛名。北洋军阀齐燮元统治南京时,他在白鹭洲开辟了鸭池塘喂养鸭子。当年白鹭洲常年有各种水鸟光顾,其中野鸭最多。用特制的网把鸭塘罩起来,抓获306只落棚野鸭。"野鸭落棚"奇闻在南京城内传开了,人们纷纷到白鹭洲探奇,濮恒兴店名愈加响亮。

魏洪兴板鸭店也是一家老字号,坐落在建康路,与韩复兴一样有名。店老板魏年宝,对于制作板鸭的鸭坯很讲究,选用3斤半以上的筒子坯,用炒盐腌制,清卤复腌,其鸭皮白、肉红、骨头绿,吃起来酥香板嫩,余味返甜。

七家湾王厨子板鸭以淡而有味、肥而不腻、香嫩可口而闻名。信府河陈厨子采购雏鸭,自行喂肥,然后精制,绝无一只瘦鸭入馔。正是因为在南京有多家久负盛名、制作精良的老字号鸭子店,才有了如此美味的鸭子,让人们大饱口福,也因此将南京的鸭子菜肴做得名扬天下。

头把交椅蒋有记锅贴

《舌尖上的中国》第二季播出了南京七家湾牛肉锅贴,立马带火了南京牛肉锅贴,很多市民一大早就乘坐公交车从下关赶到朝天宫七家湾,为的就是品尝舌尖上的美食。

七家湾因为是南京回民聚集地,与回民有关的清真食品,如酱牛肉、五香牛肉、干切牛肉、牛肉锅贴、牛肉馄饨、牛肚、牛杂碎等都深受欢迎,也因此形成特色。

牛肉锅贴在民国时期也很火,是南京著名的小吃,当然店家不是如今的草桥锅贴店、李记清真馆,而是位于夫子庙的蒋有记。

▲ 蒋有记锅贴

蒋有记创业时,不在夫子庙,而是在新街口南面的明瓦廊大香炉。大约在20世纪20年代初,老板蒋有才在大香炉开设了一家清真店铺,门面不大,主要经营牛肉锅贴。锅贴馅子是牛肉,煎煮时,则采用素油,有一股素油的清香。因为质量、口感好,蒋有记的牛肉锅贴很快远近闻名。大香炉属于水西门内,距离七家湾也就是一站路,也属于老城南的范围,居住在七家湾的回民对蒋记牛肉锅贴情有独钟，附近的非回民，也觉得牛肉锅贴不膻，可口美味，渐渐也都成了老客户。

因为名气大了，生意好了，店面就显得小了，两年后蒋有记搬迁到南京繁华商业区夫子庙贡院西街。遥想当年，食客们来到夫子庙，走进蒋有记，要上一杯清茶，点上几只牛肉锅贴，一边喝茶，一边品尝锅贴。上年纪的老爷爷，或许还捎上几只金黄脆香、面皮柔软、馅心鲜嫩的牛肉锅贴，回家给小孙子、孙女品尝。

当年的蒋有记牛肉锅贴在夫子庙可是赫赫有名的小吃，路过蒋有记，就飘来了一阵香香的牛肉锅贴的味道。时常可以见到食客排队等待的场面。为什么蒋有记锅贴如此诱人？店里的厨师总结出八个特点：

一是牛肉新鲜，料子好；二是肉馅剁得细、碎；三是作料配得好；四是馅子拌得匀，稀稠适中；五是皮薄而不破；六是煎得透而不焦；七是馅多而包得匀；八是馅肉多汁带卤。

选料精，馅子好，做工精，外壳金黄脆香，内馅汁多肉香。肉多不腻，皮脆不软，老少适宜。好口感，好品质，才赢得了蒋有记牛肉锅贴的好名声。

民国时期还有其他一些店家也制作牛肉锅贴，如金春锅贴店。金春锅贴店也是一家老字号，以经营锅贴、蒸包、煮面等小吃闻名，创建于 1928 年，最早在中华门沙湾口营业，1945 年迁至新街口汉中路。与蒋有记不同的是金春做的是猪肉馅锅贴，蒋有记是清真的牛肉锅贴。为招徕顾客，金春锅贴店每客锅贴免费赠送鸡汤一碗，锅贴是油煎食物，吃过后会感到口干，一碗鸡汤正好解渴。在锅贴经营方面，也只有金春锅贴可以与蒋有记锅贴有一比。

因为蒋有记的牛肉锅贴做出名了，而且锅贴生产的技术要求也不高，投资成本不大，很多小吃店也都开始做牛肉锅贴，但是外观、口感都不如蒋有记的牛肉锅贴。民国时期牛肉锅贴的第一把交椅还得推荐有记。

干丝味美喜煞人

干丝本来属于淮扬菜系，干丝源于扬州，以前扬州酒楼茶肆鼎盛，喝早茶品早点的茶客很多，干丝本为茶点，深得茶客欢迎。干丝传入淮安，当地厨子佐以鳝鱼，成为长鱼干丝。传至南京，以开洋为伍，称为大煮干丝，夫子庙永和园等茶楼都供应；以烧鸭匹配，称为烧鸭干丝，主要在南京的饭店供应。南京人善吃鸭，鸭子菜有多种，此道菜肴，融合了南京烧鸭的奇香，又形成与其他地区鸭子菜肴不同的风味，也有别于扬州等其他地区的干丝。

南京名厨孟铭瑞制作的烧鸭干丝，干丝采用白干，一刀刀切出细丝，巴掌大小的干子要切出500多根干丝，粗细均匀。

干丝有多种制作方法。前面说到的有大煮干丝、烧鸭干丝，

◀ 麻油干丝

还有麻油干丝。麻油干丝做法是：鸡汤烧开后，加入麻油调味，再放入干丝。特点是入口较嫩，鲜咸适口。

对于南京干丝的美味，周作人念念不忘。周作人是现代文坛大家，善著译，亦是个喜吃的饕餮，谈起吃来津津有味，令人垂涎。知堂老人本系浙江绍兴人氏，久居北京，唯对北京茶食无所取，偏偏爱江浙一带的食物。他每次南游，总是不忘品尝当地的美食。1901年秋天，那时还是清末时期，周作人入南京水师学堂读书，课暇经常去下关的江天阁茶馆喝茶，常点的一道茶食是干丝佐茶。此物"用豆腐干切成细丝，加姜丝酱油，重汤炖热，上浇麻油，出以供客，其利益为堂倌所独有"。银亮亮的色泽，香喷喷的味道，让人直流口水。"学生们的习惯，平常干丝既出，大抵不即食，等到麻油再加，开水重换之后，始行举箸，最为合适。因为一到即罄，次碗继至，不遑应酬，否则麻油三浇，旋即撤去，怒形于色，未免使客不欢而散，茶意都消了。"干丝的美味、学生的精明、堂倌的势利在周作人的笔下都栩栩如生，给读者极深的印象。

民国时期，南京的干丝大盛，成为茶馆的主要小吃。过去喝茶，不只是品品茶水，还会点上一些茶食，干丝就是茶馆主要的茶食。

南京干丝的大受欢迎，除了味道的鲜美，还在于它是大众化的饮食。民国年间，干丝每碗售价只有5分钱。当时下关、夫子庙、后湖等处均有干丝出售，其中以夫子庙永和园的干丝最出名。许多比较殷实的家庭，早餐、午后餐往往选择干丝，来了外地客人的家庭往往也买一份干丝，让客人品尝，干丝从某种方面代表着南京的地方小吃。因为价廉物美，饮食店的干丝经常是供不应求，店家也因此生意兴隆。在周作人的印象中，后湖的干丝也是很有品位的，似乎并不逊色于夫子庙的干丝。他有诗

记其事:"疲车羸马招摇过,为吃干丝到后湖。"(《苦茶庵打油诗·十四日友人邀游玄武湖作》)

不辞辛苦,远道而来,只为了品尝干丝,可见南京干丝味道之鲜美,是非常地具有吸引力,也可以说是美煞了食客。难怪若干年后,知堂老人回忆起当年品尝美食的情景仍然历历在目。

第十五章　小茶馆大社会

喝茶是中国人非常热衷的一件事。一杯茶，其中大有学问。民国时期的茶馆非常有意思，茶馆，即社会。

昆明坐茶馆

抗战期间，四川、云南成为中国的大后方。清华大学、北京大学、南开大学组建的长沙临时大学南迁昆明，组建西南联合大

▲ 1946年5月3日西南联大中文系师生合影——二排坐者左起浦江清、朱自清、闻一多、唐兰、游国恩、罗庸、许维遹、余冠英、王力、沈从文

学。1938年2月19日，1000多名师生在长沙韭菜园圣经书院临时大学住地，召开誓师大会。这一天他们告别了古城长沙，告别了岳麓山，奔向了滇西的昆明。

昆明地处西南，是云南的重要城市，人口并不多。抗战期间，大西南的四川、云南一下子拥入很多内地的单位、人员，给当地的生产、经济带来不小的压力。外地人刚来昆明时，当地人还充满好奇，看他们的衣着穿戴，看他们的言谈举止，都与昆明人有差别。渐渐地，外地人多了，街头巷尾、茶馆饭店出现了很多各地口音的人，昆明人也习惯了。

西南联大师生"泡茶馆"

昆明有泡茶馆的习惯，本地人称为"坐茶馆"。"坐"，本有消磨时间的意思，抗战前昆明人的生活节奏比较慢，坐茶馆很适合他们。西南联大进驻昆明后，师生们也喜欢到茶馆喝茶，他们特有的叫法是"泡茶馆"。毕业于西南联大的作家汪曾祺的解释是："泡"是从北京带过去的一个字，"泡"者，长时间地沉溺其中也，与"穷泡""泡蘑菇"的"泡"是同一语源。

"泡茶馆"意味着西南联大师生在茶馆里，不仅仅是喝茶，往往一进茶馆就是半天、一天。当时西南联大的教学条件很差，教室简陋，部分教室和校长办公室是铁皮房顶，更多建筑则是茅草屋顶，墙体是土坯子；教材也不完备，教学主要靠老师的学识，一大批知名学者包括金岳霖、冯友兰、闻一多、吴有训、叶企孙、吴大猷、华罗庚等都在西南联大执教；学生们也非常努力，并不因为教舍简陋就松懈，杨振宁、李政道、邓稼先、朱光亚都毕业于西南联大。

西南联大的师生是茶馆的常客，有的聊天，交谈学习体会；有的坐在茶馆大厅看书；有的躲在茶馆一隅，埋头撰写文章。汪曾祺在《寻常茶话》中回忆当时的情况时曾描述,有一位姓陆的研究生,堪称泡茶馆的冠军。他曾经徒步旅行了半个中国,读书甚多,而无所著述,不爱说话。他把茶馆当成了校外宿舍,连漱洗用具都放在一家茶馆里,一起来就到茶馆里洗脸刷牙。不上课时,就泡在茶馆里,也不与别人搭讪,而是要一杯茶,独自坐着看书。昆明的茶馆只要上一杯茶,就可以从茶馆开门营业,坐到太阳西下打烊时分(汪曾祺《寻常茶话》)。

茶馆成为联大第二课堂

西南联大教学条件简陋,图书馆是西南联大最好的、唯一一处屋顶铺瓦的建筑。学子们非常用功,图书馆里座无虚席。但是图书馆座位少,无法满足阅读的需要。宿舍拥挤,教室排课也是满满的,师生们只好另想办法。联大附近的风嘉街、文林街、府甬道、青云街都有茶馆,数量不少,茶馆尽管不大,却颇为安静,而且茶水很便宜,抗战初期,一杯茶水一分钱,泡上一杯茶水,就可以坐上一天,没有堂倌来打扰。于是昆明的茶馆成了西南联大的第二课堂和阅览室。

昆明的茶馆打烊都晚,有客人时,晚上 10 点依然营业,不会收拾茶杯驱赶茶客。茶馆里卖盖碗茶,也卖炒葵花子、南瓜子、花生米,都装在一个白铁敲成的方碟子里。价格按碟算,瓜子、花生都是一个价。穷学生阮囊羞涩,常选择临窗的桌位喝茶,一分钱一杯茶水,要上几杯茶,几碟瓜子、花生,就这么坐着,嗑完一碟瓜子,随手就将铁皮碟往窗外一扔,继续喝茶,要瓜子。等到晚上离开茶馆,堂倌结账,照例按碟子数量收费。茶馆打烊后清点物品,或者平时结账,也清楚碟子少了一些,但是茶馆从未与学生在收费上发生过冲突。第二天学生再来喝茶,要瓜子、花生时,依旧殷勤,学生也仍然故伎重演,那时实在是

◀ 西南联大期间昆明凤翥街茶馆旧址

太穷了（李洪涛《精神的雕像》）。汪曾祺有泡茶馆的诗，诗云："水厄囊空亦可赊，枯肠三碗嗑葵花，昆明七载成何事，一束光阴付苦茶。"

脑子里有了创作思路时，汪曾祺就不再与同学摆龙门阵了，自己一个人趴在茶桌上写散文、小说，思绪飞扬。汪曾祺说："如果我现在还算是一个写小说的人，那么，我这个小说家是在昆明的茶馆里泡出来的。"

作家马识途泡茶馆，是带着任务。马识途当时是西南联大地下党的负责人，泡茶馆，其实是在探听信息，以及做接头工作。

老师在茶馆改作业

西南联大条件简陋，教室紧张，老师们办公、住宿条件也很差，有的老师居住的地方距离联大很远，每天花在路上的时间很长。但是联大的老师很敬业，很认真，就是德高望重的知名教授，同样一丝不苟地讲课，批改作业。

昆明的茶馆也成了西南联大教师批改作业的地方。当时昆明有句流行语，"昆明有多大，西南联大就有多大"，意思是满城的茶馆都是联大师生们的课堂。

也有师生共同泡茶馆的,老师在茶馆与学生进行学术、思想交流。

西南联大师生泡茶馆,有不得已的社会条件的因素。泡茶馆看似悠闲,但对西南联大的师生来说,不是虚度光阴,而是只争朝夕,他们经历着抗战,目睹国土沦陷,中华民族被日军铁蹄践踏,他们明白自己身上的责任。独特的泡茶馆文化,是西南联大一个重要的组成部分和历史记忆。

四川泡茶馆

四川的茶馆实在是不平凡的地方,警察与挑夫同座,而隔壁则是西服革履的朋友。大学生借这里做自修室。

报人黄裳曾去四川公干,他在著述中记录了四川泡茶馆的见闻。

在广元郊外等差,路边有茶座,黄裳一个人泡了一碗茶坐在茶座等候。茶座对面是一片远山,真是相看两不厌,令人有些悠然意远。

入川愈深,茶馆也愈来愈多,到成都,沿街都有茶馆。成都有那么多街,几乎每条街都有两三家茶楼。大茶楼,可以坐上几百人。开水茶壶飞来飞去,总有几十把,热闹可见。成都的茶楼除了规模大之外,还有别的可喜之处。薛涛井畔有许多茶座在参天的翠竹之下,夏天去坐一下……吟诗楼也有临江的茶座,可惜楼前的江水,颇不深广。武侯祠也有几处茶座,一进门的森森古柏下面就有,进去套院的流水池的水阁上也有。成都的少城公园有一家茶座,以用薛涛井水做好,说是如果有人尝出并非薛涛井水者当奖洋若干元。其实薛涛井水以造笺有名,不曾听说可以煮得好茶。

经过剑阁，在那一条山间狭窄的古道中，古老的茶楼有人讲演，随他讲，茶客照例喝茶，并不注意听。

到了重庆，定居扬子江滨，地方荒僻，黄裳投宿的地方左边有一家凤凰楼茶馆，用木头搭起来的楼，一部分做药房。老板兄弟三人，老板管理茶馆，老二是郎中，给求医者开药方，老三司取药之责。

黄裳喜欢这家茶馆，无事时泡一杯菊花，坐上一两个钟头，再要点糖渍核桃仁来嚼嚼，也颇有意思。里面有一个套阁，小小的，卷起竹帘可以远望对江的风物，看那长江真像一条带子。尤其在烟雨迷离的时候，白雾横江，远山也都看不清楚了。有时深夜人还在那里，夜风吹来，使如豆的灯光摇摆不定。这时候茶房就轻轻地吹箫，声音极低，有几次黄裳弄不清楚声音起自何方，后来才知道是坐在灶后的茶房，像幽灵一样玩弄着短短的箫，那悲哀的声音，就从那里飘起来。

上海吃讲茶

上海是长江三角洲冲积平原的一部分，明代末期，上海尚未独立成府。到清嘉庆十年（1805），上海地区基本形成10县1厅的格局。1912年，中华民国时期成市一级建制。

上海面临东海，又有长江黄金水道，地理与交通位置独特，开埠较早，清道光二十三年（1843）上海开埠，道光二十五年上海县洋泾浜以北一带划为洋人居留地，后形成英租界。道光二十八年（1848）以虹口一带划为美租界。道光二十九年（1849）以上海县城以北、英租界以南一带为法租界。同治二年（1863），英、美租界合并为英美公共租界，光绪二十五年（1899）又改称为上海国际公共租界。此后，租界多次扩大。

上海的水陆码头、交通要道，以及人口密集的地方，开设有茶楼。上海的茶楼也有与南京、广州、北京不同的风格。

吃讲茶

上海人去茶楼除了喝茶，就是办事。平时解决不了的问题，往往在茶楼喝茶时解决。郁达夫说："上茶馆里去解决的事情，第一是是非的公断，即所谓吃讲茶；第二是拐带的商量，女人的跟人逃走，大半是借茶楼为出发地的；第三，总是一般好事的人的去消磨时间。"（郁达夫《上海的茶楼》）

郁达夫成名于大上海，1921年6月8日，郁达夫和郭沫若、成仿吾、张资平、田汉、郑伯奇等人发起成立创造社，成立地点在日本东京郁达夫的寓所，即日本东京帝国大学第二改盛馆。1921年秋创造社在上海出版发行了《创造社丛书》，最初收郭沫若的诗作《女神》、郁达夫的小说集《沉沦》，以及郭沫若所译德国歌德的《少年维特之烦恼》等。《沉沦》的出版，让郁达夫一举成名天下知。

郁达夫居住在上海，编辑创造社的刊物《创造》季刊，《创造周报》，经常上茶楼。

上了茶楼，他在临窗的桌位上落座。临窗的桌位光线透亮，相对僻静，推窗遥望屋外景色，楼下街市人来人往的景象尽收眼底，屋子里茶客们品茗、聊天的姿态也尽入眼帘。

伙计见是熟客，不等招呼，就端上了郁达夫经常喝的茶水，还有一小碟瓜子。摊开一沓稿件之后，郁达夫轻轻掀开茶碗盖子，抿了一口，清醇的茶香传递进身体，很清爽。昨晚的一顿老酒，让郁达夫的头脑有点迟钝，但是在茶水的冲洗下，迟钝感渐渐散去，打了个哈欠，郁达夫开始编辑稿件。

这一期刊物所用的稿件很快编辑完成，舒张一下筋骨，郁达夫继续品茗。茶水喝到此时，渐渐有了滋味，舌尖上有那么一种甘甜、清香。郁达夫知道，这是因为注意力转移，先前忙于编辑，此时则是品茶。

一次，一位先生带来了几个徒弟就坐在不远处的茶桌，从他们的对话中，郁达夫听出了点头绪。他们在某处做了一宗生意，其后，这位先生的同辈的徒弟出来干涉，想分一杯羹，双方发生了点矛盾，几次商谈，意见不能统一，于是找来中间人到茶楼调停。

尽管茶楼的墙壁等地方张贴着禁止吃讲茶的牌子，日升楼、一乐天、仝羽居、四海升平楼等茶馆，都挂着禁吃讲茶的牌子，但是实际上无法禁止。茶楼与伙计，面对吃讲茶的顾客都是睁一只眼闭一只眼。吃讲茶与消磨时光的茶客，是茶楼生意得以维持的主要顾客。

那边的几个茶客，很悠闲地喝着茶，也不说话，有的看报，有的闭目养神。郁达夫一眼看出，他们是来此消磨时间的茶客。上海茶楼中这样的有闲茶客也不少，大抵上属于有点钱有些闲的中产阶层。有的是一大早，有的是午饭后，就来到茶楼，泡上一壶茶，慢慢地喝，再要上一份点心。遇到熟人，也会聊上一阵，说说推背图，聊聊日本人打仗，甚至邻里的奇闻逸事也会成为话题。没有遇到熟人时，就喝茶闭目养神。他们属于真正的茶客，远比吃讲茶的顾客安静。

上海吃茶的地方，并非只有茶楼，在游戏场也有露天茶棚。茶棚的人员就更加复杂，算命、测字、看相的，推销航空奖券的，还有叫卖糖果香烟的小贩（郁达夫《上海的茶楼》）。

北京大碗茶

民国时期的北京，在前门等处的大街路旁，有卖大碗茶的，一个很简单的摊子，一张矮脚旧桌子，几把长凳子或矮凳子，几个大碗，也有可能是几个玻璃杯。煮一锅开水，倒入茶壶，茶壶里一把粗茶叶，经过时间的沉淀，茶水已经凉下来了，大碗茶就开张了。

赶路走累了，口干舌燥，多么希望能喝上一杯茶水，民国时期没有如今遍地卖饮料的，忽然间听到几句吆喝声，"大碗茶，清凉解渴的大碗茶"。抬头一看，前面路边就有一个茶摊。没有亭子，也没有遮阳伞，就是露天树荫下。赶紧过去，坐到条凳上。"来碗大碗茶。""好嘞。"摊主递过已经凉了的大碗茶，仰起脖子，"咕噜咕噜"几口就喝下去了，沁人心脾。

席地喝茶雨来散

北京西直门外万牲园东墙，有一片荷塘，是当年慈禧太后游玩颐和园的登船处，春天垂柳飘拂，荷塘清澈；夏季荷叶遮塘，知了声声；秋天芦苇摇曳，野禽栖息。环境幽静，颇有野趣。柳荫下搭起了一个棚子，有一口土灶，几张芦席铺在地上，就卖起了茶，茶馆的名字很有意思——雨来散茶馆。夏天的时候，客人较多，游玩之后，来到这里，席地而坐，一边休息，欣赏荷塘景色；一边喝茶，高谈阔论。品茶虽好，最怕夏季多变的天气，倘若天公不作美，忽降阵雨，茶客们无处避雨，就要一哄而散，由此得名"雨来散"茶馆。

这里喝的是北京真正的大碗茶，大锅煮水，或许就是就地取材的清澈塘水，茶具很粗糙，就是过去农家常用的粗瓷茶壶，茶杯就是吃饭用的蓝边碗、大盖碗。茶叶是低档的粗茶，或者茶叶末子。茶水倒是量足。

宣武门外，有家天兴居大茶馆，有一种茶叶"高末儿"，也就是茶叶末，都是好茶叶破碎之后留下来的精华，样子难看，泡茶没有成形的叶片，口感缺醇厚，微涩，香留舌尖。当时点这茶叶末的茶客还不少，原因是价廉物美。不过，不是每个茶客都能喝到这种茶的。每天"高末子"数量有限，茶馆主要提供每天固定去天兴居喝早茶的老茶客，那些老茶客谁都不带茶叶，到茶馆就换上了"高末儿"，新茶客不知道这个秘密（唐鲁孙《喝茶》）。也有茶客，在天兴居买上几两"高末儿"，回家喝茶。但是口感觉得不如在茶馆里的好，是心理作用，还是茶馆冲这茶叶末有什么讲究，大家也没有细究。

公园茶座，别样风景别样滋味

北京的中山公园有多家茶馆。公园里的茶馆（茶座）与开设在繁华地段的茶馆不一样，环境幽雅，这是商业街区茶馆无法比的。中山公园多植物花木，一年四季都有鲜花盛开，四五月盛开富贵的牡丹和娇艳的芍药，九月菊花傲霜，敢与西风战一场，满园尽披黄金甲。

清新和暖的空气，精致典雅的景物，美丽古朴的建筑，摩登旧式的各色人物，一幕幕呈现在喝茶人的眼帘中，仿佛观赏电影，这是公园的茶座才可以观赏到的美景。中山公园的茶馆有五六处，公园中间大道两旁的三家春明馆、长美轩和柏斯馨，在茶馆的装饰风格与经营特点上代表了不同的时代特征。

春明馆准备了几副象棋和围棋，为吃茶的人消遣时间。古色古香，一碟一碟带着清朝气味的茶食，如山楂红、豌豆黄。来的茶客多半是清朝的遗老遗少，很少有西装革履的客人迈进春明馆的。瞧，来了一位60多岁的老先生，穿着马褂、背心、戴瓜皮小帽，步履缓慢。走进茶馆，堂倌才看清，原来是岭南近代四家之一的诗人黄节，他是春明馆的常客。

民初风格的长美轩，不仅体现在茶馆的装饰上，也体现在客人的穿着上，客人大多是中年人，穿洋服、中装的均有，长美轩是绅士和知识分子的地盘。

下午四点以后，一批批手里夹着皮包，嘴里含着烟卷的斯文茶客陆续走进了长美轩。因为是常客，堂倌都熟悉了。坐在这边的是廖石夫，一位外交官；坐在那边的是汪怡，发明速记学的语言学家，这两人几乎天天都来，好像长美轩是他们工作的单位，天天来应卯。又来了两个喝得醉醺醺的男子，原来是画家王梦白，还有数理大家冯祖荀。冯祖荀手里拿着毛竹旱烟袋，穿着四季不扣纽子的马褂，东张西望，踱来遛去，看他样子，谁知道他是科学家。

1931年，著名经史学家林公铎邀请藏书家谢兴尧去长美轩喝茶，席间大骂胡适。林公铎为人戆直，恃才傲物，24岁任北京大学、中央大学等教授，张中行是他在北大的学生。1931年北大改组，蒋梦麟担任校长，文学院长胡适兼中文系主任，林公铎随之遭到解聘。因为平素与胡适论学不合，林怀疑此举出自胡氏之意，遂写信给蒋、胡二氏，加以怒骂。

以撰写掌故而闻名的徐一士那时供职于《国闻周报》，他来喝茶，往往会邀上一帮朋友，听他说新闻，摆龙门阵。那年夏天，正是袁世凯执政时期，徐一士与茶客们说，当年法国想有条件将安南（越南）交还中国，他急电向政府报告，袁世凯复电，不许收回安南。不久密令，大意现在帝制尚未成功，粤桂滇黔，不少潜伏革命势力，若此时收回，会增加革命党的力量，等将来帝制成功，所有旧日"属地"，都要完全收回来。这种秘闻，不能刊登于报刊，只能在茶馆，在朋友圈内传播。

▲ 1936年朱自清（左四）与浦江清（左二）、朱偰（左一）等友人喝茶

在长美轩还经常可以看到钱玄同、傅斯年的身影，这两位喝茶，只是喝茶，独自一人，也不与别人搭讪，静默沉思，大概是将喝茶作为休息。

柏斯馨茶馆属于新派风格，来的以年轻人为主，一群红男绿女，摩登青年。在柏斯馨竟然也能看到前国立北京大学校长、物理学家夏元瑮。

中山公园茶馆的消费，价廉物美，单吃茶每人只花一角钱，点心也大半一角钱一碟，长美轩是川黔有名的菜馆，几毛钱可以吃得酒醉饭饱，在其他地方这样的价格吃不下。周六、周日的下午，茶馆总是满座，人头攒动（谢兴尧《中山公园的茶座》）。

南京喝茶馆

南京的茶社遍布南京城，鼎盛时期有1000多家，其中以夫子庙、新街口一带最为繁盛。"到夫子庙喝茶去。"差不多成了南京人的一句口头禅。

老茶馆里的芸芸众生

奇芳阁始创于1917年,是夫子庙地区一家著名的茶楼,位于承恩寺附近,生意兴隆,顾客盈门。其股东朱寿仁、刘海如1919年又在贡院街口另筹新店,为区别旧名,定名新奇芳阁。

张恨水在南京办报期间,经常光顾夫子庙与丹凤街地区的茶馆,一方面是与朋友喝茶聊天,另一方面也是为写作积累素材,他写的《秦淮世家》《丹凤街》两部小说,都有夫子庙茶楼、丹凤街茶馆的章节。

每天早上六点多钟,夫子庙地区的茶楼开门了,茶客像开了水闸似的向里面拥着。夫子庙广场左手的奇芳阁,是最大的一家茶楼,茶客更是多,喝早茶的都是老茶客,习惯坐在自己常坐的位置,喝什么茶,要什么点心,堂倌都知道,因此不用交代,很快老茶客喜好的干丝、茶水就摆到了茶桌上。后楼的栏杆边,四五个男子,拥着一位中年妇女,围着一张方桌坐着;桌上摆了三只有盖茶碗,两把茶壶,四五个茶杯,大碗干丝汤汁,六七个

▲ 南京的茶馆

▲ 20世纪二三十年代南京唱经楼茶社

空碟子。另有两个碟子里,还剩着两个菜包子和半个烧饼。

民国时期,丹凤街还是比较热闹的地段,丹凤街上有一条老街巷唱经楼,唱经楼茶馆也是张恨水喜好去的茶馆之一。不过,唱经楼茶社在装潢与档次上不如夫子庙,来的茶客也主要是中下阶层,生意也不如大茶馆火爆。两进店屋,都是瓦盖,没有天花板,抬头望着屋瓦一行行地由上而下。横梁上挂了黑电线,悬着无罩的电灯泡。卖午堂茶的时候,座位多半是空了,所有吃茶的客人,全是短装。与其他茶馆不同的是,唱经楼茶馆只卖清茶,不卖点心。茶馆挨着丹凤街,那条青石板路,附近就是菜市场。张恨水时常坐在唱经楼茶馆,观察进入丹凤街、在菜市场买菜的居民,把他们的日常生活、小人物的状态写进了《丹凤街》中。

戏茶厅的女弟子

在南京的茶馆中,还有一种听戏品茗的茶馆,称为戏茶厅。南京人称之为"戏茶园"或"清唱社",一边听戏,一边饮茶、嗑瓜子、吃小吃，自由舒适。民国时，戏茶厅在夫子庙地区有十来家，如群乐、月宫、全安、中华、永安、天香阁、飞龙阁、麟凤阁、四明阁、天韵楼、鸣凤、奎光阁等，一般都有一二百个座位，以演唱京剧为主，兼唱其他特色的地方戏曲或评书、曲艺。

飞龙阁是夫子庙的一家戏茶厅，坐落在贡院西街，张恨水很爱听戏，飞龙阁是他经常光顾之地。当时飞龙阁的挑战者是"须生泰斗"郑瑞坤，对张恨水非常仰慕，要拜张恨水为师。张也很愿意收这位高才的女弟子，一拍即合。拜师之日，邀请报界同人到飞龙阁品茗听戏，传为美谈。张恨水的小说中，有不少以歌女、艺人为题材的作品，《啼笑因缘》中女主角沈凤喜就是唱戏的。这和他常去戏茶厅听戏，熟悉她们的生活是分不开的。

夫子庙地区的得月台、得月楼、天香阁、鹿风阁、市隐园、群乐茶社等10多家清唱茶社也很有名，常常是顾客盈门，热闹至极。来茶馆品茗的除了中央大学胡小石、黄季刚这样的名教授，也有张恨水、张季鸾、黄裳这样的名报人、名作家。

豁蒙楼里禅茶一味

禅茶一味，寺院也是饮茶聊天的所在。位居城区的鸡鸣寺，香火鼎盛，香客如织，朝拜礼佛，免不了登临鸡鸣古寺，遥望台城，抒发胸臆。鸡鸣寺的豁蒙楼就是一处喝茶的地方。豁蒙楼由两江总督张之洞为纪念戊戌六君子之一的杨锐而建，声名远扬。

民国时期著名评论家储安平在《豁蒙楼暮色》中有对豁蒙楼饮茶的记述。来南京快一个月了，他一直想去久已向往的豁蒙楼喝茶。一个飘着雨雪的傍晚，储安平终于登临鸡鸣寺，走进了豁蒙楼。在靠窗的地方坐下，墙壁上的钟摆嘀嘀嗒嗒作响，寺院里的晚钟也发出沉闷的声响。八九年前，朋友邀请储安平来豁蒙楼喝茶，他没有来。如今他坐在了豁蒙楼上喝着茶，朋友却没来。他坐在那里,静静地看着窗外的景色,雨中眺望台城、玄武湖,又是另一种风景。"江雨霏霏江草齐,六朝如梦鸟空啼。无情最是台城柳,依旧烟笼十里堤。"韦庄《台城》诗的意境,在烟雨之中,才能体会到。正在这时,一个和尚捧着一盂茶走进豁蒙楼,他在另一头靠窗坐下,与储安平遥遥相对。"今天贵寺很冷清呀。"储安平对着和尚说。和尚似乎没有听见,隔了一阵,才"唔"了一声。又问了几句,和尚仍然只是"唔唔"作答。喝茶就喝茶,看景就看景。和尚大概觉得这人心不静,也就爱搭不理。储安平也觉得无趣,又一人闷闷地喝茶,茶水品味在嘴里,淡淡的,没什么滋味。恍惚之中,"先生醒醒。"一个和尚将他唤醒,"该到你回去的时候了。"走出山门,南京城已经万家灯火。一路从山坡走下来,想起梁启超题写在豁蒙楼上的对联:"江山重叠争供眼,风雨纵横乱入楼。"豁蒙楼有怀古的氛围,也有那么一种禅意。朦胧之中的景物,是否就是远去的六朝?负载着时间的流逝与人事的沧桑流变。

湖边品香茗

南京的茶馆主要集中在夫子庙、新街口等繁华地段,在玄武湖、明孝陵等名胜古迹,也有一些小茶馆,店面简朴,地方不大,小有小的好处,安静,面对湖光山色,喝茶倒是赏心悦目。玄武湖一带就有听莺轩、红杏坞、爱莲居、知音来等茶社,店名倒是蛮有诗意的。

一个盛夏的早晨,黄裳与仁渊在山西路口相遇,两人一起走到玄武门,顺着堤岸漫步,走得热了,口也渴了,想找一个茶社坐坐歇歇脚,喝口水,发现前面就有一座亭子,是个茶社,两人找了一副临湖的座位坐下了,要了一壶茶。一边喝茶,一边欣赏风光。远处的钟山上照满了骄阳,近处是清澈的玄武湖,湖里游船荡漾，红男绿女成双成对，共享美好时光（黄裳《金陵五记》）。

民国时期，南京有两处著名的湖，一处是玄武湖；另一处是有金陵第一胜迹之誉的莫愁湖。莫愁湖也有茶楼。在湖边寻一处临窗的茶座，泡上一杯茶。看那岸边垂柳，随风飘拂，远眺烟波缥缈，水禽飞舞，清风徐来，别有一番情趣。夏季可以观看满湖荷叶，采菱的小舟穿行在绿叶粉花之中，轻吟："江南可采莲，莲叶何田田，鱼戏莲叶间。鱼戏莲叶东，鱼戏莲叶西，鱼戏莲叶南，鱼戏莲叶北。"倘若遇上细雨蒙蒙，烟水缥缈，便可领略金陵四十八景中莫愁烟雨的意境。一边品茗，一边观景，满腹的清芬，满腹的诗情，岂一个"美"字概之？

南京东郊喝大碗茶

南京东郊风景区的梅花山、明孝陵名胜古迹处的茶社就非常简陋，都是临时而设的简易茶社，方便游客，做的也是春夏季旅游旺季的生意。条件稍好一些的借助亭子，或者搭个凉棚，称之为茶铺；没有凉棚的，就把茶桌放在树荫、屋檐下，一张小桌子，几个小杌凳，称之为茶摊。装茶的不一定是茶盅、茶杯，往

▶ 明孝陵茶馆

往就是盛饭用的大碗，粗茶叶泡了一缸茶水。天热时，观赏风景走得口渴，正好在树荫下歇歇脚，喝上一碗大碗茶，郊外的凉风一吹，比如今蹲在空调房里还爽快，纯天然的风。热心的茶摊主人或许还会递上一把芭蕉扇，让你一边扇着扇子，一边喝茶，端茶递水之间，与你唠叨梅花山、明孝陵的传说。

黄裳与同伴在玄武湖喝茶后，向梅花山进发。在梅花山凭吊过东吴大帝孙权之后，迈过山岗，就到了明太祖朱元璋的孝陵。此时阳光当头照，口干舌燥，在孝陵前面有两家茶馆，卖茶也卖汽水，进进出出的人不少，想来生意不错。茶馆院落的豆棚瓜架，一头小毛驴睡在草棚旁边，他们在葫芦架下泡了两杯浓茶，歇歇疲乏的脚。茶博士是一个小孩子，走出走进忙碌得很，服务殷勤（黄裳《金陵五记》）。凭吊古迹，欣赏风光，停驻歇脚，黄裳他们走进了这个简陋，却充满温馨的茶馆，淳朴的民风，和谐的气氛，深深地感染着他们，快乐的人们，愉快的心情，斑驳的阳光洒落在他们身上，但愿每天都能沐浴在明亮的阳光之下。

江南坐茶馆

中国是茶的故乡，从北到南，中国人饮茶的习俗多样，相对而言，北方喝茶比较粗犷，南方饮茶比较细腻，长江以南的江南与珠江流域的岭南，都属于南方，饮食习俗却不一样。

镇江茶馆"凤凰三点头"

江苏镇江属于长江三角洲，是一种典型的江南饮茶习俗。剧作家舒湮，如皋人，生长在镇江。大人吃茶，他也跟着吃茶，小时候就体验过镇江人喝茶的情形。

镇江人去茶馆叫坐茶馆。江边有座万全楼，是当时很有名

南京坐茶馆

的茶馆,客人很多,座无虚席。一大早,很多茶客就拥向了万全楼,喝早茶。茶博士在座位与客人之间穿梭,身手灵活,动作敏捷,客人一落座,点什么茶,有的熟客,不要开口,茶博士就知道喝什么了,吆喝一声,片刻工夫,茶具、茶盅就摆上了桌,茶也沏好了。什么茶客,坐什么位置,要什么茶,都在茶博士的肚子里,一清二楚。最为神奇的是茶博士的沏茶技艺,娴熟高超,一只胳膊上搁着一摞盖碗,另一手提着长壶铜壶,那壶嘴伸出来二三尺长,铜壶里盛着开水,茶碗放在桌子上,茶博士的铜壶长壶嘴,对着茶碗,并不是紧贴着茶碗,而是间隔着一段距离,有四五十厘米吧,对着茶碗连冲三次,开水就注入了茶碗,滴水不漏,俗称"凤凰三点头"。倒水相对容易,收水却最难,最为叫绝的就是收水,壶身略为一抬,壶嘴里的水就收拢了,一滴不溅。这种绝技没有三五年的工夫练不出来。

那时候的舒湮还是个小孩子,他的心思不在茶,而在于茶馆里的茶食,眼睛盯着水晶肴肉、三鲜干丝、冬笋蟹黄肉包子。喝茶自然会佐以干丝、包子等点心,喝早茶就是边喝茶,边吃早点。点心只是佐茶,吃饱肚子,还需要上其他茶食,诸如刀鱼面、鳝丝面、鸡火面。其他地方很少有刀鱼面，因为只有镇江、靖江等长江江口段，才出产这种一出水就会死掉的"长江三鲜"之一的刀鱼，其他地方的人可没有这样的口福（舒湮《坐茶馆》）。

苏州的"茶馆上谕"

苏州人也爱坐茶馆，多半是"书茶"，就是为听评书、弹词而每日必到的老茶客，这种茶馆遍布大街小巷，类似南京的戏茶厅。也有不说书，安静的茶馆，纯粹喝茶休闲。

苏州才子范烟桥来茶馆就不是为了听书，他看中的是茶馆的安静。在茶馆落座之后，上茶，啜了几口之后，范烟桥从茶馆的书报架上取下报纸，翻开上海和苏州本地的报纸。各家茶馆订阅的报纸不一，有的订《新闻报》《申报》，有的订《时报》《新申报》；20世纪30年代有的订《苏州明报》。订报出租是苏州茶馆吸引人气的经营方法之一，有些文人来茶馆，喝茶读报，写稿，范烟桥就属于这种情况。20世纪20年代范烟桥与苏、沪、锡报界文人交往密切。严独鹤主编的《新闻报》副刊《快活林》，周瘦鹃主编的《申报》副刊《自由谈》，毕倚虹主编的《时报》副刊《小时报》，江红蕉主编的《新申报》副刊《小申报》，都向范烟桥约稿，范烟桥就在茶馆，翻阅报纸杂志，一边喝茶，一边写稿，日写数千字。1934年，范烟桥为《苏州明报》副刊《明晶》撰写连载长篇小说《花草苏州》，连载数月。

在苏州茶馆可以免费读报，免费的品种极为有限；也可以租赁报纸，租赁需要付费，大报一份铜圆4枚，小报一份铜圆1枚（范烟桥《茶坊哲学》），价格低廉，而且品种多，文人尤其是给报刊撰稿的文人，在茶馆里安静，环境也好，等于边喝下午茶，边爬格子挣工钱；肚子饿了要碗面条，工作餐也解决了；还可以看到很多报纸，一举多得。在茶馆里可以听到报纸所不刊载的社会新闻，俗称小道消息。小道消息未必都是奇谈怪事，也有新闻。苏州的吴苑茶馆，庭院深深，名花异草，环境幽静，这家的茶客没有女客（舒湮《坐茶馆》），清一色的男客，因为这家茶馆有点特别，是媒体的记者、机关职员喜欢来的茶馆，彼此交流信息。范烟桥也是吴苑茶馆的熟客，他的很多作品在报纸刊发后，深得读者欢迎。从茶馆得来信息，加以艺术加工，创造，是他的一大优势。

苏州人有"茶馆上谕"的说法，范烟桥解释这个词："茶坊里有一种不可思议的舆论，去比评一桩事件，比报纸的社论，法院的判决，还要有力。某人说过，倘然袁世凯常到吴苑来听听茶馆上谕，决不会想做洪宪皇帝的。尽有十恶不赦的人，会给茶馆上谕申诉得服服帖帖的。因为十目所视，十手所指，他不能不内疚神明啊。"（范烟桥《茶坊哲学》）

杭州到处是茶馆

上有天堂，下有苏杭，类似镇江茶博士冲水的绝技，民国时期在很多茶馆都可以见到。漫画家华君武生长在浙江杭州，杭州的茶馆也很多，沿着西湖边的西园、延龄路的喜雨台都是茶馆，鳞次栉比，大大小小。至于散落在杭州城区、西湖风景区等处的小茶馆、茶亭茶摊，那就更多了。

大茶馆讲究，不仅场子大，摆设雅致，各种茶，绿茶、红茶、花茶。绿茶中分龙井、碧螺春等不同品种，价格不一，随客要求，而且有茶食供应，基本是悠闲阶层和喜欢喝茶的老茶客待的地方。再就是来茶馆谈事的。随着长辈登上茶馆的二楼，临窗而坐，正好看见湖中的游人和游艇。小孩子上茶楼，即使是喝茶，也品不出茶的味道，只是来看热闹，吃茶食。看着茶倌提着大铜壶,向两尺远的茶壶、茶杯中注入开水,刚看到时有些紧张,生怕被开水烫着,担心是多余的,茶倌都练成了绝技,否则发生意外,掌柜还不要赔本?江南的茶馆,使用大铜壶的,堂倌(茶博士)必须练出这本事,否则学徒不能满师。孩子们尤其上心的是茶馆里的茶食,桌子上的黑白瓜子、桃片果仁、枣泥油包……(华君武《茶事杂忆》)

小茶亭、小茶摊随意,一个简陋的亭子,一把破旧的大伞,抑或就一张小矮桌子,几个矮板凳,就是一处茶摊。在西湖边的景点区,这样的茶摊较多,方便游客,大碗茶水,包管解渴。

杭州的西湖龙井,这是中国赫赫有名的知名品牌。凡是西湖的茶叶都标明龙井,华君武生长在杭州,清楚得很,龙井只生长在龙井寺附近,只有一小片茶地,产量极少,只有寺院的大施主才能喝到上等的龙井茶,因此,西湖茶叶满是龙井的说法,是骗人的。

文人饮茶法

文人饮茶与普通人不同,讲究,而且总结出自己的饮茶方法,用文字记录饮茶故事。知堂老人写有《关于苦茶》《喝茶》等文章。

周作人苦茶斋喝茶

周作人喜欢饮茶,斋名苦茶斋、苦雨斋。因为听说他喜欢苦丁茶,朋友送他一包特种的茶叶,他感谢朋友的好意,但是由于这个茶太苦了,终究没有多吃。因此,说周作人喜欢喝苦茶,未必是事实。小时候在家乡绍兴,周作人从小喝惯了本山茶叶,口渴了要喝水,水里照例泡进茶叶去,渐渐就习惯了,因此喝茶是周作人的一种生活习惯。至于是否真的喜欢喝苦茶，也不是一定的，泡茶时，茶叶放得多，口味就重，开始几口会觉得有点苦，渐渐茶味出来了，就不是苦涩的了，而是甘洌的滋味。喝茶在品，品在慢慢感受。

如果不喜欢苦茶，为什么斋名谓之"苦茶斋"？沈兼士写过一首诗《又和一自调》："端透于今变澄澈，鱼模自古读歌麻。眼前一例君须记，茶苦原来即苦茶。"生活中苦味的食品也不少，有黄莲、杏仁、莲心、苦瓜，还有苦咖啡。庄周说，不顺其自然就是苦，有为就是苦，无为才能清静而安乐；释迦牟尼亦说，生老病死都是苦，苦海无边，回头是岸。生活中的苦涩，衬托了生活甜美。苦茶斋、苦雨斋，以苦为衬。《茶经》曰："啜苦咽甘，茶也。"吃尽了苦，则会深刻地体会到甜。

冰心茉莉香片

作家冰心是福建人，福建特产茉莉香片。小时候她父亲喝茉莉茶，泡茶时茶叶放得很多，足有半杯，茶水发苦，很不好喝，因此，小时候在家乡，冰心不喝茶，这样的习惯一直维持到结婚前。1929年冰心与吴文藻结婚，苦茶斋老人周作人送来一副日本茶具，竹柄造型的茶壶，配4个带着盖的白底青花的茶杯，素雅可爱。冰心把茶具放在了客厅沙发旁的茶几上，算是有了茶文化的气息。其实，她与吴文藻都是不喝茶的，茶具没发挥泡茶的功能，只是一个水壶的作用。有一天，闻一多

▲ 冰心

与梁实秋来家里做客,见到这套茶具都说好,对他们端上来的白开水,自然不满意。他们就说有这样素雅的茶具,为什么不泡茶呢?多浪费。话里有话,就是茶具不泡茶,做摆设,太奢侈了,也少了文化气息。尽管语调很委婉,但是对于冰心夫妇来说,似乎就是有宝不识的批评了。就这样平时装凉开水的茶具,开始放入了茶叶,家里也开始喝茶了。喝的什么茶?冰心家乡福建产的茉莉香片。

冰心在《我家的茶事》中说,抗战期间,北平沦陷,吴文藻与她带着孩子,一路去了云南、四川。在重庆期间,日军飞机经常侵袭重庆城,为了躲避轰炸,吴文藻留在城内,冰心带着孩子住到了郊外歌乐山(冰心《我家的茶事》)。还是那个竹柄壶,放了少量的茉莉香片,淡淡的茶色,淡雅的清香,含在嘴里,感受到了家乡的味道,久违的故乡。冰心推窗遥看窗外的景色,田园风光,日寇的飞机飞不过,住在歌乐山的人们相对生活在较为平静的生活中。品味着茉莉茶的清淡苦涩,舌尖上渐渐有了一些甘甜,从苦涩中升腾出来的甘甜,就像生活一样,开始总是有点苦涩,慢慢就会甘甜。回到桌子前,冰心开始撰写文章——《关于女人》的系列文章,也算是百无聊赖之中的乐趣,还可以挣点稿费补贴家用。

汪曾祺喝早茶

江苏高邮盛产双黄鸭蛋,高邮人也有喝早茶的习惯。作家汪曾祺就是高邮人,小时候他经常随祖父上茶馆。进入茶馆,堂倌先上一碗烫干丝。干丝不像其他地方煮熟,而是用开水几次冲烫,烫熟。然后浇入酱油、醋、麻油等调料。品尝过烫干丝,才进入喝茶阶段。茶一壶,绿茶、红茶、花茶,随茶客的习惯。这时候才开始喝茶,谈事的就谈上了,聊天的也摆上了龙门阵,那些没事消磨时光的茶客,就静静地坐在茶桌前,一杯杯地喝起来。有时候会闭上眼,养神,或者嘴里哼着京剧、小曲,摇头晃脑地低低唱起,目中无人。

不去茶馆时,祖父就在家喝茶,喝的是龙井,泡在一个深栗色的扁肚子的宜兴紫砂壶中,紫砂壶用得有年头了,茶色已经沁入壶中,即使不泡茶叶,直接用壶装入沸水,也会有淡淡的茶香溢出,这就是老壶的好处。泡茶时,茶叶放得很多,经过水一泡,胀满了壶中。汪曾祺看着祖父用一个细瓷小杯从壶中倒出茶水,喝了一口,喝得很慢,喝时是慢慢地进口,品尝着茶水的滋味(汪曾祺《寻常茶话》)。

见到汪曾祺过来,祖父也会倒上一杯,让他喝一口。龙井的浓酽,舌尖传递。汪曾祺对于茶的认识、喜欢就是在祖父的熏陶下培养出来的。

冯亦代风雅茶

翻译家冯亦代是浙江杭州人,年幼时去虎跑寺,闻听喝茶是雅人雅事,于是也效仿那些文人墨客,要上一壶龙井茶,坐在那里,喝上半天。但是那时候并没有了解茶,也不清楚茶文化,喝茶就是喝水,解渴,根本没有"品"茗,装模作样冒充风雅而已。

对于风雅,冯亦代很向往,喝茶可以风雅,但是真的懂得风雅含义,骨子里有了风雅的气息、气质,则不简单。后来他在邻居钟老先生家领略了一次风雅时,品了一次风雅茶。

钟老先生邀请冯亦代去他家喝茶。展开一套精致的茶具,一把小小的宜兴紫砂茶壶,四个小茶盅,一个紫砂茶盘,一只烧炭的小风炉。茶壶、茶盅已经用沸水清洗过,钟老先生将一小撮福建铁观音茶叶放入紫砂壶中,沏上沸水,头一壶水要倒掉,然后再倒入沸水，在壶里闷一下，再倒进小茶盅，递过让冯亦代品尝。这喝茶不是牛饮，重在品，慢慢地喝，一口口地喝，茶水在口腔里回旋，在舌尖上跳跃，茶的滋味也传递到味蕾上，渐渐也品尝出了味道。喝茶也不是为了解渴，而是在品的过程，回味由苦涩到甘甜。好茶也不求痛饮，不是一下子喝上三大碗，而是就喝那么一二杯，品上七八口，茶的滋味留在齿颊，意犹未尽。

第一次风雅茶，喝了一二杯，钟老先生就收拾起茶具，结束了。品茗的回味则留在了唇齿之间，令人回味，冯亦代期待着第二次。后来，钟老先生也请他再次"品"过几次铁观音，冯亦代明白了风雅茶是如何风雅的，也知道这饮茶是有名堂的，称为"工夫茶"，心浮气躁的人没有那工夫做风雅事，也品不出茶的醇美，以及饮茶喝茶的风雅。后来冯亦代把他的饮茶事情写成了《品茗与饮牛》。

茶馆的美食

大江南北的茶馆，虽然喝茶的风俗不同，但是大都供应茶食（茶点或点心），只是茶食的品种不同而已。

江南茶馆干丝必不可少

扬州、南京等地的江南茶馆，干丝是必不可少的。干丝分为煮干丝和烫干丝两种。干丝早期是煮，扬州的煮干丝非常有名；后来改为烫干丝，干丝不再下锅煮，而是将切得很细且匀称的干丝在滚水中多次烫成，无一点豆制品的生味。干丝其细如丝、根根不断，黄嫩的生姜丝也细如头发，这种极细整齐的干丝，不仅外观美，而且透味快。一碗干丝，另给麻油作料一小碟，由茶客自己调拌食用，吃起来鲜嫩可口，回味无穷。民国期间，茶馆都

▶ 烫干丝

在干丝上大玩花样。清真馆子添了烧鸭干丝、开洋干丝等新品种。荤茶馆如夫子庙大富贵、雪园、永和园,按时令推出春笋干丝、冬菇干丝、蟹黄干丝、鸡丝干丝等。清和园干丝分为荤素两种,荤的有虾仁、鸡丝、烧鸭丝、肉丝等,素的有口蘑和香菇。

老茶客上茶馆喝茶,先要一碗烫干丝,待过完干丝瘾后,才尝其他细点。

山泉楼酥烧饼南京一绝

南京茶社供应的茶食很多,除了干丝是每家茶馆必不可少的茶食之外,其他品种的茶食也很多。永和园有小笼包饺、三丁包子、五丁包子、翡翠烧卖、千层油糕、萝卜丝烧饼等20多种。

义顺茶社则供应鸭油烧饼。新奇芳阁有酥油烧饼、甜豆沙包、鸡面、干丝、春卷。什锦菜包,雅名翡翠,选用鲜嫩的菠菜或青菜,用沸水烫至八成熟,用刀剁碎,掺和芝麻屑、木耳、豆腐干、贴炉面筋等,加入适当的糖、盐,拌和小磨麻油,即成素馅。皮面的发酵和揉制,以及蒸功恰到好处。菜香、油香、麻香,扑鼻而来。荬儿菜烫面饺别具风格。抗战前,一壶茶外带一小碗煮干丝，两块烧饼，加上小帐（小费），不到一毛（石三友《金陵野史》）。

烧饼被视为大路货，但是新奇芳阁的烧饼不同凡响，甜咸酥透，香气扑鼻。这里的酥烧饼皆用鸭油和制，其品种有糖油、萝卜丝、荠菜等，尤以荠菜烧饼最受称道，当年是秦淮胜地独一无二的。每年冬去春来，荠菜上市之际，这里才有供应，虽然每天应市不少，但购者纷沓，去迟一步，即告向隅。新奇芳阁的荄儿菜烫面饺子，别具风味。每年农历四月上市，此时往往喜欢素食者增多。茶馆掌握这一火候，制售荄儿饺子。这种小吃香甜淡雅、细嫩鲜美、风味独具，引得食客络绎不绝。傅抱石、陈之佛、胡小石、黄季刚、张恨水、张友鸾等经常光顾新奇芳阁，喝茶吃干丝，品烧饼。

在南京城南殷高巷，抗战前有一家山泉楼破茶馆，破桌破凳，连茶壶也是缺嘴缺把，但其所制的酥烧饼，堪称南京一绝。中央大学的冒鹤亭、胡小石、黄季刚、汪东常常来此聚饮唱和。一边喝着茶，一边啃着酥烧饼，烧饼上的芝麻落到桌子上，手一抹，将散落的芝麻扫到了手中，又吃进嘴里。破旧的凳子，缺了壶嘴的茶壶，并不影响这些文人的雅兴。时不时地还会用筷子敲打茶杯或桌子，吟诵诗词，对对子。词人卢冀野品喝着茶，品着酥烧饼，脱口吟诵出"山泉酥饼殷高巷，老住城南一食之。别有干丝河

▲ 南京新奇芳阁鸭油烧饼

栏昧,棋声鸟语小姑祠"的诗句,对山泉楼的酥烧饼赞不绝口。

北京茶馆的焖炉烧饼

按照北京史专家金受申先生的分类,北京的茶馆分为大茶馆、茶酒馆(卖茶又卖酒)、书茶馆(有说书表演)、清茶馆(专门服务生意人)、野茶馆(在荒郊野外地方),大茶馆又分为红炉馆、窝窝馆、搬茶馆和二荤铺四种。

焖炉烧饼是各家茶馆都有的茶食,红炉馆供应的茶食有大饽饽、中饽饽,其中杠子饽饽分为甜咸两种;窝窝馆供应的茶食有炸排叉、糖耳朵、蜜麻花、黄白蜂糕、盆糕、喇叭糕等;搬茶馆供应茶食有焦焖炉烧饼、炸排叉、肉丁馒头等;二荤铺做的烂肉面最有特色,形如卤面,卤汁较淡而不用肉片,风味独特。

苏州喝茶佐月饼

苏州人以茶款客,必佐以细碟,内设糕点之类,谓之茶食。

苏州茶馆供应茶食,还有店家专售茶食,这茶食经过包装,不再局限于茶馆内食用,而且可以作为礼物,馈赠朋友。

苏州的茶食以稻香村的最出名,其中又以稻香村月饼最佳,其次是肉饺。月饼有玫瑰、豆沙、甘菜、椒盐等馅料,每块十枚铜圆。又有分量较大、扁圆状的月饼,俗称月宫饼,简称宫饼,有枣泥和荤油两种馅,每块二十枚铜圆。咸月饼中的南腿、葱油、鲜肉三种,刚出炉时,品尝口味最佳,皮酥味腴。喝茶佐以月饼,茶水的涩化解了月饼的甜,使得重糖的月饼不再甜腻,茶水的清爽甘甜之味反而突显出来。

苏州茶食店中尚有一家野荸荠店,制作的肉饺和酒酿饼也很有名。酒酿饼以酒酿露发酵,和以面粉,气味芬芳,烤熟后吃起来松软却有嚼劲。

广东茶食很精致

南方人喜欢绿茶,龙井、毛尖、碧螺春都是他们喜好的茶叶;北方人喜欢花茶,茉莉、菊花之类;云南一带喜欢普洱茶,茶饼、茶砖,都是他们喜好的;福建、广东则喜欢乌龙茶。这是大体的情况,并不是绝对的。

广东、福建一带喜好工夫茶,非常讲究。广东潮州人上茶馆,喝早茶是他们的习俗,整个广东都有喝早茶的习惯。广东人喝茶,茶食很讲究,虾饺、蛋挞、檞酥、马蹄糕等都很有名,做得也精致。

Ju Zhu
居 住

第十六章　文人雅居自建房

南京作为中华民国的首都，留下了很多民国时期的建筑物，大规模的如中山陵、政府办公场所行政院、交通部等；中等规模的如银行、影剧院，小规模的如私家别墅、老公馆等民居。据统计，南京民国时期的建筑留下来的有1000多所，山西路、江苏路、傅厚岗一带，体现了民国城市发展与房产建筑领域的繁荣，建筑风格多样，有中式的、西式的、日式的、中西合璧式的，仅在西式建筑风格中，又分为美式、英式、法式、西班牙式，各领风骚。

闹中取静公馆区

民国时期城市流动人口增多，带来建房、租房、买房生意的繁荣。

1929年出台的《首都计划》，将南京划分为中央政治区、市级行政区、工业区、商业区、文教区、住宅区。其中傅厚岗一带为市级行政区，山西路一带为新住宅区。其中住宅区又分为四个层次：上层阶级住宅区、公务员住宅区、市民住宅区、棚户区。北京西路、山西路、宁海路、颐和路一带为高级住宅区，集中了很多民国党政要员、文化名人的故居。

▲ 南京颐和路5号民国公馆区（黄强 摄）

民国时期的住宅呈现两极分化的格局，富人建有洋房、洋楼，出入以车代步，有随从跟班，前呼后拥；穷人住在棚户区，用破木料旧毡子搭建，方寸之地，家徒四壁。棚户区的贫者房屋大多数是自己动手搭建，属于没有办理修建、转让等买卖契约的自建房、自有房，没有纳入政府的房屋财产项目，也没有什么买卖交易，严格上说算不上置地购房。

当时的富商权贵，置地购房的手笔很大，其修建的公馆房屋几十间，甚至几百间，规模宏大。民国时期，在南京山西路高级住宅区，东郊、北极阁、兰园等风水清佳处，修建了许多老公馆，总数在1000多所。公馆的主人基本上都是当时权贵、军政要员、实业家、文化名人，如汪精卫、林森、孔祥熙、阎锡山、陈布雷、于右任、顾祝同、邹鲁、陈鹤琴等。

闹中取静于公馆

于右任系民国元老，曾任职监察院院长，又是著名的书法家。他在南京的寓所有多处，中山北路43号、47号、49号，古

▲宁夏路2号于右任公馆（摘自常亚红《潮落金陵》中国画报出版社版）

平岗5号、7号，芦席营40号之1、紫竹林1号都是他的房产，宁夏路2号则是他的公馆。

宁夏路2号的于公馆与其他房产不一样，是于右任租用的，房产系冯玉祥部军长冯云亭的。于右任1946年5月迁居此处，居住了3年，1949年4月21日离开南京，飞往台湾。

宁夏路2号公馆建于1937年，占地面积12亩，由一栋二层小洋楼与平房六幢组成。小洋楼坐北朝南，西式风格，三层楼，采用青砖琉璃瓦，在洋楼的背面，有一条走廊，走廊的尽头是两幢对称的平房，属于闹中取静的住所。

斗鸭闸里何公馆

何应钦公馆在鼓楼汉口路附近的斗鸭闸，原有建筑为王兴宇宅院，后成为金陵大学文学院院长陈中凡的私宅。1927年国民政府定都南京，时任国民政府军政部长的何应钦看中了这块风水宝地，以高价买下。1934年由著名建筑师沈鹤甫设计，辛峰记营造厂承建，对房屋进行了修整出新，形成一幢三层楼房以及辅

何应钦公馆（黄强 摄）

助平房的建筑群。

1937年12月南京沦陷，何公馆毁于战火。1945年抗战胜利，年底，何应钦在公馆原址重建，一年后，即1946年4月新公馆落成。

重建的何公馆以砖石围墙围护，打开两扇大铁门，汽车可以直接驶入公馆。公馆占地面积7782平方米，由四幢建筑组成，二层和三层楼房各一幢，平房两幢。房屋共有31间。采用西班牙式建筑风格，砖混结合，拱门拱窗，屋顶铺设蓝色筒瓦，外墙为米色。屋顶有一个瞭望台，有地下室。

近水楼台建小筑

20世纪20年代，中国近代建筑的发展有了一个新的起点，吕彦直等一批逐步成长起来的第一代中国建筑师，出色地设计了中山陵、音乐台等一批形式多样、富有创意的公共建筑和民用建筑，成为民国建筑的经典，开创了中国近代建筑设计的新成就，打破了外国人对这一领域的垄断。随着《首都计划》的出台，南京兴起了持续十余年的营造高潮，一批海归的年轻建筑师云集南京，他们才华横溢意气风发，其中有杨廷宝、刘敦桢、童寯、陈植、赵深、陆谦受、范文照、过养默、赵志游、梁衍、徐敬直、刘福泰、卢树森、李锦沛、董大酉等。

《首都计划》不仅划出了南京城市的界限，规定了建筑、道路、园林设置的区域，而且对建筑物的色彩也都进行了要求："中国之建筑物，大抵五色杂施，光艳夺目，使人居住其间，最易发生快感，与外国建筑物之纯用一色，暗淡无华者，迥然不同。"对于按照规划建筑私人房屋的行为是鼓励和保护的。在这样的保护私人财产、鼓励自建房屋的政策引导下，南京出现了建房热潮，达官贵人建公馆，文人学者盖房屋，建筑师精于建筑设计，近水楼台先得月，也营造起了自己的私人安乐窝。

浓荫如盖成贤小筑

杨廷宝是民国时期著名的建筑师，早年留学于美国宾夕法尼亚大学建筑系，多次荣获全美建筑系学生设计竞赛优胜奖，1926年赴欧洲考察建筑，1927年回国，加入著名建筑师关颂声、朱彬、杨宽麟建立的基泰工程司。1940年起兼任中央大学建筑系教授，其建筑代表作有中山陵音乐台、中央医院、中央体育场等。

1946年10月，杨廷宝在南京成贤街104号（中央大学工学院建筑系附近）自行设计、建造了住宅——成贤小筑。

成贤小筑有一个独立的院落，占地面积1000平方米。院内遍种花木，植有松树、椿树、枇杷树等乔木，春夏之际，树枝伸展，树叶苍翠，浓荫如盖。还辟有数畦菜畦，绿叶油油，生机勃勃。墙头有一石栏水井。北院墙有一小型花房和一丛修篁，竹影

成贤小筑（黄强 摄）

扶疏，颇具诗韵。对开的院门临街朝西。

成贤小筑系两层建筑，墙身是城砖等旧材料建造。一楼东侧为书房，西头客厅、餐厅相连。二楼为卧室，三间。院内西南角有两间小屋，原为门房，现空置。循十余米冬青夹道的水泥路折北，即至建于院东北的故居建筑。故居主楼坐北朝南，为西式三开间二层楼房，砖混结构，木门窗，内楼梯，红色平瓦屋面，米色灰粉外墙，建筑面积164平方米。造型简洁，经济实用。客厅为杨老平时接待客人的场所；书房是其读书养性之蜗斋。二楼三间卧室，环境整洁，轩敞舒适。另有厨卫平房，设于东北面围墙边。

成贤小筑小而紧凑，简约明朗，朴素实用，因地制宜的设计又凸显小筑的大气风尚，体现了杨廷宝的建筑理念。可以想象当年杨廷宝一家居住在斯，家庭和谐，杨廷宝的才情也得以发挥，从他的图纸里构建出一栋栋、一座座民国建筑的经典之作。

质朴端庄文昌居所

在南京大行宫文昌巷52号有一座独门独户的院落，里面有一座红砖清水墙，毛石墙基座，屋顶覆盖红色平瓦的建筑物，从斑驳的墙体上看,这座建筑有点年头了,这里就是著名建筑师童寯在民国时期自行建造的住宅。

童寯1925年清华学校毕业后,赴美国宾夕法尼亚大学建筑系留学,求学期间获得全美建筑系学生设计竞赛二等奖、一等奖。1928年毕业后在美国费城和纽约建筑事务所工作。1930年赴欧洲考察建筑后回国,出任东北大学建筑系教授和系主任。1932年在上海与建筑师赵深、陈植共同组建华盖建筑师事务所。

童寯参与设计的工程约200项,主要有外交部、首都饭店、金城银行别墅(即马歇尔公馆)、首都电厂、中山文化教育馆、南京地质矿产陈列馆、重庆炼钢厂等。他在建筑创作上反对因袭模仿,坚持创新,其设计比例严谨、质朴端庄。1944年起,童寯在重庆兼任中央大学工学院建筑系教授,抗战胜利后,中央大学在南京复校,童寯任中央大学建筑系教授,来到南京定居,于是在1947年6月,他选择了在文昌巷设计、建造自己的住宅。

童寯的故居院落占地面积414平方米,其建筑面积133平方米。房屋坐北朝南,局部为两层,其余皆为一层。建筑物属于英国别墅式风格,砖木混合结构。院落临街,出行很方便。文昌巷距离中央大学建筑系不远,步行十几分钟就可以到校。那时候的童寯不到50岁,正是年富力强、精力旺盛的时候,生活与教学,即文昌巷与成贤街两点一

▲ 年轻时的建筑师童寯

线、兢兢业业，诲人不倦；考察与设计建筑，又奔波于上海、重庆、南京等地，用砖块谱写立体的音乐，无声的诗。

庐山别墅流清音

南京流行建公馆，江西的庐山则盛行建别墅。庐山建别墅始于清末，1895年，英国人李德立以特殊手段从清政府手中租借到庐山长冲谷的大片土地，他将租到的土地规划后，对外销售，于是大量外国人拥向庐山，建立了不同建筑风格的别墅群。庐山别墅区集中在东谷，从1885年至1949年，庐山共建有别墅800余幢。

庐山地处亚热带季风区，雨量充沛，气候温和宜人，盛夏季节是高悬于长江中下游"热带"中的凉岛，有得天独厚的自然条件，成为避暑胜地。因此，民国时期的军政要员、达官贵人、学者名流也纷纷来庐山修建别墅，休闲度假。辛亥革命元老李烈钧、国民政府主席林森、军事将领陈诚、出版商张元济等都在庐山有别墅。

松门别墅流清音

庐山牯牛岭脊南，长满了松针常青的庐山松，经过此处，可以听到松涛阵阵，在松林葱郁之中，有一座中式风格的别墅，别墅前一条小路直通松树林，犹如松林之门，别墅因此得名松门别墅。别墅的主人叫陈三立（散原老人），著名诗人。

早年陈三立就来过庐山，而真正结缘则是1929年。1929年陈寅恪用节省下来的官派留学费用在庐山牯牛岭购置一座别墅，以弥补不能随侍左右、亲聆教诲的缺憾。当年年底，77岁的陈三立从上海乘船抵达九江，登上了阔别多年的庐山，住进了松门

◀ 庐山别墅群

别墅。

松门别墅和庐山传教士的别墅比较，并没有特别的外形与艺术个性，只是普通的一座居住的住房而已，红色的鱼鳞板屋顶和笃实的扶墙隐在万棵松林之中。但是别墅地处松林景区，庐山著名的景点"月照松林"转个弯就是，占据观赏风景的得天独厚的地理位置。松门别墅前有溪流潺湲的山谷，背依曲径通幽的松林，别墅朝迎日出，夕送晚霞。走出别墅，置身于松林之间，坐听涛声，夜晚则可以遥望明月，对酒当歌。

松门别墅路口有一块巨石突起，形如虎踞，其势威猛。陈三立亲自书写四个斗大的字"虎守松门"，镌刻其上，遒劲霸气，虎虎生威。

住下没有几天，陈三立就喜欢上了松门别墅，喜欢上了庐山的山水景物，尽管已是古稀老人，庐山的云雾、清新的空气似乎给他注入了新的活力。他开始在庐山四处走动，不仅是散步，而且是探访景点，寻古访幽，王家坡、三叠泉、石门涧、黄岩瀑、玉帘泉等处都留下了他的足迹。秀山、清泉、奇石、茂林，庐山风光美，诗人的创作欲望也得到激发，老人的诗情喷薄而出。

遇到春雨，他赞美："海水从天怒倒流，夜号神鬼梦痕浮。依稀飞挟峡泉吼，雨满当年琴志楼。"（《枕上醒暴雨》）看到晚霞，他吟诵："落照红拖血色裙，雏鬟呼看火烧云。只贪雪岭同灰烬，安步联为五老群。"（《庐山晚霞》）秋夜让他着迷："小院风疏萤火流，依依儿女映茶瓯。看星数点新凉味，不在人间乞巧楼。"（《小院纳凉》）下雪了，他兴奋："暖候啸高风，岩峦卷余霁。隔晨雾四塞，黯黯天地闭。裂缝暂褰开，飘雪乱凝睇。遍挺琼树枝，亦拥琉璃砌。松叶张婆娑，烂缀鹤氅氁。"（《山居始雪晨眺作》）

▲ 陈三立松门别墅

居住在庐山松门别墅期间是散原老人诗歌创作最旺盛的时期，一年四季他观赏庐山，春夏秋冬他写诗歌咏庐山。自1929年冬上庐山到第二年冬，仅仅一年时间，他就吟下各体诗词一百余首，汇成一卷。1931年，请姻亲张劼庄以楷书缮写，石印若干册，题为《匡庐山居诗》，分赠亲友。

散原老人的诗名在民国时期很显赫，有一年蒋介石欲到松门别墅拜见散原老人，被淡泊名利、远离官场的老人婉拒，老人说："我是世外之人。"但是对于庐山的公益事业，老人却不遗余力。1930年，历史学家、方志学家吴宗慈上庐山避暑，遇到散原老人，二人在一起讨论年久失真的《庐山志》，一拍即合决定重修《庐山志》。他俩邀请地质学家李四光、植物学家胡先骕撰写相关地质、植物的内容，使《庐山志》突破原有的内容框架。历时三年，1933 年新修《庐山志》刊行，老人已 81 岁。

陈隆恪一家陪父长住庐山，陈氏家族成员时常汇聚庐山。散原老人在松门别墅居住了 5 年，因为年岁已高，体弱多病，1934 年去北平陈寅恪处居住，1937 年底去世。抗战期间，松门别墅遭到破坏，所幸房屋尚存。

东谷别墅素而雅

在庐山东谷别墅群的河西路和松树路之间，有一所坐西朝东、依坡而筑、前二层后一层的石木结构的建筑，掩映在葱郁的松林之中。墙体由不规则石块砌成墙，厚重中透出粗犷，棱形窗格又彰显了细腻的设计风格。它就是曾任国民政府军事委员会副委员长的冯玉祥将军的别墅。

"九一八"事变后，冯玉祥受到蒋介石的排挤，被迫辞职隐居泰山，直到 1935 年。1936 年 7 月冯玉祥携夫人李德全登上庐山，先是住在河南路的一幢别墅里，遍游庐山后，为庐山风光吸引，也受当时潮流的推动，决定买一座别墅。经蒋介石牵线，找到在九江开钱庄的商人黄文植，花 2000 元买下了黄文植 1929 年购买的一幢别墅——39A 别墅（现在的河西路 441 号）。《冯玉祥日记》1937 年 6 月 22 日中记载：中午 12 点，蒋介石来 441 号，应邀吃饭。冯玉祥和他说到新购别墅事时，蒋说道："房子事亦告之黄文植先生。"当年 2000 元购买庐山一座二层的别墅，价格还是很便宜的，大概是富商黄文植为了巴结冯玉祥，也跟蒋介石的参与有关。

39A 别墅系 1914 年由英国人坎贝尔所建，建筑面积 489 平方米，属私人住宅中体量较大的。别墅东西长，南北略窄，平面图是在矩形的基础上变化，很不规则。以石为墙，厚重坚固，质朴无华。屋顶由六角形墙体上的小尖顶和两个小四坡水构成，整栋别墅带有一点古堡的味道。

当年7月24日，冯玉祥与夫人李德全游览庐山南麓。这里山清水秀层峦叠翠，玉渊潭更有南宋爱国词人张孝祥的题刻。三峡涧中乱石万千，溪水奔腾。"二十四潭争一桥，惊泉喷薄几时消。一山瀑布归三峡，小小天风作海潮。"（屈大均《雨过三峡桥上作》）玉渊潭边的石壁上，清晰地镌刻着宋代张孝祥书写的刚劲瘦健的"玉渊"二字。山水自石坡冲来，撞入潭中，浪花飞溅。有感当时的诗句，为了警示后人，冯玉祥请石工于"玉渊"西部的石坡岩壁上镌刻了墨子"上之为政，得下之情则治"语录。墨子语录的后面是冯玉祥题跋："此墨子之言也。昔贤论道经邦，盖欲天下后世知所取法，奠国家于磐石之安。余游匡山，如入桃源，因冀国家之治，安如庐岳。持节录墨子之语，镌石于此，以告当世。亦借以志鸿爪云尔。"石刻长九米、宽七米，由冯玉祥手书隶体大字，字字端正谨严，刚健苍劲。

冯玉祥东谷别墅，虽然没有宋美龄的美庐别墅名气大，也没有熊式辉的别墅体量大，不如陈三立松门别墅有诗意，但是，东谷别墅的建筑风格朴素而雅致，仿佛松林中绽放的野花，自有那么一股清芬。

傅厚岗上建"危巢"

1927年秋，徐悲鸿从法国回到上海，被国立第四中山大学（后改名中央大学）聘为艺术系教授，次年2月携夫人蒋碧薇举家由上海迁居南京，开始了在南京十年的生活。

刚到南京时，徐悲鸿夫妇居住在石婆婆巷一个大杂院里，只有两个房间，两三个月后，搬入丹凤街中央大学宿舍区。一幢两层的洋房，尽管上下各八间，却居住了何兆清、曾昭抡、谢寿康与徐悲鸿4家人，空间狭小，最让徐悲鸿感到郁闷的是没有画室，每次作画只能去艺术系办公室。去中央大学艺术系要经过鸡鸣寺，那里的景色优美，徐悲鸿常常驻留鸡鸣寺写生。

买地建"危巢"

画家创作需要画室，徐悲鸿却没有独立的画室，蜗居在中央大学宿舍。建新房，又缺资金，徐悲鸿那时经济状况并不好，一筹莫展。此事被国民党元老吴稚晖知道后，先是由吴稚晖出资3000元购买了鼓楼北侧当时属于傅厚岗的两亩荒地。1931年，吴稚晖又与钮永建、李石曾等人倡议，为徐悲鸿建房筹款。大家凑钱购买建筑材料，请人设计，施工，在傅厚岗修建了一座带有画室的西式二层楼房，就是后来的傅厚岗4号。

◀ 傅厚岗"危巢"

第十六章 文人雅居自建房

1932年12月,徐悲鸿入住新居时,距"九一八"事件发生已一年有余,国难当头,民不聊生。面对时局,徐悲鸿拟将新居定名为"危巢",取不忘国耻、居安思危之意。他在《危巢小记》中写道:"古人有居安思危之训,抑于灾难丧乱之际,卧薪尝胆之秋,敢忘其危?是取名之意也。"然而,蒋碧薇认为此名不吉利,只得作罢。

一进徐悲鸿公馆大门,迎面是一个铺着草坪的开阔的庭院,庭院中种植着很多花木,梅竹扶疏,桃柳掩映,错落有致。新居是二层小楼,进深10米,宽8.33米,室高5.33米,通常房屋的高度只有3米多,新居房屋高达5米,完全是按照徐悲鸿建画室设计的。左边上下两层房屋,迎面一座楼梯,卧室与浴室在楼上,客厅与餐厅在楼下,客厅在前,餐厅在后。大门右边的门房系用人住房。

室内陈设是法国风格,温情浪漫,雍容华贵。女主人蒋碧薇还在院中的草地上安上了两把大的遮阳伞,伞下放上圆桌和藤椅,可以在草地上乘凉消闲,也方便朋友聚会。

高大上的画室

公馆落成了,徐悲鸿的画室也建成了。新画室很气派,高5.33米,长10米,宽6.7米。

画室笼罩在庭院里两株高大的白杨的树荫之下。这两株白杨树有数丈之高,亭亭玉立。夏天遮挡阳光西晒,绘画疲劳时,可以眺望白杨,舒缓神经。据说这样的大白杨树,全南京一共只有三株,这里便占有其二,另外一株在城南。当时傅厚岗一带还是偏僻的荒郊,附近没什么建筑,视野开阔,南京也没什么高楼,京沪路的火车驶近南京下关时,在火车上就可以远远地看见这两株高大、挺拔的白杨树。

风雨无枫堂

浪漫过后是疾风。当年徐悲鸿与蒋碧薇一见钟情,两人私奔去了日本、法国,何等恩爱。但是随着时间的推移,徐悲鸿与蒋碧薇的感情出现裂痕。徐悲鸿潜心于绘画艺术,蒋碧薇热衷于社交应酬,感情的纽带越来越脆弱。

在中央大学艺术系任教期间,徐悲鸿很欣赏女学生孙多慈的绘画才能,彼此暗生情愫。蒋碧薇得知后,大吵大闹,弄得满城风雨。

1932年12月,新居建成之时,孙多慈以学生的名义送来100株枫树苗点缀庭院,这原本不过是件寻常事,礼数上也没有过失。但是此时的蒋碧薇,嫉恨徐悲鸿移情别恋,不禁大发雷霆,命人把枫苗全部折断当柴烧掉。徐悲鸿悲愤之余,将新居更名为无枫堂,画室命名为无枫堂画室,刻有无枫堂印章一枚,以释愤然。蒋碧薇得知无枫堂之名,更是怒火中烧。

舒适的住房,美丽的庭院,昔日的美景,不再让居住者感到快乐。

抗战时期,徐悲鸿只身离开南京西去。此后,徐悲鸿再也没有回过傅厚岗4号。

南京沦陷期间,傅厚岗4号徐悲鸿公馆也遭遇劫难,除房屋保存尚在,屋内的东西荡然无存,庭院内的两株大白杨树也被砍掉,南京曾经的一道风景消失了。抗战胜利后,徐悲鸿、蒋碧薇协议离婚,傅厚岗4号归蒋碧薇所有。

▲ 穿旗袍的蒋碧薇

百步坡上建公馆

在南京五台山百步坡1号，有一座西式二层楼房一栋，它的主人是曾任国民政府行政院院长、总统府秘书长的翁文灏（1889—1971）的故居——翁文灏公馆。

走上百步坡

1912年翁文灏从比利时留学归来，在丁文江创办的北洋政府地质调查所任所长，一度担任清华大学代理校长。在学术与教育上颇有成就，是当时杰出的地质学家。1932年翁文灏从政，担任教育部部长（未到任），1935年出任国防设计委员会委员（资源委员会前身）兼秘书长。

▲ 翁文灏

民国期间，达官贵人中流行建设私家公馆，居住在南京的很多官员，纷纷购买土地，设计、建设私人住宅，如陈诚、何应钦、陈立夫、陈果夫、陈布雷等；文人建房的也很多，如教育家陈鹤琴、文史学家陈中凡、建筑师童寯等。作为文人官员的翁文灏也不能免俗，渴望拥有自己的房屋，一家人生活在一起的心情与建房动机也是符合人情世故的。

1947年4月，时任行政院副院长兼国民政府资源委员会委员长的翁文灏，以翁咏霓之名，申请购得五台山百步坡土地1884.9平方米，1948年2月24日建成翁文灏公馆。公馆系西式风格小二楼建筑，1幢12间，平房三进7间，占地534.3平方米，其中玻璃花房1间，汽车房1间，地下室1间，防空洞

▲ 百步坡 1 号翁文灏故居（黄强 摄）

1 所，门房 1 间。二楼为卧室，底层是客厅、餐厅、起居室、书房，底层北侧是厨房、锅炉房和工作人员用房。总工价 11.5 亿元法币，公馆由著名建筑师杨廷宝设计，陆福顺营造厂承建。

翁文灏公馆建筑平面呈曲尺形，砖混结构。工程体量虽然不大，工程质量要求却很高，地下室和平台均用钢筋洋灰浇灌，楼上浴室地面上铺马赛克，四周墙壁均作 5 英寸高白瓷砖粘贴，钢门窗均配纱门纱窗。屋面采用青色平瓦，墙体淡黄粉腰，清水勾缝，彩饰屋檐，外观大气、美观。

此外，与二层小洋楼配套的还有西式平房一进三间，占地面积 46.7 平方米，是在小洋楼落成之后再建的。

小楼远眺风景殊美

翁文灏公园正面台阶建有花坛两座，种植常绿植物冬青数株，冬季时也有缕缕绿色，与粉黄墙体、青瓦屋顶的建筑形成一种视觉上的美感。

民国时期的五台山百步坡还很空旷,没有什么建筑,翁文灏公馆突兀在百步坡上,视野开阔。在小二楼上可以远眺周围景色,紫金山一抹青紫,北极阁观象台风云变化,鼓楼大钟亭疏钟隐隐,中央大学南大楼爬满青藤,此外,清凉山扫叶楼、小仓山随园袁枚祠等建筑和景观也都尽收眼底。

民国时期的南京私人公馆,大多建在颐和路、莫干路、江苏路一带,建在百步坡的除了翁文灏公馆之外,尚无第二家。坡上建公馆,大概不符合风水等规制,翁文灏是地质学家,不太讲究风水理论,而是从地质构造等方面着眼,因此选择百步坡建公馆,具有登高望远、视野辽阔的优势,在建筑质量方面考量得也较多,采用钢筋混凝土,坚固耐用。

郁达夫风雨茅庐

民国时期郁达夫与杭州才女王映霞的爱情故事,曾经是现代文坛上的传奇佳话,他为爱情构筑了小巢风雨茅庐。

1927年1月14日,32岁的创造社作家郁达夫前往马浪路(今马当路)尚贤坊40号看望在日本留学时的同学及同乡孙百刚,结果在孙家不期遇上借住的王映霞,不由得对她一见倾心,就此展开疯狂追求。1928年4月,郁达夫、王映霞在上海举行了婚礼。

暂住上海石库门

郁达夫是浙江富阳

▲ 郁达夫与王映霞

人，在富阳有家族的老宅院，在上海则是租房而居。与王映霞结婚后，他租借过几次房屋。最初与岳母同住于上海赫德路（今常德路）嘉禾里1442号，不久租下相邻的嘉禾里1476号底楼一间老式房，后来又搬到哈同花园的民厚南里880号的二楼。880号是弄堂靠西的最后一幢石库门房子，是两楼两底，并连有过街楼。整个二楼都是郁达夫夫妻居住，他们将统厢房隔成三间，另外还有一间前楼，面积约20平方米。因为小屋靠近田园，秋季就有了田园的野趣，也是最有声色的时候了。声是秋声，色当然也是秋色。小屋租金，每月8元，室内设备简陋，电灯、电扇等文明器具都没有。

杭州建筑风雨茅庐

租赁房屋简陋，郁达夫与王映霞都想改换宽敞、设施齐全的房屋，在上海建房地价很高，以郁达夫当时的收入无法实现。

1933年3月25日郁达夫自上海移居杭州，担任《东南揽胜》编委，任杭州作家协会理事。刚到杭州时，租居在场官弄的三间旧屋里，破烂不堪，夫妻间不免发生口角，郁达夫觉得改善居住条件势在必行，否则爱情花朵会枯萎，自己也会沉沦。

对杭州房屋市场考察之后，郁达夫发现杭州与上海的地价、房价相差悬殊，在杭州建房划算，而且杭州距离上海、老家富阳都不算远，交通也方便。建房需要一笔不菲的资金，郁达夫先是卖了《她是一个弱女子》的版权，得款1000元（法币）。1935年，在杭州市市长周象贤、杭州慈善机关负责人沈尔乔等朋友帮助下，在杭州余杭区路场（今杭州城东大学路场）附近，买下一块1亩8分的地皮，准备建房。

按照当时物价，建设风雨茅庐还需要4000元（法币）。郁达夫根本拿不出这笔钱，卖版税的钱只够买地皮，建筑所需要

◀ 杭州风雨茅庐

的 3000 元（法币），只能借款，再写文章还债。鲁迅对此是反对的，1933 年 12 月，鲁迅在日记中记录下反对郁达夫迁往杭州。此时此刻郁达夫为爱情疯狂，听不进别人的意见，执意要建房。

住宅由郁达夫自己设计，正屋朝南，青砖玄瓦的民国式风格，分正屋与后院两部分，进大门，两侧有五六间平房，穿过天井，有三间正屋，坐北朝南，正中间为客厅，内有后轩。厅东西两边为卧室，三面回廊。正屋东北有卫生间、厨房。正院与后院以砖墙相隔，后院建平屋三间，为书房与客房。内有假山点缀，林木参差，环境幽雅。住宅取名"风雨茅庐"，由友人马君武题写匾额，悬挂在正面上方。

为了爱情建筑的风雨茅庐温柔乡，工程耗费数月，价格不菲。郁达夫靠借款交付了工程费用，因此新居落成之后，拮据的郁达夫欠下了一大笔债。

风雨茅庐中的创作

1935 年冬，"风雨茅庐"落成之后，郁达夫沉浸在与王映霞甜蜜的爱情生活中，经常与友人游西湖、小饮，逛旧书店。杭州烟波的画船、苏堤的春晓,三秋桂子、十里荷花是他们在夕阳影里共同欣赏陶醉的景物。

爱情滋润的郁达夫心境甚佳,创作激情勃发,其名篇《迟桂花》也创作在此时。12月1日,他写下了一篇文章《江南的冬景》:

> 江南河港交流,且又地滨大海,湖沼特多,故空气里时含水分;到得冬天,不时也会下着微雨,而这微雨寒村里的冬霖景象,又是一种说不出的悠闲境界。你试想想,秋收过后,河流边三五人家会聚在一道的一个小村子里,门对长桥,窗临远阜,这中间又多是树枝槎丫的杂木树林;在这一幅冬日农村的图上,再洒上一层细得同粉也似的白雨,加上一层淡得几不成墨的背景,你说还够不够悠闲?若再要点景致进去,则门前可以泊一只乌篷小船,茅屋里可以添几个喧哗的酒客,天垂暮了,还可以加一味红黄,在茅屋窗中画上一圈暗示着灯光的月晕。
>
> 一提到雨,也就必然的想到雪:"晚来天欲雪,能饮一杯无?"自然是江南日暮的雪景。"寒沙梅影路,微雪酒香村",则是雪月梅的冬宵三友,会合在一道,在调戏酒姑娘了。"柴门村犬吠,风雪夜归人"是江南雪夜,更深人静后的景况。"前村深雪里,昨夜一枝开",又到了第二天的早晨,和狗一样喜欢弄雪的村童来报告村景了。

郁达夫谈景,说酒,说的是家的快乐;到茅屋里小酌几杯,吟诗作乐,乃是中国文人向往的生活,文章写及的景致,折射的却是他向往的生活和他正在实践中的事情,风雨茅庐给了他快乐,以及创作的灵感。

老北京的四合院

民国时期,北京是北洋政府执政所在地,居住在北京的高官、文人也很多,北京的置业很热火。

曾任交通总长、内务总长的朱启钤,一度代理过国务总理。他不仅官做得显要,也是一位颇有才华的文人。他收藏的丝绸品,非常有名,业界公认的丝绸收藏大家。他对古建筑也很在行,对于保护中国古建筑贡献很多。当年他创建了中国营造学社,汇集了梁思成、刘敦桢、林徽因等一批建筑学界最顶尖的人物。在营造社时,罗哲文、王世襄还是小字辈,是梁思成、刘敦桢的助手。

赵堂子胡同2号是朱启钤北京的住所,1931年他花费4万元从北洋政府前财政总长贺德霖手中买下,仅装修就耗资5万元。大宅院有四进,整个宅院有近百间房屋。正对宅子大门自南

▲ 朱启钤北京旧居

向北的游廊将院子分为东西两个部分，每一部分又从南到北分为四个院子，每个院子都是四四方方的，却只有北房和西房，不见南房。大门左右各有五间房屋，进门迎面粉墙，东首有粉墙与别院房屋相隔，西首是大宅院的外院。外院北面粉墙，中间是通内院的垂花门，外院有南房与西房。整座宅院被走廊连通得四通八达，但是有些院落前又有一道月亮门将内外分了个清清楚楚。这种格局是北京大型宅院常见格局。

第十七章　安居乐业来买房

安居才能乐业，中国人对房子的眷恋，受传统观念的影响很深。与当下的房价相比，民国时期房子不算贵，然而社会购买力低，买房并不轻松。

八道湾鲁迅故居

鲁迅从日本留学归来，先在家乡绍兴任职，1912年5月5日移居北京，在教育部任职，在北京女子师范大学等学校任教，至1926年8月26日离京南下，在北京共生活了15年。

鲁迅在北京的这段时间里，一共换过四个住所：菜市口南半截胡同绍兴会馆，新街口八道湾，西四砖塔胡同，阜成门西三条。

1912年鲁迅初到北京，住无定所，当时绍兴籍人士在北京办了一处绍兴会馆，可以免费提供住所，5月6日鲁迅搬到绍兴会馆居住，一住就是七年半。在绍兴会馆居住时，鲁迅先住在藤花馆，因为不堪喧闹，搬入补树书屋。补树书屋是一所有三间屋相对独立的小院，因为曾有人在院中的槐树上吊死，大家忌讳，没有人居住，鲁迅喜欢小院的安静，就搬进了补树书屋。来院子里的人很少，鲁迅在屋子里抄录古碑。一天，章一萍来访，见鲁迅正在抄《六朝墓志》，便问他抄写的目的何在？鲁迅回答"这等于吃鸦片而已"。夏夜，蚊子多了，便摇着蒲扇坐在槐树下，从密叶缝里看那一点一点的青天，晚出的槐蚕又每每冰冷地落在头颈上。

鲁迅初到北京，收入不高，又是单身，住在会馆免去了房租费用。后来因为绍兴的祖屋被出售，居住在祖屋的母亲无处栖身，要来北京与长子生活；母亲为鲁迅娶的媳妇朱安也要同来，二弟周作人已经成家；一大家人来北京安家，再在会馆居住多有不便。这时鲁迅工作稳定，1912年8月21日鲁迅被任命为教育部社会教育司佥事兼第二科科长，月薪起初216块，后调整至240块、280块。此外，鲁迅还在大学兼课，给报刊撰稿，译书写书，有讲课费与稿酬收入，收入颇丰，于是鲁迅开始购房置业。

3500元购下八道湾

鲁迅1919年开始张罗在北京购房，先后跑了报子街、铁匠胡同、广宁伯街、鲍家街、护国寺等处看屋，7月选定了八道弯

▶ 北京八道湾11号大门

11号罗姓的房子，花费3500块银圆。八道湾宅是一所大房子，有车门，有大门，前面正院是个四合院，不带廊子，也没有垂花门，称为有"三进"的大四合院，有房屋28间，空地很大，可以容纳大家庭居住。当年年底全家人搬了进去，包括周作人全家，鲁迅与朱安夫人，周建人全家，母亲鲁太夫人，由周作人夫人羽太信子主持家政。

八道湾住宅最为宽敞，是坐北朝南的三进院落，一进院有倒坐房九间，鲁迅的书房设在中间。他在这里创作了《阿Q正传》《风波》《故乡》等名篇。鲁迅住在西厢房，正东东侧有一夹道，可通后院，后院有9间后罩房，周作人、周建人各用3间，东边的3间是客房。周作人的书房就在八道湾，原名苦雨斋，后改名为苦茶庵，是读书写作之处，偶尔也宴客品茗。几净窗明，一尘不染，书桌上的文房四宝井然有序。

周家兄弟搬进八道湾之后，蔡元培、郁达夫、钱玄同、胡适、沈伊默等许多文化名士就频频造访此地。当年，鲁迅曾在屋前栽植了丁香和青杨，这院子里即使是在炎热的夏天，也是庭院寂静，高树蝉鸣。

购买八道湾住宅房款是银圆3500块，分两次支付。另外按照当时的购房的规矩，支付中保钱175块，税金180块，合计3855块，这尚不算宴请中保的费用。中介人一手托两家，对售房者与购房者负责。民国期间房屋中介主要是个人经营，很少有公司名义的。中介就是经纪人。按照当时的行情，中介费为房价的5%。买主出三成，卖主出二成，所谓"成三破二"，全部佣金十份，买卖双方再各扣一份，给家中用人或亲友，谓之"门里一份，门外一份"。

八道湾的房屋原本没有自来水，鲁迅买下房屋后，从生活方便角度考虑，进行了自来水改造，对房屋也进行了修缮。那时绝大多数居民还在饮用井水,用上自来水不容易。

迁居砖塔胡同、西三条

尽管周氏兄弟月入颇丰,由于羽太信子不善家政,家庭生活竟入不敷出。以至于后来,鲁迅与周作人兄弟失和,1923年,鲁迅搬出八道湾另觅住处,而周作人一家则一直居住在八道湾。1923年8月2日,鲁迅迁居砖塔胡同61号。西四砖塔胡同61号是鲁迅临时租的房子,作为过渡房,院子比较小,只有一进院,房屋破败不堪,与八道湾住宅不可比拟。

鲁迅对砖塔胡同61号房屋很不满意,于是又继续四处看房。10月30日,在阜成门内三条胡同看中第21号门牌旧屋6间,议价800元,这笔房款是向许寿裳、齐宗颐两位各借了400元,数年之后才还清。800元虽然不到鲁迅三个月的薪水,由于支付八道湾房款,以及大家庭开支较大,鲁迅当时经济上是较为拮据的。直到1926年离开北京到厦门大学任教,才用薪水陆续还清(鲁迅博物馆《鲁迅文献图传》)。

买定阜成门内西三条21号旧屋后,11月办理过户手续,12

北京砖塔胡同61号北屋三间鲁迅住室

月2日立契,次年一月开始翻建,5月25日迁入。西三条21号是鲁迅在北京最后一处住宅,院子虽小,但是布置得雅致朴素。修缮之后,鲁迅种了不少花木,成为一处十分安静的小院。院内南北各有3间房,东西各有厢房2间,南房是会客室兼藏书房。在正堂的后面有一间10平方米的平顶小房是鲁迅的起居工作之所,鲁迅称之为"老虎尾巴"。在这里鲁迅创作了《野草》《华盖集》等集子中的200多篇作品,因为遭到一些文人的抨击,斥之为"学匪""土匪",鲁迅自嘲这所居处为"绿林书屋"。《彷徨》《野草》等著作就是在这里完成的,透过北窗的玻璃,"可以看见两株树,一株是枣树,还有一株也是枣树"。

鲁迅在此住至1926年8月,如今为鲁迅博物馆的一部分。

张恨水稿酬买下四合院

张恨水在民国时期享有盛誉。他才华横溢,可以同时为几张报纸撰写章回小说,而且才思敏捷,文如泉涌。因为同时写几部连载小说,自己又从事办报工作,这样就同时有了几份收入。张恨水撰写的言情小说,在当时是畅销书,很受读者欢迎,《啼笑因缘》《春明外史》等小说出版时,洛阳纸贵。当时张恨水收入颇丰,能用稿酬购买房产,成为依靠稿酬生活富裕的少数作家之一。

1924年《世界日报》创刊,张恨水出任副刊主笔,创作长篇小说《春明外史》一炮打响。张恨水也因此成名,收入开始改善。每月收入一二百元。那个时候的一二百元是个相当让人羡慕的数目,一担米不过六七元。随后,张恨水又创作了《金粉世家》等小说,名声大噪,收入暴涨。按照当时与世界书局签订的契约(出版合同)规定:《春明外史》稿酬,《金粉世家》稿费分 4 次支付，每接到他的 1/4 稿子，就支付 1000 块稿费。约定每千字 8 块稿酬，出书不再付版税。当时张恨水家庭有几笔较大的费用，一次性就可以开出 4000 元支票（张恨水《写作生涯回忆》）。

按照当时的出版合同，《春明外史》《金粉世家》两部小说为张恨水得到了每年 6400 元的稿酬收入，月均收入在 500 元以上。按照陈明远《何以为生》的计算，1924 年的四千银圆相当于如今人民币 14 万元左右，500 银圆的月收入相当于如今的月收入人民币 17000 元左右。

用稿酬在北平购房

在获得巨额稿酬后，张恨水先是在北京租了一所带有庭院的大房子，他的书房就有两间（张占国、魏守忠《张恨水研究资料》）。后来用 4000 银圆的稿酬在前门大栅栏购买了一所大宅门四合院。

▲ 张恨水北京旧居

第十七章 安居乐业来买房

四合院里很宽敞，有许多间房屋。庭院里原本有枣树、槐树、桑树、椿树、花椒树、无花果树11棵，张恨水搬来后，又栽种了洋槐、梧桐、杨柳、丁香等树木，还栽种了菊花等花卉。当时张恨水将收入分为四部分支配：一部分作为家庭开支，比例占大头；第二部分购买木版印刷的线装书；第三部分养花，四合院的花草购买了不少，按照季节更换；第四部分听戏，张恨水是戏迷，北平的大剧院，名角很多，张恨水得以一饱耳福。张恨水《山窗小品·野花插瓶》中说："予曩居燕京，卖书所入，除以供家人溰裹外，余赀作三分用：一以购收木版书，二以养花，三以听戏，非充作雅人深致，盖因其有伸缩余地，非若他种嗜好，可成为日常负担也。"

除了编报去报馆，看戏去戏院，其他时间张恨水住在宽敞的四合院里，写作、养花是张恨水平时主要的事情。闲暇之时，张恨水也邀请三五个友人，来此赏菊花，喝茶，摆龙门阵。有时所饮的就是用菊花为原料，自己酿造的菊花锅。

1933年夏季，张恨水四弟牧野在北平办了美术学校，请他做校长。所谓请张恨水做校长，其实就是张恨水出资办了美术学校。划了一座院落作校长室，事实上是给他作写作室。这房子是前清名人裕禄的私邸，花木深深，美轮美奂，校长室又是最精华的一部分，把这屋子作书房，那是太好了。张恨水乐意挂名不管事，照常写他的小说，他的文章（张恨水《写作生涯回忆》）。

避难上新河

1936年张恨水来南京，原来打算在南京近郊买块地，盖几间简陋的房子，当时张恨水手上有四五千元积蓄，买地盖房资金足够了。张友鸾等几个一起办报的朋友鼓动他出资办报，做老板。为了实现自己的办报方针，张恨水就投资4000元，在南京创办了《南京人报》，日销量15000份，影响相当好。但是随后抗战爆发，南京失陷。在南京沦陷前，《南京人报》停刊，张恨水带着家人到南京郊外上新河避难，租借农户的房屋居住。

所住的地方，颇类渔村，门前有五株垂柳，让人想起五柳先生陶渊明，房屋是茅草铺顶，柴门深院，竹篱围拢，石板铺成小路，周边是浅浅的小草。院子里种植瓜果、豆角。隔着篱笆，远眺上新河，水清天蓝，晴空如洗。时常在村后长堤上散步，当见柳林如墙，中围稻田数百亩，远处楼阁，隐约月色中，风景如画。久居都市的人，因为战争放下了手中的工作，百无聊赖，不过，在忙碌之中，忽然置身这样的环境中，也让人耳目一新。上新河在南京城郊外，听不见城中警报声，愈见幽静，有时候也会让人暂时忘记此时正是战争时期，心灵得到暂时的慰藉（张恨水《忆上新河》《卖菱妇》）。

回北平再购宅院

南京沦陷后第四天，张恨水举家回老家安徽潜山避难。随后，张恨水拎着一个柳条箱，离开家乡奔赴抗日前沿。1938年7月来到重庆，继续办报，参与抗战救亡工作。抗战胜利后的1946年2月15日，张恨水回到北平，筹办《新民报》。当年夏天，夫人与孩子也回到了北平。

张恨水在西城区北沟沿甲23号购买了一所宅院。这是一所四进的院落，有30多间房屋。张恨水喜欢花木，院子里种植了许多花草树木。朋友送了他一套西式家具，张恨水又添了一套红木家具，包括书橱、写字台、转椅、圆桌、茶几等。购房的费用依然是张恨水著作的版税，上海两三家书店的版税依然是超过薪水的几倍收入。

第十八章　教授亦租房

中国是个农业国家，数千年人们对土地极为依赖，因此中国人有买地置业建房的情结，似乎没有房子就不能算立业。农村婆媳妇最看重的就是三间大瓦房，有房有地就有了身价，有了谈判的筹码。黑色的土地，青砖黛瓦的房屋，才给生活在中国社会的中国人以安全感、踏实感，以及自信感。时至今日，社会评定一个人是否事业有成，同样会以房屋来作为参考坐标。

按照这样的标准，民国时候的很多名流学者都要被打入另册。事实上民国时的知识精英，居住的条件并不都是高大上的，海归派租房而居的大有人在，住在集体宿舍的名教授也不乏其人。房子与票子都不是他们追求的目标，也不是衡量他们学术水平、社会价值的尺码。

胡适租房不购房

1917年胡适回国，被北京大学聘为教授。作为海归派的代表人物，胡适的经济收入还是非常可观的，有教授的薪水，还写文章拿稿酬，写书得稿费，除了一部分寄回老家，大部分留着自用。但是胡适刚到北平，没有买房，而是选择租房而居。

胡适在北京居住过的地方有五处：南池子缎库后身8号、钟鼓寺14号、景山大街陟山门6号、后门米粮库4号和东厂胡同1号。

　　起初租的房子比较简单，钟鼓寺的房子是普通四合院，寻常百姓家，房子不大，一进门为门房，两侧为厢房，正房居后，旁有耳房，厨房很小，厕所更狭。庭院也不宽大，栽有一二棵小树，数盆夹竹桃。正房为寝室和书房，两厢为客房及会客室。男用人住在门房，女用人住在耳房。家具陈设也很简单。因为房子狭小，胡适另寻新居。恰巧，郭松龄的秘书长林长民在陟山门的房子待租。郭松龄倒戈张作霖兵败被杀，林长民也受牵连被诛杀。胡适租下了景山大街陟山门六号。此时房子宽敞了，也有了庭院，庭院内有长廊，院内还有机井。房子的陈设、沙发家具都是林家原有的，一并租下。

　　20世纪20年代末，胡适在上海出任中国公学校长，冯自由、张元济是他的邻居。这座小洋楼三层，楼下是客厅、饭厅和厨房，二楼前面是凉台，凉台后是一间大房，胡适的寝室。第二间是胡适书房，第三间是北房，弟子罗尔纲当时借宿在这里，成了罗尔纲的工作室和卧室。三楼是胡适儿子胡祖望、胡思杜和侄

▶ 胡适上海旧居——胡适上海旧居原来的门牌号为静安寺极司菲尔路49号甲，现已改名万航渡路320弄42号

◀ 米粮库胡同胡适旧居

儿胡思猷、外甥程法正的寝室。

后来，胡适辞去中国公学校长之职，回到北平，任北京大学文学院院长，住房搬迁到米粮库4号，仍然是租赁的。这是一座宽绰的大洋楼。从大门到洋楼前是一条长长的路，楼前是一个大庭院，种植高大树木，并有花圃点缀其间。庭院的左边是汽车间，厨房和锅炉间在洋楼的后面。小楼三层，一楼入门处是客人衣帽间，屋子左边是客厅，右边是餐厅。东面大厅是胡适的藏书室，书房在大厅南面，一间长方形房。卧室在二楼，向南最大的一间房是胡适夫人江冬秀寝室，另有几间是胡适两个儿子胡祖望、胡思杜的寝室。女佣房在三楼。米粮库4号房间多，胡适家里的几个人住不了，当时还有其他人在此住宿，如胡适弟子罗尔纲，胡适的朋友徐悲鸿、徐志摩来北京，暂无居所时，都应邀住进了小洋楼。当时，上海亚东图书馆派人来编辑胡适著作，大厅过道的几间房间就成了编辑人员的工作间和寝室。

按照胡适的经济收入，支付买房费用绰绰有余。他给商务印书馆刊物写文章，千字三五块大洋，每月有几百大洋稿费收入，刚回到北大任教月薪一百零几元，在上海中国公学教书，月薪

600 银圆,后来回北大当教授,月薪 600 银圆。此外,还在中国文化教育基金会兼董事,收入颇丰,但是胡适始终没有在北京和上海买房。除了生活开支之外,他的收入一则用于购书、买画、买敦煌卷子;二则资助年轻学生,著名的太平天国史专家罗尔纲当年食住在胡适家,一些青年学子负笈海外,经费不够,胡适也资助他们;三则资助社会研究和野外调查。

教授抽签住宿舍

民国时期高校里的教授很多是海归派,这些知识精英,学界名家,很多是住在学校宿舍的。

1925 年清华大学成立,吴宓任清华大学国学研究院主任,聘请当时学术界最负盛名的王国维、梁启超、陈寅恪、赵元任四位学者为研究院导师。吴宓入住清华工字厅西客厅,取名"藤影荷声之馆"。1926 年 7 月 18 日,陈寅恪来清华就职,就住在工字厅。抗战胜利后,季羡林回清华教书,也住在工字厅。

当年清华大学教授的宿舍条件优裕。闻一多、周培源、吴有

▶ 清华大学西院 45 号是朱自清居住过的院子,紧临荷花池与近春园遗址,1927 年仲夏他在此写下了著名散文《荷塘夜色》

训、雷海宗等50余户住清华西院。闻一多住49号，有14间房。1935年后，闻一多、俞平伯、周培源、陈岱孙、吴有训等又迁入清华南院，这里有30栋新盖的西式住宅，每户一栋，内有书房、卧室、餐厅、会客厅、浴室、储藏间，电灯、电话、热水等一应俱全。20世纪50年代，高校院系调整，清华大学文科划归北京大学，燕南园、燕北园成为北大的教师宿舍，冯友兰等教授还住在那里。

各个学校的条件不一样，中央大学的教师宿舍条件与清华相比，就差很多了，拥挤不堪。徐悲鸿来南京，在中央大学艺术系任教授，住在中央大学丹凤街宿舍，与其他三家共用8间房。徐悲鸿夫妇与谢寿康住楼上，何兆清夫妇与曾昭抡住楼下。徐悲鸿算是待遇较好的，分了四间房子，蒋碧薇父母此时与他们同住，四间房间也不够用，对于徐悲鸿来说，住的房间狭小不是大问题，没有独立宽敞的画室才感到郁闷。

西南联大后期，西仓坡宿舍建成，因为僧多粥少，教授们由抽签确定谁能搬进去。闻一多抽中，1945年1月迁入新居——西仓坡3号。不大不小的院子，有20多间土坯墙的平房。两间20平方米的房间，后面是天井，旁边是厨房，门前有块空地，闻家开荒种菜，自给自足。

校外租房路途远

西南联合大学早期，学校教室、宿舍条件简陋，教师都在校外租房而居，在昆明市区，租赁租金不高的民房。1940年为了躲避空袭，教授们又从市区搬出，疏散到昆明郊区、乡下，文科教授集中在大普吉、小普吉。

疏散时，闻一多先与胞弟、联大外文系教授闻家驷居住在大

▲ 西南联大校舍侧面

普吉,两家合租老马店的一个阁楼,拥挤不堪,后来闻一多又搬迁到陈家营,全家8口人栖身于一间16平方米的房子里。房子坐落在院子的一隅,没有窗户,临时开了一个窗子,投射进一点阳光。因为房间太暗,孩子写作业只能挪到室外,借助自然光。

华罗庚一家也搬到了陈家营,搬进了闻一多居住的房间,华罗庚一家6口人,加上闻一多一家8口人,拥在一起。闻家住东头,华家住西头,中间拉起一块布做隔断。

郊外、乡下租赁的房子,条件简陋,甚至可以说破烂不堪,但就是这样艰苦的条件下,点着油灯,闻一多伏在摇摇欲坠的矮小破桌子上,心无旁骛地写着上古神话源流的论文;华罗庚骑在门槛上,用一张大凳子做桌子,如饥似渴地演算着数学公式。

因为房小人多,后来,华罗庚一家搬出去,他租不起正规的房屋,只能在西郊大普吉租用了一间牛圈,华罗庚一家住在牛圈上面的木棚里。世界级的大数学家就在这样的环境下,完成了他的数学名著《堆垒素数论》。

朱自清家在东北郊约泉镇龙头街,王力一家住在东南郊的呈贡县,杨武之(杨振宁父亲)全家住在西北郊龙院村惠家大院,李广田住在呈贡县城北面,费孝通在呈贡县城南老城墙村安了家。其他教授分散在海源寺、大河埂等处,距离西南联大都比较远,少则七八公里,多则十几公里,最远的呈贡县则有 20 公里。西南联大的教授大多数都是穷教授,每天到学校都是步行,路上就要花费两三个小时的时间,疲惫不堪。只有杨武之教授骑了一辆除了铃铛不响到处都响的破旧自行车,周培源教授买了一匹马,骑马到学校(李洪涛《精神的雕像——西南联大纪实》)。

遇到雨季,路上行走很艰难,因为道路泥泞,很多人都在路上摔倒过,华罗庚有一次摔倒在田沟里,眼镜断成两截,身体受伤。

张恨水栖身国难房

1936 年,张恨水来南京,投资 4000 元办《南京人报》,报纸没有赢利,而家里的人口却近 30 口,经济负担很重。南京沦陷后第四天,《南京人报》停刊。张恨水举家回老家安徽潜山避难。随后,张恨水拎着一个柳条箱,离开家乡奔赴抗日前沿。

1938 年 7 月张恨水来到重庆。半年后妻子周南带着孩子也来到重庆,居住在重庆南温泉的三间茅草房。

重庆的房子,因为战乱,炸去了十之五六,原本在重庆住鸽子笼的人,都纷纷地抢着下了乡。乡下本没有现成的房子,有的是空地,于是下乡的人,就以极少的价钱,圈一块空地,盖起国难房子来居住。这种国难房,是用竹片夹着,黄泥涂砌,当了屋子的墙,将活木架着梁柱,把篾片扎里,在山上割些野草,盖着屋顶。七歪八倒,在野田里撑立起来,这就是避难之家了。当时张恨水也有这样一所茅屋。茅屋不是张恨水亲手盖的,也不是租的,而是朋友送的。原来张恨水住在一幢瓦房子里,有两间房,相当的干净。房东发国难财,把他们撵出去,要卖那房子。这房子后面有十间茅屋,除了卖了四间,将六间租给了文艺协会。后来文协搬走了,房东是张恨水的朋友,让他搬了去,议定自修自住,不取房租。张恨水觉得六间屋子太大,自己一家住三间就够了,就将另外三间给了一位穷教授居住。

房屋虽然简陋,居住的环境却有田园的野趣。窗子外是走廊,走廊下是道干涸的山溪,上面架有木桥,直通走廊,木桥那头,是丛竹子。竹子后面,是赶集的石板路,石板路后面是大山。居住的茅屋是用竹片夹泥的墙,屋顶上的草,即山上所生的茅草,你只要轻轻拍一下墙壁,整个房屋就会微微颤动。张恨水把房屋取名为"待漏斋"。一到雨季,室内到处漏水,只好把家里的盆盆罐罐拿出来,放在漏水的地方接水,待漏斋真的名副其实。

如此窘况,似诗圣杜甫当年居住的成都草堂,茅屋被秋风吹走几层茅草的困窘。一个是一千多年前的大诗人,一个是20世纪30年代的名作家,竟然有共同的遭遇。抗战时期,张恨水一家居住在重庆。在这期间,张恨水没有做过一件新衣裳;抽的是重庆最廉价劣质的神童牌香烟,后来连劣质烟也抽不起了,干脆戒了烟;夜里写作,没有电灯,又买不起洋蜡烛,只好点菜油灯。

面对居室的破漏,生活的贫困,张恨水倒是坦然处之。简陋与困窘,在他的笔下变成了一种乐观与豁达。"所居在一深谷中,面山而为窗。窗下列短案,笔砚图书,杂乱堆案上。"(《山窗小品·短案》)"窗前有小廊,面溪而立。顾非山洪陡发,溪中终年不见水,名为溪,实非溪也。溪岸在茅檐下,有花草数十株。隔岸则为人家菜圃,立竹一丛。"(《山窗小品·涸溪》)"涸溪对岸有竹一丛,正临吾窗。竹上为斜坡,下为溪沿,丰草环绕前后,差免玩童砍伐。"(《山窗小品·竹与鸡》)

张友鸾工作场所就是住所

张友鸾是著名的报人,与张恨水、张慧剑是安徽老乡,三人号称"安徽三骆驼"。新闻记者尽管有"无冕之王"美誉,但是收入并不高,生活也比较艰辛。1927年,张友鸾在南京创办《南京早报》。张友鸾选择了城南小西湖10号作为居所。

居所的规模是一座四进院落,一进左厢房是编辑部,白天编稿,晚上则成为编辑们的卧室。张友鸾比编辑们要好一些,二进就是他的住房。在小西湖10号,张友鸾创作了历史小说《白门秋柳记》《胭脂井》等。

当年南京的报纸很多,竞争激烈,早报也是惨淡经营,因为发行量少,最终入不敷出。

1936年,张恨水出资在南京办起了《南京人报》,张友鸾又受命参与《南京人报》的编辑。一度又在家办公。到了1937年,南京沦陷前,张恨水举家迁往上新河避难,《南京人报》停办。

叶圣陶苏州建"未厌居"

1934年,叶圣陶与夏丏尊合著《文心》,非常畅销。被青年学生奉为阅读与写作的宝典。有了这本畅销书的经济回报,叶圣陶花费历年积累的稿费,加上《文心》稿费,在苏州滚绣坊青石弄购买了一块空地,盖了一处房屋。1935年10月举家从上海乔迁于此,取名"未厌居"。

房屋是中西合璧式,坐北朝南一排四间房,呈丁字形。每间20平方米。青砖廊道、方形立柱,布局开阔,庭院种植十几棵树木,有桂树、梅花、海棠等。1935至1937年,全家居住在此,夏丏尊、沈从文、萧乾、王统照等好友,不时从京沪等地来此做客。当时他在开明书店任职,每月在上海广州一周,余暇都在此写作。叶圣陶在此完成了散文集《未厌居习作》和小说《一篇宣言》《浪花》《邻居》等。

1937年8月淞沪抗战爆发,上海沦陷,11月苏州沦陷,叶圣陶举家辗转内迁至四川。抗战胜利后,叶至善与叶至诚返回苏州青石弄家中,发现家中的家具上有枪击痕迹。整理杂物时发现,叶圣陶藏于大橱底的"生活日记"22册安然无恙(《苏州名人故踪》)。

胡小石南京愿夏庐

1914年,胡小石26岁,居住在南京城南新桥梧桐树。胡小石1924年因母病回宁,住城北将军巷31号,建筑小楼居住。题名"愿夏庐",取郭璞《游仙诗》"时变感人思,已秋复愿夏"之意。

小楼三层,一楼会客,二楼北室为先生自居,号称北楼,靠壁一榻,榻前几案堆满书籍,室内一大案,为先生挥毫作书处。三楼为藏书楼,藏书万卷,入室弟子得以读书其中。楼前有池塘,杨柳环岸,先生每徜徉其间,朗诵吴文英《点绛唇》词。"明月茫茫,夜来应照南桥路,梦游熟处,一枕啼秋雨。可惜人生,不向吴城住,心期误,雁将秋去,天远青山暮。"

弟子和其韵,曾昭燏词中有"小阁飞空,一池碧映垂杨路;绛云深处,听尽潇潇雨。"之句。1937年,将军巷31号住宅遭日军突袭炸毁。

傅抱石住农舍

1939年4月,傅抱石随着国民政府军事委员会政治部第三

第十八章 教授亦租房

▲ 傅抱石一家在金刚坡

厅来到大后方四川重庆。5月，重庆屡遭日机轰炸，政治部会议决定疏散，三厅分成两套工作班子，一套在城内办公，一套下乡在巴县赖家桥。傅抱石被安排下乡，于是傅抱石在重庆西郊歌乐山金刚坡下向一家农户租借了一套房子。

金刚坡距重庆市区约70华里，其间多为蜿蜒曲折的盘山公路。从重庆市区乘车往西经过歌乐山，再下行20余里便到了金刚坡。金刚坡下的第一站便是赖家桥，再往西是陈家桥和青木关两个较大的站。三厅厅长郭沫若住在赖家桥的"全家院子"，傅抱石住在距赖家桥约一二里远的金刚坡下。

傅抱石一家居住的金刚坡农舍主人姓岑，房屋就靠着成渝古道旁，有一个小院子，原来是做门房的，用稀疏竹篱隔作两间，每间不过丈，高约5米。傅家租住的是房东堆放杂物的仓库，既矮小又阴暗。室内光线很差，很少有阳光照射进来。写一封信，光线已经很弱，作画就更困难了。尽管居住的条件简陋，但是可以避开战火，一家人平平安安地生活在一起，在战乱时期已经非常难得了。傅抱石遂自署"金刚坡下抱石斋"，又称"抱石斋""抱石山斋"。自刻一方朱文方印"抱石山斋"（叶宗镐《傅抱石年谱》增订本）。

▲ 傅抱石《金刚坡山水》

农舍室内光线差，那就在门口作画。每天吃完早饭之后，傅抱石就把仅有的一张方木桌抬到房门口，利用门外来的光作画。对着画纸，略作沉思，然后挥笔在纸张落墨，纵横驰骋，须臾满纸烟云。由于渲染时水用得多，整个画面湿漉漉的，需要赶紧放在火盆上烤，烤到半干再放到桌上进一步收拾。若在夏日，他则常常光着上身，脖子上围着一块擦汗用的发了黄的毛巾。画毕，又将方桌抬回原处吃饭，或作别的用。这样，他必须天天收拾残局两次，拾废纸、洗笔砚、扫地抹桌子。绘画时，除了夫人罗时慧偶尔帮忙研墨，三个孩子被请出室内，让他们在屋外、竹林里消磨几个小时（山谷《傅抱石：落笔世所稀》）。

金刚坡居住条件简陋，作画艰难，但是周围的风光却很美，这是不幸之中的万幸。

金刚坡一带重峦叠嶂，林木茂盛。傅抱石一家居住的院子前面有大片竹林，清澈的小溪环绕竹林而过，流水潺潺。院子屋后树林，耸立着两棵巨大的皂角树。院子的东北是金刚坡以及起伏的山峦，郁郁葱葱。金刚坡下梯田层层叠叠，农舍错落有致。黄昏时刻，金刚坡沐浴在金色之中，牧童牵着耕牛缓缓归去，农舍升起袅袅炊烟……

1945年傅抱石的长女傅益珊年方五岁，每天早晨起来后，就与哥哥傅小石、傅二石在芭蕉残叶间嬉戏，此时往往雾气尚未散去，烟光一片，小孩子天真无邪，无忧无虑。看着孩子的率真，傅抱石也觉得压抑的心情为之开朗，挥笔作画，也时会在纸上留下孩子们活泼的身影，以为纪念。

住在金刚坡附近的还有第三厅的其他人员，画家李可染、司徒乔也都居住在附近。既是同事，又是画友，彼此走动也勤，还经常在一起聚会，合作作画。

叶宗镐编著的《傅抱石年谱》记载：1943年1月2日，傅抱石与高龙生、张文元、李可染等人齐集金刚坡麓双羽轩画家司徒乔、冯伊湄夫妇家，七人合作一幅《林和靖》。高龙生画林和靖，张文元画鹤，傅抱石、李可染画梅花，女主人画横枝，司徒乔画石。后来七人又聚会过好几次，每次都合作一幅画，画了《洗马图》《七贤竹林图》等。

10月17日，郭沫若来金刚坡拜访，不久，于立群也被邀请来傅家午餐。傅抱石以1942年作《桐阴读画》赠郭沫若。郭沫若写《桐阴读画》记其事："七株大梧桐树参差地挺在一幅长条中，前面一条小溪，溪中有桥，桥上有一扶杖者，向桐阴中的人家走去。家中轩豁，有四人正展观图画。其上仿佛书斋，有童子一人抱画而入。屋后山势壮拔，有瀑布下流。桐树之间，补以绿竹。图中白地甚少，但只觉一望空阔，气势苍沛。"

抗战时期傅抱石居住在金刚坡，他与其他艺术家、学者一样，经济拮据，但是对艺术的执着追求没有停止。傅抱石独创的抱石皴法，就在金刚坡时期形成。重庆金刚坡多雨，雨雾迷蒙，雨后，流水淙淙，云山雾罩，传统的绘画技法很难表现"山色空蒙雨亦奇"的诗意，傅抱石用散锋，形成无数中锋，圆转灵动，挥洒自如，用墨加以大量水分，把纸染透，用熏笼烤干再染，反复几次，就能把湿润的空气和茂密的山林表现出来。

在金刚坡居住期间，傅抱石在重庆、成都、昆明举办了画展，获得巨大成功，傅抱石在山城名声大振，傅式水墨绘画也风靡山城，居住在重庆的一些外国朋友慕名来金刚坡，购买傅抱石的画。法国驻华大使馆中文秘书戴典庐，用他的全部工资买了傅抱石的画。戴典庐结婚时，傅抱石还送了一幅《湘夫人》作为贺礼。英国大使赫尔利、荷兰大使高罗佩，都购买过傅抱石的画，法国大使夫人还邀请傅抱石画了一幅法国贵妇人倘佯在花丛中的画。当时，傅抱石的作品通常三四十元一幅，贵的一二百元一幅。

巴山蜀水的奇异在傅抱石的胸中累积，血脉中奔涌着拥抱自然的狂喜热血。他笔落惊风雨，创作了《大涤草堂图》《万竿烟雨》《巴山夜雨》《潇潇暮雨》《风雪夜归人》《满谷泉声》《山城烟雨》等一批精品力作。金刚坡八年的朝霞夕照、茂林修竹、小桥流水，成就了傅抱石艺术的灿烂辉煌。

闻一多印例

西南联大时期，闻一多教授还在中学兼课，只教了一年，因为收入低，闻一多只好帮人刻印治章，换米钱。闻一多准备了一张桌子，在五华山下的逼死坡摆摊。摆了一天，就被人劝回来了，认为大学教授在街上摆摊有失学校体面。经过争执，梅贻琦同意，由他本人和联大另外11个教授联名在报纸上为闻一多发表治印广告，让他在家里代人治印，免受摆摊之苦。广告称："闻一多先生文坛先进、经学名家，辨文字于毫芒，几人知己；谈风雅之始源，海内推崇……"闻一多金石润例规定：石章1200元，牙章每字3000元，边款每分字作一字计，过大过小加倍。润资先惠，七日取件。

教授们的挣钱方法

西南联大时期社会物价飞涨,到了昆明以后,教授们的生活越来越拮据。吴大猷的薪水再也买不起一碗牛肉汤,有时他不得不化装成农民,到菜市场捡剩下的牛骨头回家给妻子熬汤。

为了生活,很多教授都兼职维持生计,历史教授吴晗曾被迫把藏书当给云南大学图书馆,闻一多则挂牌刻印章补贴家用。更多的教授为了养家糊口,没有课的日子也要到城里打工兼差。教授们常常天不亮就要起来,赶七八公里的长路到学校赶第一节课。晚上拖着疲惫不堪的双腿回到家里,还要在油灯下做学问、写论文。

王力的一部语言学专著出版了,出版社让王力去领稿费,夫人认为有了稿费可阔气一番,乘坐公共汽车来参加开幕式,谁知道一本书的稿费刚够王力夫人来回的汽车钱。

费孝通在自己任教的云南大学门口摆一个茶摊,卖大碗茶,来喝茶的人,有不少是他的学生或者同僚。化学家曾昭抡帮人开了一个肥皂厂,制造肥皂出售,算是教授们中间的富翁了。

一个抗战初期月薪 300 元的教授,到了 1943 年底,月工资收入仅值抗战初期的 12.3 元。

Chu Xing
出行

第十九章　市内交通

晚清时期称街道为马路，南京最早的一条由中山码头通向南京城的路就叫"大马路"，因为那时候的交通工具主要是马车。等到烧汽油的动力车辆进入城市，城市交通才发生了变化。

私家车黄包车

民国初年，黄包车是主要的交通工具。因为便捷，在汽车没有普及的民国时期，它是短程出行的主要代步工具，达官贵人、小姐名媛都喜欢乘坐黄包车。黄包车是一种用人力拖拉的双轮客

▼1920年的人力车夫

运工具,又名人力车;因为来自日本,又叫东洋车、洋车;为引人注目,招徕生意,车身涂黄漆,故名黄包车。约1870年创制,清同治十三年(1874)一月,黄包车从日本输入上海。

北平的黄包车

20世纪二三十年代,北京市民出行交通工具以人力车为主,乘坐方式如今天的出租车。当时北京人口近200万,人力车达到10万辆,平均每20人一辆。北京各高校的教授、讲师,几乎都用人力车。高档的进口人力车,售价高达100块银圆。

鲁迅、周作人、钱玄同等外出都喜欢乘坐黄包车。

1930年,谭其骧从暨南大学毕业,考入北京燕京大学研究院,成为顾颉刚的研究生。1932年燕大毕业后,他先后在北平图书馆、燕京大学、清华大学工作。从景山西门的北京图书馆宿舍出来,就看到门口停着几辆黄包车,一招手车子就过来了,拉起就跑。北平街头黄包车很多,随便你住在哪里,大门口外或胡同口,准有几辆洋车停在那里,坐上再说到哪里去,到目的地按时价路程给钱。车夫很实诚,按路程收费,很少有要求添几文的,也不会发生争吵。从景山北京图书馆宿舍到东安市场门口,车费七大枚铜圆。下大雨刮风下雪时酌加。全城不论哪里,只要不是跑不动的老头,没有拒载的。

说到北京的黄包车,一定会想到老舍的名著《骆驼祥子》。《骆驼祥子》写于1936年,以北平人力车夫祥子的悲惨命运为线索,写出了黄包车夫的底层生活。

北平的洋车夫有许多派,年轻力壮的,车子是自己的,车子漂亮,有的是力气,车子跑得快,客人多,出车与收车的时间自由,想什么时间出车就跑出去拉上几圈,想收车了就往回跑;岁数稍大的,车子多半是八成新,要价还保持着尊严,钱挣得也不少；四十岁以上的车夫，车破，体力差，每天早早出车，从清晨拉到午后三四点，钱也挣得少。

为了写人力车夫，老舍先向住在北平西山下的养过骆驼的齐铁恨先生了解骆驼的喂养，然后去口外（长城以北地区）观察。在北京他也坐人力车，与车夫交朋友，拉家常，熟悉他们的生活。拉洋车的派别，老中青车夫精神状态，车子的新旧，就这样慢慢了解清楚了。

南京的人力车

民国时期，南京的黄包车超过万辆，以此为生的车夫以及家属有五六万人，占当时南京人口的十分之一。南京市有人力车九千余辆，大多每日两人合租一辆，分上下午两班拉客。除去一部分自备人力车外，南京以拉车为业的人口估计在15000人以上，其中以20岁至40余岁者居多。每当华灯初上，南京的街上就充满了熙攘的人声，还飘荡着过往的黄包车清脆的铃声。

1924年，陈白尘还只是个16岁的学生，在东南大学（今南京大学前身）读书，因患淋巴腺结核症，医生建议他外出游玩，以宽胸怀。陈白尘因此得以游历南京的名胜古迹，最远的一处便

▼ 20世纪30年代南京人力三轮车

是南京城东北角的燕子矶。当时的南京交通不发达，尚无汽车通达燕子矶，只有人力车可坐。就是坐着这种完全靠体力拉着的车子，一路颠簸，陈白尘来到了他向往的、历史上有名的燕子矶。登临燕子矶俯瞰长江，矶石下滚滚江水东流去，有惊涛拍岸的气概；江风拂衣，又有飘然欲飞的感觉。许多爱国志士、殉情男女和绝望青年都选择这一胜地投江了。陶行知为此书写"想想死不得"的牌匾立在燕子矶上，告诫人们珍惜生命。

拉车的人力车夫误以为陈白尘游燕子矶是要自杀，放心不下，竟然跟踪他半天，少不得一番劝说。当误会消释后，两人有了情感沟通，聊起了家常。对一个身在异乡、举目无亲、又身染疾病的孩子来说，那一瞬间得到的温情是多么的珍贵。人力车夫竟成了一个16岁孩子的好朋友。南京冬天的气候是阴冷的，但一想到南京认识的第一位朋友，陈白尘身上总感到有些温暖（陈白尘《初游燕子矶》）。

1932年"一·二八"事变爆发，当日军进攻上海闸北的那个夜晚，巴金乘坐由沪开往南京的火车，抵达南京。31日早晨，天落着微雨，巴金刚起床，一个朋友打来电话，巴金立即坐上黄包车去位于北极阁下的中央研究院。坐在黄包车上看到南京纷杂的景象，耳边只有炮声。传闻日本飞机要轰炸北极阁军用无线电台，很多人一夜没睡，第二天就准备去乡下避难。在鼓楼一家旅馆，巴金拜访了两个从汉口来的朋友，他们本来要去上海，因为战事，滞留南京。因为还有事情要办，巴金又让车夫拉着，由城北到城南，到了夜幕降临时，车夫迷路了。巴金焦急地坐在车上，车夫也寻找车夫同行，慢慢打听路怎么走。前夜下关的日本军舰向鼓楼方向开炮，沿途运行李往南走的黄包车和汽车接连不断，排成了一条长线，简直没有尽头。车夫慢慢地走，花了很长时间，终于把巴金送到老下关火车站（巴金《从南京回上海》）。

南京的人力车分城南车、城北车两种，入夜由下关进城，雇城南车；或由城南至下关，雇城北车。城南、城北车识别方法很简单：凡夜间鼓楼附近及以南各马路上人力车，以车头向南，迎往北之客者，皆城北车。反之，凡仪凤门以外，以车头向北，迎南来之客人，皆城南车也（方继之《新都游览指南》）。人力车价格低廉，自下关车站至大行宫4角，至状元境5角；下关至丁家桥3角，至成贤街5角，至鼓楼北2角，至玄武湖5角，至燕子矶10角，至幕府山10角，至牛首山1元2角。

大佬坐车也拉车

民国时期，吴稚晖、梁漱溟等倡导人道主义，出行坚持不坐人力车，他们或坐汽车，或步行。

曾经担任过安徽大学校长的刘文典，常在课堂上怒斥人力车的不平等，但是说归说，骂归骂，课后，他依然登上人力车扬长而去，所谓人力车的不平等，是别人的不平等，与他无关。或许他还在想，如果大家都不坐人力车，那么车夫一天就没有了收入，坐车其实是帮助车夫挣钱，社会的不平等不是靠坐车与不坐车解决的。

从事教育工作的陶行知，倡导"生活即教育""社会即学校""教学做合一"三大主张。平时陶行知不坐人力车，有一次因急事坐了人力车，半道上非要和车夫对换角色，陶行知拉着人力车，车夫生平都是拉别人，如今第一次被别人拉，他满含热泪地坐了半程的车。陶行知则累得满头大汗，这拼体力的拉车活，比站在讲台讲课更为吃力，劳动者的苦如果不是切身感受，真的不了解。这大概也是陶行知建设晓庄学校、普及平民教育的初衷吧。

按路段计费的公交车

汽车据说是由居住在上海的西医为出诊方便带进中国的，1901年一位叫李恩斯的匈牙利人与友人开着两辆汽车进入上海，上海乃至中国才有了汽车。1902年1月30日，车主向上海公共租界工部局申请汽车牌照，经过研究，发放了临时牌照，在征税方面，因无先例，无章可循，参照马车规格征收每月2元银圆。城市的道路，原先主要是马车占多数，因此称之为马路，南京第一条道路由下关进入南京城，由张之洞主持修建，名为大马路，至今还保留着。汽车进入上海，发展迅速，1903年上海只有5辆车，1908年增至119辆，到了1912年猛增到1400辆（邢建榕《车影行踪》）。汽车让嗅觉灵敏的商人看到了商机，先是出现了汽车出租业务，第一家出租车公司是1911年8月7日在上海开办的美汽车公司，随后出租汽车公司如雨后春笋在上海涌现，平治门洋行、亨茂洋行、中央汽车公司、云飞汽车公司、祥生出租汽车公司、华北汽车行等都开始了出租车业务。

早期的出租车价格昂贵，坐出租车逐渐成为都市人的时尚之举，在高中阶层市民中流行起来，婚礼喜庆、迎送往来、出门公干都叫出租车。上海的祥生公司40000更是市民们家喻户晓的电话号码，"四万万同胞，拨4万号电话""中国人要坐中国车"，祥生的广告语也是妇孺皆知。

上海有轨电车

方便市民出行的则是公交车。1908年3月5日上海第一条有轨电车通车，意味着上海公交时代的到来。电车初行时，因为没见过电车这个庞然大物，人们误以为电车就是车上带电，乘客触电，大家充满好奇，乘坐者稀少。车门也没有后来的栅栏，方便乘客上下。一些年轻人自恃胆大,在电车行驶中也飞车上下。后来出于安全的考虑,增设了栅栏门。

早期的电车分为头等厢、三等厢,没有二等厢。外国人与华人分车厢而坐。票价按照路段计费,2.01公里为一段,每段头等厢5分,二等厢2分,当时的物价,2分钱可以买猪肉1两或土豆1斤。后来车票增加等级,头等分为3、6、9、12分等四种票价,二等分为2、3、4、5、6、8等六种票价。

有一次丰子恺在租界上了电车,乘5站路,上车时给了5分钱,可是卖票人暂不给票,等过了两站,才撕了一张3分的票,并关照说:"第三站上车的。"初次乘坐电车的人会感到莫名其妙,为什么我第一站上车的,却说是第三站上的?原来卖票人钻空子,揩油公司2分钱。不过这种行为被公司查出是要处罚的。

上海乘坐电车,随处都有"谨防扒手"的标语。丰子恺说扒手是上海的名产,他就经历过一次被扒手光顾的事。丰子恺带两个孩子在霞飞路阿尔培路口等电车,乘车前向烟纸店兑换了1元钱,露出了钱包里的一沓钞票,被扒手盯上了。上车门时,一只手伸进了他的口袋,丰子恺用手臂夹着这只手,那人被他拖上了

▲ 20世纪30年代上海租界公交车

车子,坐下来,丰子恺不敢回头看扒手,怕报复。等到电车到下一站时,扒手立即下车。他才偷偷看了扒手一眼,满脸横肉(丰子恺《丰子恺散文》)。

北京的电车

北京的电车有四个轮子,前面点油,后边喷烟,面前两个亮灯,只点一个。对于电车,北京人开始觉得新奇。

为了长见识,丁西林与两个伙伴决定亲自坐坐,体验一番。电车有两个车厢,一间长,一间短,上了车之后,丁西林与伙伴被领进短的车厢。刚坐下,卖票人就问:"准备去哪儿?""去西四牌楼,要几个子?"卖票人说要17个子。丁西林与他讨价还价:"14个子行不行?"卖票人告诉他,票价有规定,他一个子赚不到。于是丁西林凑成51个子,买了3张票。车厢里贴着两块牌子:一块是"真不二价",一块是"今日洋价照市二吊零百零十,大毛贴水若干,小毛贴水若干"。

电车开得挺快的,比洋车(黄包车)快很多,上车没多久,就超过了几辆洋车。在第二站停车上下乘客时,后面的几辆洋车才超过电车。

有人说电车价格贵,是因为北京商会不准电车票价定得低,以免洋车夫失业。丁西林不以为然,北京的洋车,无论如何,不会失业,忙碌的人乘坐洋车将洋车当床铺用,在洋车上闭目养神,不会乘坐电车;有钱的阔人乘坐洋车点到点,门到门,一步不肯走,他们也不会乘坐电车。只要电车比洋车快,票价贵一点也可以接受(姜澐明《梦回北京》)。

公交时代的到来

1936年,上海的有轨电车线路有18条,无轨电车线路12

▲ 20世纪30年代江南汽车公司公交车

条,公共汽车线路19条,加上长途客运线,上海有60余条公交线路,基本形成了稠密的公交网络,覆盖整个上海市区。

南京作为民国时期的首都,公交业也较为发达,鼎盛时期,南京有宁垣汽车公司、关庙汽车公司、兴华汽车公司、振裕汽车公司、首都汽车公司和江南汽车公司6家公交公司。最早的南京公交车是迷你型,只有12个座位。车门在车厢后面,座位是马蹄形的,木条座椅。后来比较豪华的公交车是中山陵的旅游专线,夏天用湘竹遮帘,冬天用黄绸窗帘,座位是皮垫沙发。1933年,南京的江南汽车公司自行设计制造的公交车,座位由马蹄形改为横排朝前,车身漆淡湖蓝色。最早的南京公交车上是无人售票的,在沿途设立了售票站点,到了1928年开始每车设一位售票员,而且当初由于公交公司之间的竞争,有的公交公司还用"美女售票员"增加竞争力。

享誉东南的江南汽车公司是南京公交车的著名公司,1931年由吴琢之创立,民国元老张静江是股东之一。吴琢之的经营理念，视乘客为衣食父母，生活养命之源，要求职工对待乘客礼貌、诚恳。江南公司的司机和服务人员都身着统一式样服装，配戴领章帽徽，标明工种工号。为了提高服务质量，吴琢之采取了许多便利乘客措施。市内公共汽车各站有候车篷，避免乘客日晒雨淋；设置末次车指示牌，当末次车经过时由售票员将牌翻过，使乘客不再等候。江南公司还经营长途客运，主要跑京杭线长途，在京杭路宜兴站内建立食堂，方便旅客就餐；市区设分站，免费接送长途旅客。

1935年，京湖路开业之初，营业清淡。农历正月初，江宁湖熟乡间有一农民因家里人去世，急欲赶往南京向亲友报丧，他估计春节期间行人稀少，不会有长途班车，准备步行去南京城，当他走到湖熟镇上，却看见汽车站停靠着公交车，就探听班车是否停运了。车站回答"照常开行"，尽管只有一个乘客，江南公司的班车照样准点发车，一辆大客车只载了一人。有人向吴琢之汇报，这样经营，公司会亏空。吴琢之强调不能失信于民，严守信誉，准点发车不可改变。这位农民回去向乡里乡亲一宣传，江南公司的美名在附近四乡八镇广为传开，乡亲们外出都优先考虑

▲ 20世纪40年代安徽六安长途客车

乘坐江南公司的班车。

南京小火车

1921年，全长28公里的南京到汤山的土路建成，为满足南京人到汤山泡温泉的需要，1922年南京开通了下关至汤山的游览汽车，这是南京最早的公交车线路。

1923年，宁垣汽车公司开通的沪宁火车站至门帘桥的公交线路，沿途设下关大马路、三牌楼、丁家桥、鼓楼、东南大学、珍珠桥、大行宫等9站，线路长9公里。

1927年国民政府建都南京后，南京的公共交通事业得到了发展，那时南京市区的公共交通由市区小火车、公共汽车、马车、人力车、出租车以及轮渡等交通工具组成。到了1937年，南京城内有公交线路8条，每天营运公共汽车120~140辆。

南京公交还有一点特别之处，南京有条由城南中正街北驶，出金川门到江口的小火车，大名为宁省铁路，开的是火车，担负的则是公交的功能。沿线分为江口、下关、三牌楼、丁家桥、无量庵、国民政府、中正街，除江口站、下关站在下关，其他站都在市区。小火车每日开行，往返各8次，早上4:50头班车，晚

◀ 北极阁下的宁省铁路

上 9:45 末班车，间隔 2 小时开行 1 次。车票价格也不高，每站三等售价洋 5 分，二等 10 分，头等 15 分，往返票价 7 折（方继之《新都游览指南》）。

名流的私家车

民国时期的私家车多为黄包车，真正的汽车，尤其是私家使用的小轿车，在当时是很少的，相当于如今的私人飞机，只有少数权贵才可能拥有。

1924 年逊位皇帝溥仪通过内务府购买了三辆当时流行的别克汽车，花费银圆 4600 元、4000 元和 3400 元，从京师警察厅领到 1381、1382、1383 铜牌车号。别克 K-44 汽车，时速可达到 70 公里。

教授的私家车

胡适 1922 年从美国留学归来，出任北京大学教务长兼代理文科学长。后来南下上海，出任中国公学校长。1930 年 5 月 19 日辞去中国公学校长，赴北平任职，11 月 28 日全家从上海迁往北平，住在米粮库四号。这个大庭院中有一间房是汽车间，胡适购买了一辆二手车。

当时私人有汽车的很少，车主非贵即富，故宫博物院院长马衡有一辆私家汽车。个别的知名教授，因为身兼数职，一是收入颇高，有足够的经济支撑；二是兼职工作地点分散，需要以车代步；三是朋友赠送，因此他们也有了私家汽车。

20 世纪 30 年代，顾颉刚受聘北京大学和燕京大学，并任燕京大学历史系主任。北大在城里，燕大在郊外，相距 30 公里，顾颉刚则住在西皇城根 5 号。顾颉刚为此买了一辆汽车，奔波于两校及各种应酬活动之间。他每月支付司机薪水 20 元，汽油花费 100 元。

经济学家陈岱孙，1920 年毕业于清华大学，获得庚子赔款公费留美资格，负笈美国，1922 年从美国威斯康星大学毕业后，又进入哈佛大学研究院，先后获得文学硕士、哲学博士学位。1927 年回国后，任清华学校大学部经济系教授，1928 年清华学校更名为清华大学，任经济系主任。他一直独身，美国友人送了他一辆黑色雪佛兰轿车，他便开着这辆车进城或出游。

陈岱孙的这辆雪佛兰车子，不是小轿车，而是类似小客车的中型汽车，车厢宽敞，可以当房车。陈岱孙一生未婚，是个钻石王老五，这辆车也成了他的坐骑，伴随他走南闯北。卢沟桥事变之后，北京、天津的大学西迁，清华大学、北京大学、南开大学在湖南组建长沙临时大学，从北京、天津撤退的三校师生通过各种途径，陆续集中到长沙。陈岱孙开着他的雪佛兰，由北京到长沙。保定失守之后，石家庄沦陷，随后太原、上海、南京、杭州、津南相继陷落。1938 年长沙临时大学西迁昆明，组建西南联合大学，陈岱孙驾驶着这辆雪佛兰，又从长沙开到昆明。

▲ 1938 年陈岱孙在从长沙赴昆明的途中

影星的座驾

因为拍电影，胡蝶学会了骑马、开汽车。民国时期汽车很少，也没有什么驾培学校，由专业教练教人开车。一般都是师傅带徒弟的方式，徒弟跟着师傅走，边看边学，有个一年半载的工夫也就学会了。女人学开车就更困难。胡蝶为了拍电影的需要，刻苦学习驾驶技术。她拦下一辆出租车，付了双倍车费，让司机教她开车。先在空旷地方练习，再在道路上实际行驶，好在那时候车少路宽，车速又慢。学习了几天之后，胡蝶就能驾车上路了。等到胡蝶成名后，她花白银380两，购买了一辆福特牌轿车。

▲ 胡蝶与小轿车

与胡蝶同为影坛双子星的阮玲玉，1929年转入联华公司之后，事业上一马平川，知名度迅速上升，薪酬涨到了700元，每拍一部影片还有可观的片酬。阮玲玉也购买了自己的小汽车，不过她没学过驾驶，自己不会开，就雇用了私家司机，专门为她开车。当时司机的薪酬大概每月二三十元（黄维钧《阮玲玉画传》）。

豪门小姐玩车

20世纪20年代末30年代初，上海滩有两辆最时尚的别克敞篷轿车。一辆米色车身，浅米色车棚的是赵四小姐的；另一辆深灰色车身，灰白色帆布棚的一辆是开义隆钱庄、当铺、米店产

席与时与父亲席德炳(摘自《上海滩名门闺秀》)

业的富商小马家(区别于开吴宫饭店的富商大马家)的。

小马家的公子马冠良娶了大家闺秀严仁美。严仁美的家世显赫,其曾祖父严筱舫曾是李鸿章幕僚,创办了中国通商银行。她是上海滩的绝代佳人,马冠良、严仁美夫妻经常驾驶敞篷别克,出去兜风。赵四小姐的那辆别克敞篷车,也经常带着兄嫂赵燕生、吴靖夫妇一块去玩(宋路霞《上海滩名门闺秀》)。车子走过的地方,吸引路人眼球,很拉风。

民国时期小轿车数量少,开私家车的主要是男性,会开车的女性很少,上海滩买办、地产大鳄周纯卿的女儿周素琼就是其中的一位。

20世纪30年代女子开私家车

周素琼家的老房子在南京西路806号，是一处花园洋房。主楼高四层，面宽五开间，非常气派，在上海滩私家住宅中非常少见。花园分前花园、后花园，还有一处停车场，可停放一二十辆轿车，这在上海私家住宅中也不多见（宋路霞《上海滩名门闺秀》）。周素琼的父亲周纯卿是洋行买办，也是房地产商，喜欢玩汽车，他有三辆高级轿车，还有两艘游艇。他的车牌号是1号，也是老上海知道的大名鼎鼎的一号汽车，周纯卿也被称为一号汽车车主。周素琼会穿着高筒马靴，策马飞驰，高头大马被她驾驭得服服帖帖。上海一号汽车上也能经常看到她的身影。

第二十章 远行

民国时期,汽车、火车、飞机等现代化的交通工具都有了,人们旅行的活动范围扩大,在乘坐大轮船、飞机的同时,喜欢寻幽访古的游客也会选择坐马车、骑毛驴。

骑驴遛马逛名胜

明孝陵是明代开国皇帝朱元璋的陵寝,位于南京东郊,南社诗人每来一次南京,都要到明孝陵拜谒,在那里吟诗痛哭,壮怀激烈。而那个时期,出朝阳门(1929年为纪念孙中山改为中山门,又修建了一条从下关到中山陵的迎梓大道)就属于荒僻的地方,去明孝陵的路都是土路,路窄,也无法行驶汽车,讲究排场

▲20世纪20年代南京西式马车

的贵族老爷、小姐们会租上马车，慢悠悠地溜达进入；少壮的男子骑上一匹马，扬鞭催马，年龄大一些的文弱书生骑上一匹温顺的小毛驴，一路悠闲地向明孝陵进发。

1923年6月2日的清晨，天刚蒙蒙亮，南京城内还很冷清，马路上人影稀少，"嗒嗒"的马蹄声打破了街市的静寂。一辆马车一路小跑，向东郊驶去……

经过大行宫，道路变窄，一个戴着眼镜的年轻女子掀开车帘向外探望，看到的是一路乱石满道，破垣颓壁。马车行进了三里路，就到了大明王朝宫殿遗址——明故宫。几个大学生模样的女子下了马车，跨过五龙桥，明故宫遗址旁有一座古物陈列所，陈列着一批古代的文物，宋本业寺嘉定经幢、冶山明八卦石、凤凰台诗碣残石、明隆庆井床、明报恩寺塔砖等，其中最引人注目的是室内中间所立的方孝孺血迹碑，据说天阴时血迹鲜赤晶莹。

走马观花看了古物陈列所，这几个青年女子走出了陈列所。戴眼镜的女子还在慢慢地巡视四周的景物，其他女子已经上了马车，只有一个女子还在车旁等她。戴眼镜的女子是石评梅，等她的是闺蜜苏蕡，她们是北京女子高等学校第二组国内旅行团的成员，南京是她们南下旅行的一站。马车向朝阳门方向驶去，穿过朝阳门，向左侧拐入一条颠簸的小道，向明孝陵方向驶去。车子颠簸得厉害，一路青草遍径，田畦皆碧。快到明孝陵的时候，已看见石人石马，倾倒在荒草间，绿树中已能隐约地望着红墙。

她们下车走了进去，青石铺地，苍苔满径，两旁苍松古柏。循着孝陵的红围墙下，绕至紫金山前，石评梅一个人离了同伴，遇见一个牧童，在牧童的指引下前行。走着走着，忽然听见淙淙的水声，顺着水声寻找过去，发现一条小溪，走近一看，小溪的水来自上方的山涧，溪水清可见底，映着五色的小石，还有可爱的小蟹在爬动……石评梅掬起溪水，洗了一把脸，喝了几口泉水，用手绢包起几块小石头，正准备向前走，肖岩在后面喊了一声："等等我。"原来见到石评梅一个人脱离大家，肖岩悄悄地跟了过来。

"看，快到了！"牧童的声音惊醒了沉醉在美妙景色之中的石评梅和肖岩。抬头一看，只见一片青翠山峰，岩如玉屏，走过石桥，拾级而上，至半山就看见了寺院，这就是紫霞道院。在牧童的指引下，她们向名声显赫的紫霞洞走去。走不远，看到了一个洞穴，瀑布倒挂，宛如白练，纤尘不染，清华朗润，沁人心脾！靠近时就可以感受到紫霞洞深邃阴凉，令人神清。山中方一日，世上已千年。忽然空中传来钟声，敲破山中的寂寞。肖岩说："该回去了，芗薆她们不知道我们到哪里去，会着急的。"

她们沿着来时的路，一路推开藤枝树叶。回头再看紫霞道院，缥缈的白云，仿佛停在青峦之上（石评梅《石评梅文集》）。高山流水，兴尽于此。寻访明孝陵，发现了紫霞洞这样的仙境，也算是访古探幽的意外收获吧。

乘坐马车游玩在民国时期很流行，如果三五人结伴而行，坐一辆马车很划算，坐马车按人头收费，每人两毛钱。邓云乡来南

▲1907年10月骑马游明孝陵

京时，与几个朋友相约去中山陵。先在新街口的广东饭店大三元酒家吃了午饭，在新街口西面马路边上就有马车，要了一辆马车，一直向东郊悠闲而潇洒地出发了。马是老马，车旧一些，白垫子干干净净，马不跑，只是款款地行着，颇有"疲车羸马招摇过"的感觉（邓云乡《水流云在琐语》）。

骑驴游览明孝陵

张恨水虽然不是南京人，因为在南京办报，对南京也很熟悉，

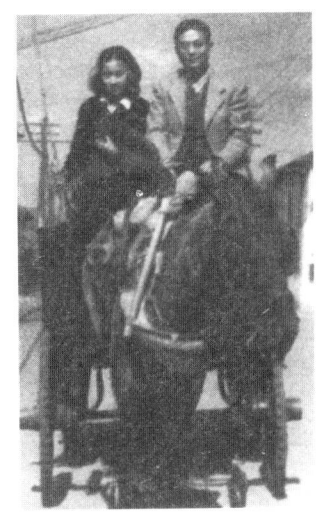

▲ 20世纪40年代的客运马车

夫子庙、丹凤街的茶馆是他经常光顾的地方。他还经常在南京城南寻访旧时诗意，探访南京的名胜古迹。文人就是与寻常百姓不一样，寻访古迹往往是找寻古人的味道，要的是意境，体会古人的心情。某次去明孝陵，他便雇了一头驴，像当年贾岛那样，一路骑驴，一路推敲诗句。

小毛驴迈步小，走得慢，正好符合一路走、一路看的要求。踏着长着深草的荒径，一路前行，远远看到了绿树林外的一堵红墙，那就是明孝陵了。北仰高峰，南望平陵，鞭外的松涛，蹄下的草色，自然有一种苍苍莽莽的幽思

▲ 骑驴游玩明孝陵九层塔

(张恨水《翁仲揖驴前》)。

在明孝陵前有一野茶馆里,骑驴走了这一阵,正好口渴,面对山冈树林,喝上一壶茶,吃了几个茶叶蛋,消磨了半天。在一抹斜阳之外,骑驴回去,走上荒草疏林,石像路边一对一对的大翁仲,拱着大袖子,抱了石笏,拱立在那儿,似乎在夹道欢迎。石像不会说话,但在它的面容上,石痕斑驳,写着沧桑。

颐和园里骑驴行

20世纪20年代的颐和园,也可以骑马骑驴进入。雇一头小毛驴,慢悠悠地在园内溜达,挺有意思的。石评梅与几个朋友相约,去颐和园骑驴,"女孩子骑驴游园",大家觉得挺酷的,一致赞同。同伴揆负责打前站——雇驴。

黄昏时候,石评梅等来到万寿山时,揆已经雇好驴在那里等着。同伴梅隐许久不骑驴了,迅速地跨上鞍去,一扬鞭,驴子的四蹄飞跑起来,几乎把她掀翻下来,好在她缰绳抓得稳。石评梅选的那头驴子的腿脚有点伤不能跑,连走快都不能,只是慢慢地走,好在游山不是赶路,走快走慢没关系。

平坦的路延伸向前,两边垂柳仿佛举手欢迎,五月和风迎面吹来,夹着野花的清香,和风吹乱了骑驴者的鬓角,两旁的垂柳枝叶也时而在脸上轻拂。

梅隐她们的驴儿都走得很快,转过了欧粉墙,看着梅隐和揆并骑赛跑,一转弯掩映在一带松林里,连铃声衣影都听不见、看不见了。石评梅的驴腿脚不好,只能在后边慢慢一拐一拐地走着……

在一片松林里,看见两头驴儿在地上吃草,驴夫靠在一棵树上蹲着吸潮烟,梅隐和揆坐在草地上吃葡萄干;她们嬉笑着,迎接石评梅的到来,大家就在这松林里的草地上坐着,耳边是树叶的婆娑声……

暮色渐渐加重，驴夫将驴鞍理好，翻身上驴，这回梅隐没有扬鞭策驴，大家骑着驴慢条斯理走着，石评梅的这头拐驴终于有了与她们并驾齐驱的机会。大概七点多钟，她们的驴儿停在卧佛寺门前，两行古柏萧森，一道石坡欹斜，庄严黄红色的穹门，恰恰笼罩在那素锦千林，红霞一幕之中（石评梅《石评梅文集》）。

踏上飞快的火车

1876年7月3日，英国怡和洋行未经清政府批准在上海修建了一条吴淞铁路通车，这是中国第一条营业性铁路，后来被清政府购买回来并拆除。1879年，李鸿章奏请修建唐山至北塘的铁路，仅修成唐山至胥各庄一段。

清末，中国境内已经修建了京榆铁路（1900年）、南满铁路（1903年）、正太铁路（1907年）、沪宁铁路（1908年）、京张铁路（1909年）等几十条铁路。线路最长的津浦铁路，北起天津总站，南至南京浦口车站，始建于清末的1908年，全线通车是1912年，已经进入民国时期。全长1009.48公里，沿线有车站85个，是民国时期最长、最著名的铁路，在这条线路上，1923年5月6日曾经发生过震惊中外的津浦临城列车大劫案。

民国时期的火车分为头等、二等、三等、四等车厢，舒适度、票价有明显差别。头等车厢空间大，座位宽敞，椅子上铺鹅绒，设置齐全，车厢内铺设地毯，有卫生间，甚至化妆间。二等车厢是软垫椅，三等车厢车座是硬板。候车进站待遇也不一样，头等、二等车厢乘客候车有专门的候车室，三等车厢没有候车室、没有卧铺，三等车厢的乘客不能进餐车。

头等车厢的票价最贵，是二等车厢票价的二倍，是三等车厢的四倍，即"一二四制"，还有一种是"一二三制"。1927年的沪宁铁路客票价目表上，从南京到上海，头等车厢票价10元，二等车厢票价5元，三等车厢票价2.5元。当时的一担大米价格只有六七元，工人收入较高的月薪不到10元，也就是说一张头等车厢票价，抵得上普通工人1个月甚至2个月的收入。

民国时期的火车，三等四等的普通车厢，不实行对号入座，乘客上车自己找座位，如果乘客多，后来的乘客就没有座位，也就是我们所说的站票。火车票售出概不退票。有文章说，民国时期火车票不能提前预订，只能在开车前一两个小时购买，似乎并不准确，张恨水的文章记述可以买联运票，省去临时购票时间，联运票对于其他车票来说就是预售的。

民国时期的火车车速慢。一是停靠站点多，津浦线1000多公里，沿途85个车站，这一停靠时间就长了，有的停车几个小时；二是那时候都是蒸汽机车，加煤的，时速慢。1876年淞沪铁路上的英制先导号蒸汽机车时速为24~32公里，火车跑得慢；如果火车头拖挂的车厢多，更是影响车速。南京到上海京沪线300多公里，火车需要跑一天。辛亥革命后孙中山当选为中华民

▲1948年沪宁豪华头等车厢

国临时大总统，1912年元旦从上海赴南京就任，专门开了一趟特快专车，一路用时8个小时。天津至浦口的津浦线1000多公里，火车要跑一天多。鲁迅1913年6月回绍兴探亲从天津到浦口，耗时30个小时。如果加上北京乘坐火车至天津换乘津浦线车，在南京浦口坐船渡江，再换成京沪线车，由北京到上海大约50小时。

铁路刚刚在中国建成时，通常没有电力，照明用煤油灯，夜间无法行车。进入民国，火车可以夜行了。那时候火车上也供应茶水、饭菜。张恨水1934年5月去西北采风，走的是陇海线，列车的设施要比京沪线（民国时期的京沪线指的是南京至上海的线路）、津浦线列车差，二等车厢硬凳子，没电灯。不过车厢里可以泡茶，费用三角钱，供应中餐，一菜一汤，费用1元。相比之下，京沪线在全国线路中享受着优待。1930年国民政府铁道部改造京沪线路，并从德国进口了三台蓝钢列车，火车头购自英国，车厢仅挂九节，车速大大提高，南京至上海只需5.5小时（沿途只停靠镇江、常州、无锡、苏州四个大站）。尽管车票比普通车贵一块，乘坐者仍然趋之若鹜。当时上海滩的知名影星来南京演出，也喜欢搭乘蓝钢列车，胡蝶、舒绣文、吴茵、徐来、赵丹、金山、王莹等都是"蓝钢"列车上的常客。1947年底，导演蔡楚生、郑君里率电影《一江春水向东流》剧组30余演职人员包下"蓝钢列车"一节车厢，从上海到南京参加首映仪式。"蓝钢"列车抵下关火车站时，受到上千市民的欢迎。津浦线也有蓝钢列车，一等座车厢的票价是64块，相当于一个小学校长或中学老师一个月的工资。三等车厢票价是十几块钱。

鲁迅回乡探亲

1913年6月19日鲁迅回绍兴探亲，8月7日返回北京，前后共50天，去的时候搭乘火车，火车是分段行驶，不像如今是直达，沿途要换乘，还要住宿，一路辛苦；回程则乘坐轮船，一路寂寞。

《鲁迅日记》中详细记载了这次回乡路上的情形。

1913年6月19日16:40火车从北京发车，19:20抵达天津，当晚投宿在寓泰安客栈，住宿条件和饮食都很差，食不下咽。

第二天坐上南下的火车，10:20火车从天津驶出，一路向南。车过黄河涯，沿途有10多个小孩子向火车扔石头，石头打中了一名乘客的头部，顿时血流满面，乘客很惊讶，议论纷纷，却又无可奈何，受伤者只能自认倒霉。夜里火车停靠在山东兖州站，有脑袋后面垂着小辫子的士兵窥视车厢，很快就有四五个士兵登上车厢，进行检查。查什么，不清楚，士兵东张西望，不时地催促正靠在座位上入睡的乘客起来。鲁迅随身带着一个提篮，被士兵提起来，左右打量。没有查到他们要查到的，不久，士兵就下车了。经过这么一折腾，有的乘客睡意全无。

火车在兖州停留了很长时间，21日凌晨1:00，从兖州站驶出。这一段路程比较平稳，没有折腾。13:00抵达安徽明光。火车进站时，发生了一个意外。车上一工作人员从车厢上一跃而下，没有站稳跌倒在铁轨上，腿被车轮碾轧，一只腿从膝盖下碾断，另一脚的足趾轧碎。到达滁州是15:00，天空下起了大雨，出站的乘客只好在车站里停留，好在雨下的时间不长，很快雨停了。

一个半小时后，火车抵达了本次火车的终点站——江苏南京浦口车站。那时候南京长江上还没有桥梁，北方来的火车抵达浦口终点站，需要换乘轮渡过江。又下起了大雨，乘客下车之后，乘坐小舟渡长江，出行时没带雨具，雨太大，尽管用随身携带的

▲ 1912年南京下关火车站

包袱布遮挡，行李衣服还是全淋湿了。摆渡过长江，鲁迅找了一家由扬州人开办的第一楼，暂且休息。而后换上一套干衣裳，去润昌公司买毛毡、烟卷，花费7元8角，毛毡用来遮挡雨水。晚上去沪宁车站（即位于下关的南京西站），坐上京沪线火车，这次没有晚点，比平时还早了半个小时，22:30发车。

经过三天乘坐，22日早7:00，火车抵达上海。午饭后鲁迅去了中华书局（1912年创办于上海，在国内各大城市设有分局），为教育部同事戴芦舲委托的物品办理邮寄。而后去了虹口日本饼饵店买饼饵两盒，花费1元8角。又去仁里西泠印社购景宋本《李翰林集》《渠阳诗注》《宾退录》《草莽私乘》《鸡窗丛话》等书，书价10元2角8分，后二书准备赠人。忙碌了一天，有些困倦，下午鲁迅在孟渊旅舍客房睡觉，一觉睡到晚上。晚上从旅社出来散步至三马路买芭蕉，共计28斤，路上吃一点，其他带回绍兴。

23 日,阴转多云。早晨在旅社结过账后,赶往沪杭车站,7:30 火车驶出车站月台,向杭州进发。透过车窗,看到飘落的雨丝,不过雨持续的时间不长,一会儿雨停天晴。12:40 火车抵达鲁迅此次回乡火车班次的终点站——杭州南星站。南星站建于 1906 年,距离杭州站 3 公里。六七个当兵的上来检查行李,挑开两三个纸包,没有发现违禁物品,对旅客放行了。

回绍兴,乘坐火车只能到南星站,距离故乡还有一段路程,只能改乘轮船。钱塘江水位上涨,水流湍急,江上船只很少,等了 3 个小时,托运的行李才运到。于是只好向西兴镇上的俞五房过塘行(承办行李托运、代雇舟轿的运输行)雇小舟去绍兴。小舟经过萧山时,停靠岸边,购买了杨梅、桃子,一路行舟,一路品尝水果。小舟在河道里行驶,渐渐夜幕降临,船夫摇桨,在夜色中划行,鲁迅躺在船舱里,静静地听着船桨击打水流的声音,夜间下雨了,雨点落在船篷上,与桨声、河水流淌声交融在一起,风又飘飘,雨又萧萧,想起李商隐的诗句:"新滩莫悟游人意,更作风檐夜雨声。"

夜雨行舟。24 日早上雨停歇下来,天空放晴了。7:30,小舟终于行驶到鲁镇,"阔别多年的故乡,我回来了。"鲁迅心里念叨着,"到家了。"

浦口车站的背影

1914 年建成的浦口火车站,位于南京长江北岸,又称南京北站,是津浦铁路的南端终点站,民国时期进京的唯一铁道入口,连接河北、山东、安徽、江苏等 11 省的交通枢纽。浦口火车站为典型的英格兰风格,主要建筑有火车站主体大楼、售票处、车务段大楼、月台和雨廊,以及后建的停灵台。主体大楼屋顶有脊,采用瓦楞铁覆盖;大楼内部都是木结构,底层西首外接拱形长廊，直达浦口轮渡码头。1918年冬，办完祖母的丧事之后，朱自清回北京大学哲学系念书，要从南京乘坐火车，朱自清的父亲也到南京，两人同行。到南京时，朱自清与朋友游玩南京，停留了一天。第二日上午渡江到浦口，火车下午发车北上。父亲本来因为有事，说好不送他，让旅馆里一个熟识的茶房送他到浦口，后来不放心，还是决定送儿子去浦口，朱自清再三劝说，父亲仍然坚持。

过了江，进了坡口车站。朱自清买票，父亲照看行李，因为行李太多，向脚夫支付了小费才得以通过。上车后，父亲为儿子拣定了靠车门的一张椅子，将紫毛大衣铺在座位。叮嘱儿子路上小心，夜里要警醒些，不要受凉，又关照茶房照应他。对父亲的迂，朱自清暗暗笑话，来往北京也好几趟了，20岁的人了，自己还不会照顾自己？

距离发车的时间还早，父亲说："我买几个橘子去。你就在此地，不要走动。"说着就走出车厢。走到对面的月台，需要穿过铁道，须跳下去又爬上去。父亲很胖，走过去自然要费事些。通过车窗看到父亲戴着黑布小帽，穿着黑布大马褂，深青布棉袍，蹒跚地走到铁道边，慢慢探身下去，动作已经较为艰难。穿过铁道，爬上那边月台，就不容易了。父亲用两手攀着上面，两脚再向上缩，肥胖的身子向左微倾，显出努力的样子。朱自清看见父亲的背影，此时此刻眼泪流了出来。又怕他看见，也怕别人看见，赶紧拭干了泪。本来他是要去的，可是父亲不肯，只好让他去。拭完泪水，再向外看时，父亲已抱了朱红的橘子往回走了。过铁道时，他先将橘子散放在地上，自己慢慢爬下，再抱起橘子走。到车厢这边时，朱自清赶紧跑出车厢，去搀他。走到车上，父亲将橘子一股脑儿放在朱自清的皮大衣上，于是扑扑衣上的泥土，很轻松的神情。过一会儿，父亲说："我走了，到那边来信！"他走了几步，回过头看见朱自清送出了车厢，立即说："进去吧，里边没人。"

等着父亲的背影混入来来往往的人群里，再找不着了，朱自清便回车厢坐下，他的眼泪又来了。父亲和朱自清都是东奔西走，家中光景一日不如一日。没想到老境如此颓唐（朱自清《背影》）！

北上的火车终于启程了，车轮在铁轨上发出哐当哐当的声响，朱自清静静地靠在座位上，心情却不平静。眼前晃动着父亲那肥胖的、青布棉袍黑布马褂的背影，眼角又浮现晶莹的泪花。

女高师南下旅行团

1923年5月下旬到6月下旬，石评梅与北京女子高等师范学校体育系12人、博物系14人组成"女高师第二组国内旅行团"南下旅游，她们沿京汉铁路，经保定、武汉、南京、上海，车到汉口站，换乘轮船渡江，考察湖北教育，乘船游览黄鹤楼、汉阳兵工厂；坐江轮到南京下关码头，考察南京学校，寻访南京名胜古迹；再乘沪杭火车抵达上海，又去浙江考察、游玩。从上海乘坐海轮到青岛，坐胶济线火车去济南，由济南返回北京。返校后，石评梅写了一篇五万余字的长篇游记《模糊的余影》，连载于1923年9月4日到10月7日的《晨报副刊》。

旅行团出发的那天，女高师很多同学来到京汉车站送行，非常热闹。女高师旅行团另挂着一辆包车，车门上插着一面白绸三角形的旗子，上边"女高师旅行团"六个蓝呢字，随风飘荡。车站上的铃铛声响起，火车即将发车。旅行团成员与送行的朋友握手告别，"前途珍重"而后在车窗前挥手示意。

车慢慢地蠕动着，车站、同学的身影渐渐隐在树荫里了。火车的速度也增加了，大家的心绪追随着辗转在车轮下，车轮飞驰电掣,载着她们向南方飞奔。

火车在河北保定停靠,大家都下车玩去,有的同学去买熏鸡;孝颜、子赫的母亲知道女儿路过此地,特意过来看她们,看到母女相见的亲切情景,石评梅想起了在家乡的母亲,心里有点酸楚。

30分钟之后,火车缓缓地驶出保定站,火车在夹植杨柳的轨道中,渐渐提速,远远的青山,茂郁的森林,都抛在了车后,只有天空中的散云,很清闲地一动不动……

夜幕中,石评梅与孝琪、宝珍坐在车外的铁栏前,遥望沉静幽暗的夜空,耳边是车轮与铁轨摩擦的轧轧声。夜光如洗,天空寂寥。夜深了,起风了,寒意阵阵,走回车厢,靠在座椅上,披上毡子,渐渐进入梦乡。

梦境恍惚的时候,茶房说:"黄河桥快到了。"石评梅翻身起来,见窗外已渐渐发白,已能模糊地看出青山碧水,这时候同学都醒来,梳洗的时候,慢慢已将黄河桥过了。她提笔铺纸在车上给家乡的父亲写了一封信,告诉这一日的情形。

目的地汉口快到了,南方的风俗已能在铁道旁的乡村看出一点;气候已比北京润泽多了,惠和的卷发已慢慢地垂下来。

到了汉口车站,武昌高师体育主任鲁也参先生来接站,他原来也是北高师体育系的教授。各人清点携带的行李,从车站上搬到月台上,没想到集中起来竟有56件。到武昌,旅行团需要改乘轮船,办事人员雇人将行李运过江去。石评梅等旅行团成员随艾一情先生到六码头上船,只见江水滔滔,东流不绝,两岸船只如鳞。

到了武昌,参观女子师范、武昌高师附中、附小、武昌高师,又登蛇山、黄鹤楼,考察汉阳兵工厂。后在汉口坐船到南京下关码头。

▲ 20世纪20年代宁波火车运输

在南京考察、参观、游玩之后,6月6日搭上沪杭车抵达上海,转车去杭州,在西湖逗留五六日。6月10日女高师旅行团返回上海。上海考察结束后,旅行团于6月15日乘坐海轮,经过三天的海上旅行,6月18日抵达山东青岛。6月20日上午8:00,旅行团成员上了胶济车,去济南,畅游大明湖、汇泉寺。至21日南下旅行团行程结束,第二天大家乘坐津浦线火车返回北京。一个月的旅行,行色匆匆,然而山川风物、风土人情却深深地烙在女高师旅行团成员的脑海中,才女石评梅用她的生花妙笔,记述下她们看到的风景,感到的温情。

张恨水火车采风旅行

民国二十三年(1934)五月,张恨水赴陕甘采访,意在调查西北民生疾苦。当时西北包括陕西、甘肃、宁夏、青海、绥远、新疆六省。乘坐火车去西北有两条线路:去绥远、宁夏、新疆,走平绥线到包头,再换乘骆驼;到陕西、甘肃、青海,走陇海线到潼关,再换乘汽车。

张恨水当时住在北平,先搭乘平汉通车,晚上11点多钟抵

◀ 济南火车站

达郑州。若是买好联运票（省去了临时购票的时间），下了平汉车，就可以跳上也是11点多钟抵达郑州的陇海线由东向西的通车，时间要算好，路上也不能耽搁。

30年前也就是1900年前后的郑州火车站，非常简陋，车站还没有正规的建筑物，只是几十间草棚子而已。到了1934年时，车站大变样，不仅有了月台、车棚，连车站附近的中山路，一望也是几层楼的高大洋房，马路虽不十分宽，却很是平整。

根据以往的采访、出行经验，张恨水此次西行随身携带了不少物品：

必备品——行军床、温水壶、旅行药品、伞、雨鞋、手电、灯、指南针、表、精盐、茶叶、手巾襄、口罩、罐头、饼（以上两项，若游华山，千万带着，别忘了）。

补充品——打气炉子、锑质锅壶、滤斗、糖（西北地区糖很贵）、水果、日记本、茶壶、碗、筷子、小刀、行李袋（油布）、望远镜、地图、寒暑表。带滤斗是考虑甘肃境界沿路的水都是黄泥汤，能过滤一下，自己在打气炉子上烧着喝，就很卫生了。

张恨水在郑州住了两日，除了游玩之外，品尝了郑州特产黄河鲤。鲤鱼肉质粗，唯有黄河鲤，只是尺来长，肤肉很嫩。小馆子烹制黄河鲤技艺一般，要想吃出地道的味道，非到几家大的河南馆子，鲤鱼包管是正宗的黄河鲤，而且口味绝佳，价格是2~3块钱。

第三天，张恨水搭乘下午5:00的西行车子去洛阳，路程5个小时。他坐的是二等车厢，硬木凳，连电灯也没有，不过，车厢里可以泡茶，费用3角钱，随便喝。也有中餐供应，一菜一汤，收费1元，可以吃饱。随行的小李坐三等车厢，条件更加简陋。三等车厢虽有茶水供应，一壶一毛五，但是不加开水。

火车在黑暗中奔驰，没有睡觉的乘客，不时地由玻璃窗里向外张望，只是乌压压的一片低影子。晃晃悠悠中，坐着打起瞌睡了。蒙眬之中，人声嘈杂，茶房说："洛阳到了。"张恨水匆匆收拾了行李，走下车来。

一眼看到月台上很大的一片地方，只竖了两根长木头杆子，在上面挂了一盏小小的汽油灯，灯光暗淡，只能看到人影晃动，其他的都看不清楚。在空场子南方，挂了很多灯笼，长的、方的、圆的、扁的，很多种造型，有点意思。走近时，听到有人喊，中州旅馆吧？名利栈吧？大金台吧？听了一阵，张恨水搞明白了。原来是旅馆在招揽生意，灯笼显示旅馆的招牌。来前，张恨水在郑州已经打听清楚，洛阳旅社以大金台旅馆最好，就住大金台了。喊来旅馆伙计，取了行李，出站时接受了检查，由伙计引路，就向大金台旅馆走去。打灯笼的伙计，引着一车行李先走，另一个伙计拿着手电筒，左右晃荡着引着大家跟随。

穿过一条窄窄的土街，两边人家都紧紧地闭着大门，每隔四五家门首，在那矮矮的屋檐下挂着一个个白纸的方形吊灯，写着"安寓客商""油盐杂货"的字样，那是商铺的店招。

在一个圆纸灯笼下的一扇大门前，伙计停下脚步，灯笼上有字"大金台旅馆"。这旅馆既像南方的一条龙的房子，一层层向里，又有点像北方的房子，每进都是三合院。张恨水挑了一间最好的房子住，里面是一副床，铺板，一张方桌，两把木椅。隔壁有一间小黑屋子，一铺一桌，就让工友小李住了。平常房间价钱由5角至1元2角不等，茶水还另外算钱。吃饭，到外面馆子里去叫，早餐花费五六角，可以吃得很好。

在洛阳停留两日，张恨水一行在第三天凌晨4:00，搭了由东向西的陇海车子前往潼关。在这一截路上，所过的十有九成是黄土山，不过山上还有草木，有时看到乡下人在土坡上挖一个洞进去，洞外一片平地，外面围着一圈土围墙，就是这样三五人家，配上几棵树，就成一个村落……火车过了观音堂，时而穿越土洞子（隧道），大致要经过十几个土洞子。车窗两侧，没有山水和绿野，不是黄土梁子，就是高低不齐的土丘和土坡，与江南的秀山绿水风光迥然不同。

看惯了江南的秀美，忽然见到这么荒凉，没有一丝绿意的景色，真是感到烦腻透了。火车就这样继续向前走着，心里觉得有点堵，张恨水坐到车窗旁……看到黄河了，车窗视线的前头，出现了黄河，那就快到潼关了。因为到了潼关附近，铁路是筑在黄河边的。滚滚的黄河水，有了那么一种运动的气势，比单纯的黄土高坡要有视觉冲击力，也容易撩拨心里豪迈的情绪，黄河是中国的母亲河。

潼关的检查很严密，旅客由火车上下来都要检查，把旅客出站的栅栏给关上了，放进七八个旅客，检查完了，再放七八个，如此这般。

出了潼关站，张恨水直奔华山。到华山有两条路，坐汽车可以到华山脚下的玉泉院；坐火车只能到华阴。张恨水换乘到华阴的火车，现在已经没有特别快车了，只有每日一班的材料车，车价3角5分。华阴站简陋而且小，只有一间卖票房，走出车站外面是空荡荡的，连人力车也看不到，不免有了孤独的感觉。好在去华阴的火车上，张恨水遇到了四位游华山的游客，结为同伴。雇用了人力车后，推着行李进了县城。县城也是冷冷清清的，走到县城西关，才雇到六头驴。人骑着小毛驴，行李放在人力车上，走了8里路，由华阴走到了华山脚下的玉泉院。驴价很便宜，两头1角5分。小车走一趟，也只要四五毛钱。

游完华山，次日，大家一早就下山，10:00赶到玉泉院，吃完了午饭，下午1:00到华阴车站，坐3:00发车的东行车回潼关。

由潼关到西安，经过华阴、华县、渭南、临潼四县。……当张恨水到西安的时候，继续向西行，已经不能乘坐火车了，因为陇海路到潼南这一段铁路还没修好。向西去的人，只能坐长途汽车。汽车有官家的，有商办的，票价5块多钱，可以携带50斤行李。张恨水改换蒙经济委员会的公车，继续他的西行采风旅行，乘坐火车则至此结束。一路采访，一路旅行，一路撰写文章，沿途的见闻在他的笔下流淌，让后人通过张恨水的文字，看到了1934年西北的风貌，黄土高坡的风情（《张恨水散文》）。

白天赏景夜枕波

与火车相对的远行交通工具，主要是轮船。在车速不是很快的年代，长江上轮船实现了"朝辞白帝彩云间，千里江陵一日还"的梦想，而且白天观赏江景，夜间枕着波涛而眠，也很惬意。至于更为遥远的旅途,如漂洋过海去海外,大轮船更是首选。

寂寞归程

《鲁迅日记》记录了1913年6月19日鲁迅回绍兴探亲的历程。去的时候乘坐火车,返回北京时则改换轮船。7月27日下午离开故乡绍兴,乘小舟向西行。在故乡时,许多亲朋好友得以相见,与发小回忆童年的趣事,非常开心。这时候一人独居孤舟之中,颇有寂寥之感。28日晨抵西兴,写便笺让摇舟的船工带回绍兴给二弟周作人,告知平安。然后去俞五房运输行雇轿渡江至南星驿站,午后乘坐火车至拱宸,上了驶向上海的大东公司的船班。

29日晨班船航行到嘉兴,17:00到了上海。当船在码头停泊时,除了船客,码头很冷清,没有旅馆客栈在此招揽生意。鲁迅准备在码头附近的旅馆住宿,然而听说是散客一人,各家旅馆都以客满为由,谢绝入住。无奈之下,鲁迅花高价要了两辆人力车,一车坐人,一车带行李,拉到虹口松崎洋行投宿。晚上给二弟写了一张明信片,告知上海码头与旅馆遇到的情况。

第二天,多云,鲁迅一整天待在洋行客房中,午后下起了小雨,闲着无聊,给二弟写了一封书信。第三天雨转天晴,但是没有购买到回北京的船票,只好继续留在客房中,觉得很闷。

8月1日,又下雨了,等到天空放晴时,洋行告诉鲁迅一个好消息,到天津的塘沽号船票买到了,票价10元,第二天16:00启程。

8月2日上午去书店购买了一册日译都介纳夫著《烟》,书价1元4角,准备坐船时阅读。下午2点登上塘沽号。船舱房间污秽不堪。与鲁迅同居一间的叫徐翘(字小梦),他到青岛。给二弟又寄一明信片。16:00,塘沽号准点发船。

在塘沽号上也看海景,读书,每天如此。船在青岛、大连停靠。

8月7日上午8:30抵达天津。鲁迅住在富同客栈。给周作人寄一张明信片。下午2:00去天津西站，2:30去北京的火车发车，傍晚6:30抵达北京，晚上7:00鲁迅回到北京的住所绍兴会馆，为期50天的探亲旅程至此结束。

长风破浪会有时

1923年5月，石评梅与北京女高师旅行团一行26日南下旅行，先是乘坐火车抵达湖北汉口。坐轮渡过江到武昌，考察武昌高师附中等学校。

5月26日，旅行团乘坐汉阳兵工厂的武胜轮去兵工厂参观。武胜轮在长江中破浪前进，当见烟波江上，风帆上下，浪花飞溅；站在甲板上放眼望去，龟山临左，蛇山傍右。武胜轮船速很快，船入汉水未跑多久，汉阳已在眼前，两岸树木林立，浓荫蔽日，让人想起唐人崔颢"晴川历历汉阳树，芳草萋萋鹦鹉洲"的诗句。

武胜轮靠岸后，旅行团舍舟登陆，陡觉炎热凌人。参观完兵工分厂之后，原路返回，一路风浪很大，然而船上赏江景却与陆上赏风景不一样，汉江苍碧，一望无际。

◀ 20世纪30年代长江小火轮

▲ 20世纪30年代轮船启航

旅行的下一站是汉口，旅行团乘坐江新号轮船，28日10:00乘车到六码头上船至汉口。石评梅与芗薇住在三层舱中房舱66号，船上的房间不大，但比火车舒服。连日在湖北旅途劳顿，异常困乏。下午石评梅在船上睡大觉。22:00开船了，芗薇唤醒石评梅上甲板看夜景。夜间冷风阵阵彻骨寒，岸上明灯闪烁，映在碧苍的江水里，也看到几只小划子船在江中荡漾，借着月光、灯光依稀看见竹笠蓑衣的渔翁。

29日7:00醒来，石评梅拉上同学肖岩到甲板上眺望江岸，云峰起伏，远山含烟，风平浪静，波纹如绉。到了下午便看到江心一座孤山矗立，青翠如螺浮江上，那就是小孤山。江新号从小孤山下穿过，临江有一排楼阁清晰地跃入眼帘，船绕其下，仰望清媚江山，其风景只可臆想，不能笔描。

30日早，石评梅被一阵凉风吹醒，透窗而入的凉风，让她精神清爽。梳洗后，用了早点，又拽着芗薇至甲板，江心烟雾迷漫，朦胧中隐着一轮晓日，风景极美。14:00江新号到达南京下关码头。下船后仲鲁才发现，皮包被刀子划破了，一支自来水笔不翼而飞。

她们一行在南京考察了东南大学、南京高师附中附小、江苏省立第四师范等学校，又去鸡鸣寺、明孝陵、莫愁湖等名胜古迹游玩。再乘火车至杭州考察、参观、游玩。6月15日，在上海乘坐颍州号船轮去青岛。

那时候大轮船吃水深，不能停靠码头，一般都停泊在江中。旅行团成员下午乘着小船渡黄浦江，在浦东登上颍州号。船第二天一早才启程，当晚大家都住在船上。旅行团包了一个舱。夜幕降临，黄浦江岸灯光辉煌，像缀了一列的夜明珠。江上帆船、海船都一列地排着，红灯绿灯在波光中闪烁着，映出一道光路。

颍州号是夜间开船的，早上醒来，发觉船还停泊在江中没动，从那圆窗中望去，江上白雾升腾，所有的船只都锁在那白雾中间。大雾锁江，轮船因此继续停泊。忽然天空暗下来，大片黑云压顶，不久，倾盆大雨倾倒下来。

中午12:00，雾气渐渐散去，江面辽阔，汽笛一声长鸣，颍州号慢慢地开驶了！石评梅与同学们站到甲板上望着吴淞口，上海渐渐远去。18:00颍州号驶入大海，此时稍稍感觉船只簸荡，没有在长江中行驶得那么平稳。

17日早晨，梳洗后石评梅走出舱门，一望水天相接，青翠的海水，激着白色的浪花，荡着鱼鳞般的波纹。不一会儿太阳出来，映着碧波，幻出万道银光，直射入眼帘。海面波涛滚滚，颍州号破浪前进。

下午海上起大雾，船的速度放慢下来。到了晚上，因为雾太大，颍州号只好停驶，抛锚停泊。第二天早上大雾仍然没有散去。很多同学都是第一次乘海轮，大半面色不佳，有的同学呕吐起来，状态狼狈。

雾气渐渐散去，颍州号又乘风破浪，海上浪花翻激，有水母游泳其中。12:00颍州号终于抵达青岛，水天一色，风景殊佳。下船时瓢泼大雨又突然来袭，让大家措手不及，衣单天寒，乘坐海轮的体会，让大家非常难忘(《石评梅文集》)。

海轮上缔结好姻缘

民国时期出国留学，尤其是到大洋彼岸的国家，基本上都是乘坐海轮，在海上要生活半个月。

1923年，冰心从燕京大学毕业，获得了"斐托斐名誉学会"的金钥匙奖、燕大女校的姊妹学校美国威尔斯利学院的奖学金，赴美国波士顿的威尔斯利学院留学，攻读英国文学。吴文藻1922年毕业于清华学校，准备去美国达特茅斯学院社会学系深造。梁实秋1923年8月毕业于清华学校，也接到了美国科罗拉多州科罗拉多学院的录取通知。许地山1920年毕业于燕京大学之后留校任教，1923年赴哥伦比亚大学研究院哲学系学习。

1923年8月17日，冰心和一群年轻人从上海登上约克逊号邮船，赴美留学。船启程前，冰心在贝满女中的一个同学来信请冰心上船后找她的弟弟、清华学校学生吴卓。当时乘客差不多全是中国留学生，光清华学校的就有近百人。上船之后，通过许地山的介绍，冰心认识了梁实秋。此前，梁实秋、顾一樵等人在上海创办文艺刊物《海啸》，约请许地山、冰心撰稿。上船第二天，冰心让校友许地山去找吴卓，找到了一位清华的吴同学，冰心与仪表堂堂高个子的吴同学一见面，就有好感，两人攀谈起来，有共同

▲ 20世纪40年代的客轮

语言。等到梁实秋一出现，说起来姓名，冰心才知道人找错了，此吴同学是吴文藻，不是吴卓。然而就是这一错，成就了一段姻缘。

海上近半月的旅行，使冰心与吴文藻建立起一种奇特的友谊。踏上美国国土后，尽管两人各奔东西，进入两个学校学习，但是两人一直保持联系，保持友谊，彼此书信往来，渐渐书信语言变得炽热，由相知而相爱，并于1929年结为秦晋之好，成为相伴一生的伴侣。

辽阔天空任我行

飞机在民国时期还是稀罕物，有运输机，也有用于民用的客机，除了公务之外，只有极少数人能够乘坐，因为价格昂贵，很多人想都不敢想。有一则机票价格的记录，1945年12月21日中国航空公司客机从重庆飞往上海，单程票价102000元。

1929年5月1日，中华民国政府特设中国航空公司成立，1930年8月与美商中国飞运公司合营，改组为中国航空公司。1935年，中国大陆有两家航空公司，中国航空公司、欧亚航空公司。中航主飞南北航线，欧航主飞东西航线。从北京飞天津的单程机票180块大洋，从天津飞青岛的单程机票460块大洋，从青岛到南京的单程机票430块大洋，从南京到上海的单程机票要卖160块大洋。这样的价格，即便高收入者也消费不起。

飞机都是进口的小型客机，最多也就坐三四十人，更小的飞机只有十多个座位。飞机少，机组人员也少，到了1948年，中国航空公司的空姐也才20多人。一般的客机只有一名空姐，三四十座位的客机有两名空姐。

▲ 20世纪30年代中国客机从吴淞口上空飞过

▲ 民国时期的空姐

徐志摩飞机失事

徐志摩与陆小曼结婚后，忙于挣钱养家，在上海、北京、南京、苏州等处奔波，乘坐飞机可以实现朝发夕至，因此，他也时常乘坐飞机。

传闻徐志摩曾经问梁实秋："你坐过飞机没有？"梁实秋回道："没有坐过。一来没有机会，二来没有必要，三来也太贵。"

徐志摩坐飞机体验到比火车更快的速度，他说："坐飞机很有意思的，速度快，御风而行，平稳之至。而且在飞机里可以写稿子。自上海到北京，比朝发夕至还要快，早上还在北平吃早点，到上海正好吃午饭。"徐志摩住在上海，在苏州东吴大学、南京中央大学讲课，还在北平兼职。到苏州、南京，可以乘坐火

▲ 20世纪40年代新型客运飞机

车,到北京则乘飞机。

1931年11月19日,徐志摩本来没有课,但是他听说林徽因在北京协和小礼堂演讲,为外国使者讲解中国建筑艺术,非要去捧场不可。早上8点搭乘中国航空公司的济南号邮政飞机,由南京飞往北京。这是架司汀逊式6座单叶9汽缸飞机,1929年由宁沪航空公司管理处从美国购入,马力350匹,速率每小时90英里,在两个月前刚刚换了新机器。

10点10分,飞机降落在徐州机场,徐志摩给林徽因发了一封电报,要她来机场接,并且给陆小曼也写了一封信,说想要回家。10点20分,飞机从徐州起飞,飞临济南南部党家庄上空时,忽遇大雾,航向难辨,驾驶员降低飞行高度,不慎飞机撞上白马山(又称开山),济南号坠入山谷,机身起火,徐志摩与两位机组人员王贯一、机械员梁壁堂遇难,无一生还。徐志摩年仅34岁。

下午3点梁思成租了一辆汽车去南苑机场接徐志摩,结果等到4点半,人仍未到,汽车只好又开了回来。对此,林徽因对梁思成说:"志摩这人向来不失信,他说要赶回来听我的讲座,一定会来的。"

等到晚上，林徽因开讲座时，徐志摩还没有出现。回家后，梁思成告诉林徽因，徐志摩未回，胡适推测途中有变故。

20日早晨，胡适和林徽因看到了北平《晨报》刊登的消息：

京平北上机肇祸，昨在济南坠落！
机身全焚，乘客司机均烧死，天雨雾大误触开山。

11月22日上午9时半，梁思成、金岳霖、张奚若三人赶到济南，在齐鲁大学会同乘夜车到济南的沈从文、闻一多、梁实秋、赵太侔等人，一起赶到福缘庵。他们抵达失事地点时，当地人已经给徐志摩的尸体入殓，穿着小袄、戴着瓜皮小帽，额头上磕破的大窟窿也收拾干净（朱千一《林徽因和她客厅里的先生们》）。

"悄悄的我走了，正如我悄悄的来；我挥一挥衣袖，不带走一片云彩。"徐志摩的《再别康桥》说的诗句，似乎是他的谶语。

玩飞机的奇女子

在飞机刚刚进入国门不久，有个奇女子却玩起了飞机，成为开飞机的女驾驶员，她就是李霞卿。

李霞卿原名李旦旦，是位影星。1926年李霞卿的父亲在上海与别人开办上海民新影片公司，14岁她以李旦旦之名出演影片《玉洁冰清》中女主角的妹妹，一举成名。后来又主演了《和平之神》《西厢记》等影片，成为上海演艺界名噪一时的红星。李霞卿不仅外貌漂亮，胆子还大，她喜欢骑马驰骋，游泳水里击波，还会开汽车风驰电掣。

但是她的演艺生涯只有几年，1929年她便离开影幕，去英国留学。1933年21岁的李霞卿去瑞士日内瓦瓦康塔那飞行学校

▲ 李霞卿驾驶飞机 1936 年 1 月回上海

学习飞行，1935 年又到美国奥克兰市波音航空学校深造，考取了飞行执照，并成为美国妇女航空协会的会员，加入卡特皮勒飞行俱乐部。

1936 年李霞卿回到上海，在中国获得飞行执照，在上海开始飞行表演。同年，上海市民献机命名典礼在龙华机场举行，观众多达 15 万人，李霞卿与一位驾驶员驾驶飞机进行空中表演，轰动一时。此后，李霞卿又驾机飞抵南京、北京、洛阳、成都、西安、昆明、贵阳、太原等地表演。

1936 年淞沪会战时，李霞卿曾申请作为飞行员参加空战，未获中国政府批准。此后，她积极参与对中国抗战士兵的救治工作。1938 年开始，李霞卿在美国和加拿大巡回飞行和演讲，为中国抗战募捐。1939 年初，李霞卿应美国援华药物局的邀请，驾驶新中国精神号单翼轻型飞机，在美国纽约、华盛顿等城市巡回飞行，为国际援华活动宣传。抗战胜利后，迁居香港（陈宁骏、欣辰《民国名媛的婚姻大事》）。

Yu Le
娱 乐

第二十一章　清末遗风遗俗

到了清末，八旗制度颓败，那些依靠祖宗福荫的八旗子弟，领着月钱（俸禄），游手好闲，好逸恶劳，只会享受。有的甚至把祖上的房产、古玩变卖一空，穷困潦倒。到了民国，遗老遗少的封爵都没有了，但八旗遗风尚在。清末民初的北京城，时常可以看到提笼架鸟、泡茶馆、驯鹰的公子哥。

乐战九秋斗虫鸡

蒲松龄《聊斋志异》中有《促织》一篇，专说明代的斗蟋蟀。蟋蟀属于玩虫一类，其始祖可以追溯到宋代的贾似道。每到秋天，各位玩蟋蟀的大爷便派出仆人四处下战表，美其名曰"乐战九秋"。接到帖子者，也必郑重地带着自己的"爱将"赴会一战。女作家苏雪林年轻时，也玩过斗蟋蟀。

苏雪林斗蟋蟀

1925 年中秋节，苏雪林从法国留学归国，与江西五金商人家庭出身的张宝龄在安徽太平老家岭下村举办传统婚礼。苏雪林在东吴大学兼课，张宝龄也受聘东吴大学工程学教授，1926 年，张宝龄、苏雪林举家迁往苏州。东吴大学安排在天赐庄与一对美国夫妇合住一栋两层的小洋楼。楼前有一个园子,长满高树杂草。课余,苏雪林开荒种地,种植四时蔬菜,养了多种金鱼,观赏取乐。

夫妻俩还玩起了斗蟋蟀,在园子里捉了十几条。当时正值北伐,南口冯玉祥与吴佩孚、张作霖交战。夫妻俩就按照南北各军将领的名字给蟋蟀命名。苏雪林倾向革命军,第一号盆子命名为蒋总司令,依次唐生智、何应钦。张宝龄站在张作霖

▲ 东吴大学教授苏雪林

一边,第一号称为张大帅。"张大帅"很能打,不仅打败了"冯焕章"(冯玉祥),连"蒋总司令"也招架不住。张宝龄得意扬扬,苏雪林气不过,趁张宝龄出去时,悄悄将"张大帅"换下了,以"蒋总司令"顶窝。她的"蒋总司令"变身张宝龄的"张大帅"。原来的"张大帅"摇身一变成了北伐的"蒋总司令","战局"逆转,"北伐军"势如破竹,节节大胜。对于形势逆转,张宝龄很是纳闷,后来一观察,发现端倪,大笑一阵,在夫人面前,也只能如此了。

金岳霖斗鸡

斗鸡是一种起源于亚洲的世界性的娱乐活动,中国是驯养斗鸡的国家之一。唐代文学家韩愈曾用《斗鸡联句》描写斗鸡的场面:"裂血失鸣声,啄殷甚饥馁,对起何急惊,随旋诚巧给。"

哲学家金岳霖也是个玩家，斗蟋蟀、斗鸡都玩。金岳霖1914年毕业于清华学校，后留学美国、英国，又游学欧洲诸国，回国后主要执教于清华和北大。青年时代饱受欧风美雨沐浴，生活相当西化，西装革履，仪表堂堂，极富绅士气度。但是没有想到的是，他却喜欢中国式的玩法，他养蟋蟀，也有斗鸡。屋子里摆着许多蟋蟀盆，经常与孩子们在一起斗蟋蟀。玩蟋蟀、斗鸡时，他不像绅士，非常投入，完全是个玩家。斗蟋蟀如果输了，他会从口袋里拿出苹果、梨子送给孩子们，愿赌服输。在孩子们的眼里，金岳霖也是个大小孩。

金岳霖还养了一只斗鸡，不过这只斗鸡只是他的宠物，并不用来比斗。斗鸡在金岳霖家里有特权，享受与主人同桌进食的待遇。吃饭时，斗鸡毫无顾忌地爬到桌子上，伸脖啄食桌上菜肴，金岳霖竟安之若素，与鸡平等共餐。

京城玩家王世襄

说到会玩，玩出学问，玩出名堂的，不可不说京城玩家王世襄。他是家具收藏大家，也是著名的玩家，玩虫、逗鸟、养鱼、遛狗、驯鹰，过去那些纨绔子弟喜欢玩的玩意儿，王世襄几乎都会，而且能说出门道。

王世襄在《京华忆往》中说：他幼时家境优越，从小学到大学，始终玩物丧志，业荒于嬉，秋斗蟋蟀，冬怀秋虫，挈狗捉猫，皆乐此不疲。养鸽放鸟，更是不受节令限制的常年癖好。

郊外捉蛐蛐

蛐蛐的叫声很好听，但抓蛐蛐可是一门技术活儿，不仅要吃苦，还要懂得选地点，懂得如何抓。还要有整套的装备——铜丝罩子、蒙着布的篓子、帆布袋、罐子、大草帽、芭蕉扇、水壶、破裤褂、雨鞋，等等。

为了捉蛐蛐，立秋刚过，少年王世襄一大早就出了朝阳门，顺着城墙根往北，向着东直门自来水塔方向走。他摸到胡家楼李家菜园后边的那条小沟，去年在那逮到过一条青蛐蛐。但是这次扑空了，蛐蛐搬家了。他又向西坝河的小庙进发，路两边是一人来高的坡子。逮蛐蛐可费劲了，一只脚踏

▲ 王世襄与父母（摘自晨舟《王世襄》，文物出版社版）

在坡下支撑身子，一只脚蹬在坡腰，将草踩倒，腿要弯曲成六十度，弯着腰，一手用扇子对着草丛扇着，惊扰蛐蛐，一只手拿着罩子，等着蛐蛐出现就罩上。费了老大的劲，逮着几只蛐蛐，都不理想。人也给热得不轻，小褂潮湿了，裤子上半截是汗水，下半截是露水。过了晌午，费了九牛二虎之力，才抓到一只黄麻头青翅壳的蛐蛐，后来又陆续抓了六七只，仍然没有大家伙。太累了，回到西坝河庙前茶馆喝水，一口气喝了七八碗。

日上三竿，太阳西斜，王世襄收拾好坛坛罐罐，才回家。路上有卖烧饼的，吃了两块就不想吃了，累坏了，加上逮的蛐蛐不理想，没有了食欲。逮蛐蛐只是知道渴，不知道饿。到家以后，要等歇过劲来，才知道饿，这时饱餐一顿最满足。

第二天他又骑上自行车往更远的地方苏家坨。清晨骑车出

发，一路骑得飞快，但是到达苏家坨时已经晌午。先借住在村西头的老王头家几日，然后出村子，察看地形，选择了距离村子一二十里开外的西山。

第二天清晨，他骑着自行车去西山，东拐西转，找到一道土好草丰的坡子，根据经验，这里有货。仔细观察后，发现了蛐蛐的窝。用扦子挨个插，扎二三十下不见扎出一条蛐蛐出来。换方向再扎，终于逮了一条紫蛐蛐。这时候已经满头大汗，口干舌燥，肚子也咕咕地叫了，啃了两口馍，又回头寻找，抓到一条。这就折腾了一天，不过四条蛐蛐。

在老王头家吃了贴饼子，喝了两碗棒渣粥，等到晚上，月亮挂在了天空，王世襄拿着电棒、手提扦子，又出村了。天上一轮新月，满头繁星，地里、草丛中满是蛐蛐、虫子的声响。王世襄对这里村头、地里的环境不熟，夜间更是分不出方向，不敢走岔路，只好顺着大车道，走到几棵大树旁，忽然听到几声苍老宽宏的虫子鸣叫声，王世襄听出了是一个翅子蛐蛐。不过因为天黑，不敢抓，怕抓不住跑了。就这样猫着，等着，等到了天亮，一扦子扎下去，把这个小东西给逮住了，果然是一只尖翅的叫虫。

他在苏家坨三天两夜，也就逮到五条像样的蛐蛐，尽管斩获不多，却很辛苦，其中的乐趣让王世襄得到极大的满足。这就是王世襄高中时期，两次逮蛐蛐的经历。

捉了蛐蛐带回去养着，养蛐蛐的罐子也很讲究，制作精美。王世襄在其著作《京华忆往·秋虫篇》中对捉蛐蛐、买蛐蛐、养蛐蛐、斗蛐蛐有过详细描述。

遛狗放鹰

王世襄还喜欢遛狗、驯鹰。他十七八岁时，拜善扑营头等布库瑞五爷、乌二衮为师，学习溜獾狗、架大鹰。

1932年，王世襄开始养狗，第一条狗是黑花，黑头、白腿，身上有三块黑。1934年他读燕京大学时，家里养了三条狗——黑花、青花、雪儿，平时狗就放在他家在成府刚秉庙东的一个园子里。养狗、放鹰，成为他课余时最畅快的事情。高中时，因为家在城里，没时间放鹰，只有熬到星期天，才算有机会，大清早出北京城，到了郊外，已经是中午，放鹰没

▲ 1936年王世襄架鹰捉兔归来（摘自晨舟《王世襄》，文物出版社版）

几次，就要往回赶，等到了城里的家中，已经夜幕降临。对于好玩的王世襄来说，放鹰不痛快。上燕京大学时，因为家里在东门外有一个大园子，狗和鹰平时都放在园子里养着，远离北京城，出了园子就可以放鹰，省去了路上的折腾。下午不上课时也可以去园子，加上逃学旷课，每周至少可以放鹰二三次。

溜狗、养鸽、放鹰，不仅需要智慧，还要有耐心，通过科学的喂养、训练，与动物建立感情，了解它们的脾性，进行训练。而且，溜狗、养鸽、放鹰也是体力活动，狗跑，人也走；鹰飞，人跟着转。王世襄自己说，他到79岁时，还能赶公交汽车，用自行车驮着液化气罐，自己去气站换气，完全受益于年轻时的獾狗与大鹰。

梅兰芳养鸽练眼

养鸽子也是过去八旗子弟的爱好之一。带有鸽哨的鸽子在天空翱翔，阵阵哨音，响彻云霄，仿佛天籁。观赏鸽子飞舞，倾听哨音，那时候也叫"望天"，愣个神，放放空，也是一种闲情雅致。

梅兰芳8岁学戏，14岁搭班"喜连成"参加演出。少年梅兰芳外形条件并不出众，但是他勤奋刻苦、爱动脑筋。梅兰芳眼睛有点近视，看远处不清楚，最大的问题还是眼睛无神，唱戏中的眉目传情无法表达，为此梅兰芳很是苦恼。

听说养鸽子可以练眼神，梅兰芳就养了几只，每天早晨放鸽子，等到鸽子飞上天时，他就目不转睛看着，鸽子飞到哪里，眼睛就盯到哪里。开始，鸽子飞得稍远，视线就模糊，他不放弃，眼睛睁得更大，凝神专注，渐渐，模糊的视线清晰了，稍远处的鸽子的数量、飞行姿态也可以分辨出来。

▲ 28岁的梅兰芳（摘自王慧《梅兰芳画传》，作家出版社版）

看鸽子飞行，果真可以练习眼力，梅兰芳的鸽子也养多了起来。每天早上放飞，梅兰芳并不是一股脑儿将鸽子全部赶出去，而是分批放飞，一次十几只，手舞竹竿，驱赶新鸽追赶老鸽，然后眼睛随着鸽子的展翅波动，捕捉鸽子的飞行轨迹。这批鸽子放飞了，接着再放第二批。一个早上可以练习十几次。这样日复一日的练习，梅兰芳的眼睛变得有神。就这样，通过养鸽子、放飞，梅兰芳练就了一双好眼力，舞台上顾盼之间，用眼神传递角色的内心情感。

欠我风筝五丈风

"草长莺飞二月天，拂堤杨柳醉春烟。儿童散学归来早，忙趁东风放纸鸢。"高鼎的诗描述了春天里孩子放风筝的情景。这样的场景，是很多孩子童年经历过的。民国时期放风筝是一项全民活动，并非只有贵族子弟才玩，贫寒人家子女同样放风筝。

汪曾祺的父亲是位画家，喜欢各种乐器，特别喜欢带着孩子玩耍。汪曾祺小时候就跟着父亲养蟋蟀，养金铃子。给

▲ 年轻时的汪曾祺

他影响最深的是放风筝。清明还没到，父亲就领着汪曾祺等一群孩子去麦田里放风筝了。

风筝是他们亲手制作的，长蜈蚣造型，因为蜈蚣脚很多，蜈蚣风筝又称百脚。蜈蚣风筝属于大型风筝，整个风筝呈一字长蛇状，披披挂挂，长的可以十多米。普通的纸做面子抵挡不住高空罡风的冲击，因此，风筝的面往往以绢为料，颜色是染上去的，根据需要染成不同颜色，飞舞起来五颜六色，非常漂亮。拉风筝的线，用普通的丝线禁受不住，需要改用麻线，汪曾祺的父亲采用了胡琴的弦。大型风筝空中飞舞时，承受的力很大，还需要用

特制的绞盘,才能收放风筝。

"结伴儿童裤褶红,手提线索骂天公。人人夸你春来早,欠我风筝五丈风。"(清·孔尚任诗)蜈蚣风筝飞上了天,摇摆着尾巴,张牙舞爪,汪曾祺与小朋友欢快地叫喊着,草长莺飞,触目皆景,情绪开朗、心境愉悦,多么令人难忘的愉快童年。

▲ 1936 年南京龙头风筝

第二十二章 修身养性琴棋画

诗词歌赋、琴棋书画是中国文人的雅好和修养之道。民国时期痴迷琴棋书画的人大有人在，也颇具水准。不染烟酒不贪不赌的段祺瑞，平生第一嗜好是对弈，为棋而悲，沉浸其中，这似乎不符合政治家的身份，而更贴近文人的性情。擅书能画者更多，够得上书画家称号却不以书画为职业的不在少数，徐世昌的书法、何香凝的绘画不比职业书画家的水平低。

科学家也爱音乐

"凡音之起，由人心生。"音乐可以启迪智慧，激发灵感。能弹奏，善唱歌，会谱曲，对专业人士来说并不稀奇，但对科学工作者来说，就不同凡响了。民国时期，就有几位大科学家有这样的本事，他们的科研成就与音乐也有关。

钱学森弹钢琴

钱学森是大名鼎鼎的科学家，工程控制论创始人，两弹一星元勋，而读者对于他的艺术家身份却不知晓。钱学森多才多艺，艺术修养很高，学过绘画，水彩画很棒；又能弹钢琴，拉小提琴，吹竹笛。如果他不走科学之路，一定是位颇有成就的艺

▲ 钱学森与蒋英

术家。

小时候，钱学森就学会了吹口琴，抑扬顿挫，很有艺术家的气质。他的一生与科学和艺术紧紧地联系在一起，不仅他以音乐、绘画调剂生活，而且他也与艺术为伴，他的夫人蒋英就是歌唱家、声乐教育家。

1947年8月30日，钱学森与军事家蒋百里的女儿、留学德国的歌唱家蒋英在上海国际饭店结为伉俪，他送给新娘的礼物是一架德国制造的黑色三角钢琴。五线谱将两人串联在一起，音乐成为他们共同的语言。新婚不久，钱学森夫妇赴美国波士顿，钱学森在麻省理工学院谋得一份职业。蒋英在德国柏林音乐大学学钢琴，在瑞士路山音乐学院学唱歌，英语不流畅，钱学森就辅导她英语，蒋英则将德语歌翻译成英语，夫妇俩经常练唱。音乐陪伴着他们。钱学森也能娴熟弹奏钢琴，拉小提琴。

李四光谱写小提琴曲

地质学家李四光也是一位多才多艺的科学家。虽然他是"理工男"，但国学功底深厚，文章写得漂亮，还能写旧体诗，此外李四光还有业余音乐家的头衔。

李四光在音乐方面的造诣很高，1913—1918年他在英国伯明翰大学学习采矿、地质学，迷上了拉小提琴。回国前，他谱写了中国最早的一首小提琴曲《行路难》，比马思聪创作小提琴曲还早,1920 年李四光回国,请音乐家萧友梅提过意见,可见其小提琴曲是专业水准。

"六不总理"下围棋

皖系军阀段祺瑞,曾出任过北洋政府总理,因为不抽、不喝、不嫖、不赌、不贪、不占,有"六不总理"之称。段祺瑞的嗜好是下棋。

段祺瑞做总理时,北京出现了一位"围棋天才"、少年棋手吴清源。11 岁时经段祺瑞棋客顾水如的引荐,进入段府陪段祺瑞下棋,段允诺每月资助吴清源大洋 100 元。

每周日一大早,棋手们便来到段府,陪他下棋,之后一起吃早饭,已经形成惯例。棋手们知道,陪下棋也就是让段祺瑞过把瘾,实力强的让着点,保证段祺瑞赢棋。对于一个少年棋手,段根本没放在眼里,他下棋很快,出手无理手,先声夺人。吴清源看出他的破绽,以柔克刚,赢了他。堂堂的总理,竟然让一个少年棋手赢了,段祺瑞面子挂不住了,气得躲进里屋,半天没出来,早饭也没吃。吴清源陪段祺瑞下棋,是为了挣钱养家糊口。于是第二天,他又主动登门,向段祺瑞索要 100 元大洋的资助。段祺瑞如数将银圆给了吴清源。此后,段祺瑞不再找吴清源"手谈",但是每月的资助却从没断过。

1928 年吴清源东渡日本学

▲ 段祺瑞

棋，段祺瑞其实是他的主要资助者。1936年，吴清源棋艺小成，去医院探望已经下野的段祺瑞，两人再度"手谈"一局，那一次，吴清源"输"了。

段祺瑞的长子段宏业，染有抽鸦片的恶习，下围棋的技艺却比老子高出一筹。父子对弈，段宏业对亲爹从不手软，有一次把段祺瑞杀得大败，段祺瑞鼻子都快气歪了，瞪眼呵斥："没出息，就只会下棋！"

段祺瑞的侄子段宏纲也喜欢下棋，也经常与段祺瑞对弈。当时出入段府的棋客很多，一些拉帮结派、趋炎附势而又附庸风雅之辈也常来凑热闹，段府俨然成了个围棋俱乐部。中国银行总裁王克敏、前清十代肃亲王之一的善耆、曾任直隶总督的杨士骧兄弟杨士骢、大富豪李律阁等也都前来捧场。鉴于棋手们生活艰难，段祺瑞对棋手颇多奖励。段氏资助这些人大体上有两种方式：一是挂虚职、支干薪；二是对局时给奖金。

1926年段祺瑞被冯玉祥将军赶下台后，隐居天津，日常活动就是诵经、搓麻将、下围棋。1933年段祺瑞离开天津来到上海，定居在霞飞路（今淮海中路）上海新村附近。到上海后，段祺瑞牵头办起了"上海弈社"，聚拢了一大批上海围棋名手。后来与张静江等一批棋手会合，南北交流，促使围棋活动日益兴盛，上海成为全国围棋名手汇集的中心。

画坛逸事

民国时期的画坛趣味多，巨擘云集，故事很多。张大千早年扬名是因模仿石涛画作，以假乱真。傅抱石也因仿制名人印章，在南昌城有"印痴"的大名。齐白石是木匠出身，卖画为生，曾经想用画换白菜，被卖菜的一顿奚落："竟然用画的白菜换我一车真白菜,太不像话。"想必白菜大爷要是泉下有知,白石老人画作如今的身价,真要哭晕几十次了。那时的人们并不把画作全当商品看待,遇到知音,惺惺相惜,就会向懂自己的朋友送上画作表情达意。

南张北溥惺惺相惜

溥心畬,原名爱新觉罗·溥儒,为清恭亲王奕䜣之孙,与张大千有"南张北溥"之誉,又与吴湖帆并称"南吴北溥"。曾经受业于溥心畬的书画大家启功说:溥心畬的绘画技艺,得益于天资,他的天资远胜于功力。当然溥心畬也曾大量临摹古代名画。

1930年,张大千与溥心畬在溥家萃锦园读书论画。溥心畬拿出一个装满自己作品的箱子,请大千选取,张大千拿了一张没有背景的骆驼,溥心畬随即题款在上。

一张大书案,两人各坐一边,案上放有很多册页纸,两人各取一张,随手绘画。一树一石,或一花一鸟,两位大家运笔如飞。将所画半成品册页掷给对方,由对方依据所画内容进行补笔。如此往来,三个小时左右,两位画了几十张之多,还给启功等在旁伺候的小字辈画了扇面。

张大千出示所画《三十自画像》,请溥心畬题诗:

▲ 溥心畬与张大千

张侯何历落,万里蜀江来。
明月尘中出,层云笔底开。
赠君多古意,倚马识仙才。
莫返瞿塘棹,猿声正可哀。

张大千、溥心畬惺惺相惜。二人合作过一幅《松下高士图》,溥心畬绘一株松树,张大千补画山石、高士,并题诗曰:"种树自何年,幽人不知老。不爱松色奇,只听榕声好。"

▲ 溥心畬《山居图》

▲ 张大千《高士图》

寂寞中潜心创作

1925年冬,林风眠从法国留学归来,由蔡元培推荐为国立北京艺术专门学校校长兼教授。1928年,受蔡元培的赏识,又被国立艺术学院(不久改名国立杭州艺专,即中国美术学院前身)聘为首任院长,直到1938年。他以"兼容并包、学术自由"的教育思想,不拘一格广纳人才。

1938年春,杭州艺专与北京艺专在湖南沅陵合

▲ 林风眠(中),与好友林文铮、李金发在柏林

校,改称国立艺专,林风眠出任校务委员会主任委员。后因与教育部及校内某些负责人意见不一致,林风眠辞职,辗转贵州、云南等地,最后抵达重庆。他避开繁华的文化中心北碚,独居长江南岸大佛殿的一间旧房,专心于绘画创作。在远离文化中心地带的土屋,一住就是六年多。生活简陋,一只白木桌子、一条旧凳子、一张板床。桌上放着油瓶、盐罐,以及插了几十支画笔的笔筒,泥墙壁上挂着几幅水墨画。

◀ 林风眠绘仕女

林风眠每天埋头作画,醉心于水墨和油彩的交合与新生,有时一日能画数十幅。屋里厚厚的一沓裁成方形的宣纸消耗得很快。

1945年林风眠回到杭州,仍在杭州艺专任教。他天天喜欢在苏堤散步,西湖美景深深地印在他脑海中,积累着创作的素材,在他的笔下嫩柳、小船、瓦房、睡莲,宁静优美,生机无限,流淌出西湖的秋色、春色,是林风眠对西湖的回忆。

潘玉良对着镜画人体

潘玉良是具有传奇色彩的中国女画家、雕塑家。早年她误落风尘,遇到潘赞化,帮助她脱离苦海。成为潘赞化侧室后,潘玉良开始识字断文,喜欢上了绘画,成为画家洪野的学生。1918年,潘玉良考入上海美专。

第二学年班里开设了人体素描课,初次遇到裸体模特,男女同学都低下了头,潘玉良更是觉得难为情,放不开手脚,人体画画得很不好,受到老师的批评。为什么风景画画得很棒,人体画却画得很糟糕?大概是练习少的缘故。去浴室洗澡,潘玉良一下子眼睛发亮,如此多的人体,真是练习人体动态的好机会。她拿来铅笔和速写本,对着浴室的女人体,迅速画了起来。她的大胆与专注,却遭到了浴室女客的非议,招来一顿暴打。

▲ 潘玉良自画像

浴室人体不能画,画室人体课次少,如何解决人体练习?潘玉良苦思冥想。突然间,她想起来,别人不该画,我画自己谁又能干涉?于是,她在自己家中,关好门窗,拉上窗帘,脱去衣服,赤条条地坐在镜前,对着镜子中的自己,画起人体素描。如此,潘玉良的人体画就画得很棒了,毕业时,她以优异的成绩跨入优秀毕业生行列。

1921年潘玉良考取官费赴法留学的名额,进入国立里昂美专、巴黎国立美术学院。1937年潘玉良开始尝试用毛笔进行人体写生,同年6月10日,她在南京华侨招待所举办个人画展,陈独秀为画展题词:"玉良女士近作此体,合中西于一冶,其作始也犹简,其成功也必巨,谓余不信,且拭目俟之。"

傅抱石治印以假乱真

傅抱石,原名傅瑞麟,生于江西南昌,年少时在瓷器店学徒,自学篆刻、书画。傅瑞麟学篆刻,首先用于谋生,赵之谦《二金蝶堂印谱》成了他最初的范本和教科书。他不断模仿赵的印章技法,愈学愈像,可以乱真。即便是懂得篆刻的人,也真假难辨,连教他刻字的师傅也为之赞叹。

读江西省立第一师范学校时,尽管是免费住宿,但是对于家庭一贫如洗的傅瑞麟来说,生活仍然很困难。门卫老张知道傅瑞麟善于治印,就鼓动他仿制名人印章。当时南昌城内的士绅喜欢收藏,赵之谦的印章很走俏。傅对于赵之谦印颇有研究,临仿得心应手。于是很快仿刻了几方赵之谦印,经过老张的中介,出手了,傅瑞麟也得到了可观的酬劳,家庭窘况得以改观。从此,南昌城里不断有"赵之谦"的印章出现,好事者常常津津乐道,第一师范里"印痴"傅瑞麟也成了南昌城里的知名人物。因为赵之谦印频繁出现,终于东窗事发,那些买了假印的士绅向第一师范校长告发了傅瑞麟。校长非常欣赏傅瑞麟的才华,并没追究此事,倒是劝那些买了假章的人息事宁人,意思是傅瑞麟仿赵之谦印章几可乱真,手艺也很不错,如果这事闹得沸沸扬扬,附庸风雅的士绅也很难堪。

而后,校长建议傅瑞麟不要仿制名人印章,依他的水平,可以挂牌治印,对外销售。校长为此专门在报刊上刊登了"瑞麟治印"的启事,并建议瑞麟取个斋号。傅瑞麟推崇爱国诗人屈原"抱石自投汨罗以死"的精神,又推崇画家石涛,于是取名"抱石",斋号"抱石斋主人",治印每字5角。从此画坛升起了一颗新星——傅抱石,成为20世纪中国画绘画大师(林木《傅抱石评传》)。

傅抱石当时最拿手的本事是治印,也是最自信的技能。1933年,他得到徐悲鸿的帮助,公费赴日本留学,从金原省吾博士研读美术史论。在日期间,傅抱石涉足素描、雕塑、日本画和工艺美术,仍不忘中国书画和篆刻。他的一方镌刻两千多字的《离骚》,获得日本篆刻竞赛头奖,因注重神韵,被东瀛行家誉为"精神雕刻"。

鬻书治印稻粱谋

民国时期的文人,有不少靠撰写墓志铭、鬻书卖画,养家糊口。

李瑞清沪上鬻书

李瑞清,前清进士、庶吉士,候补选官江南,任江宁提学使兼两江师范学堂监督,以培养天下英才为己任,胡小石、吕凤子、张大千、张丹书、汪采白均出其门下。

辛亥革命时,江宁布政使范增祥携印逃走,大小官吏惊慌失措,纷纷逃散,唯独李瑞清在学堂给学生上课如常。两江总督张人俊中保李瑞清摄充江宁布政使,李瑞清临时受命,刻一木印权用,急购米三十万斛,安抚军民;又自己出资遣送学子们回乡。南京城被革命军攻破时,提督张勋、两江总督张人俊弃城逃走,李瑞清却没有去外国军舰避难。新军都督程德全数度挽留,希望李瑞清在新政府做官,遭到拒绝。随后李瑞清将布政使库内所存数万元,及两江师范学生清册移交之后,两袖清风离开南京移居上海。

李瑞清为官清廉,官俸除了养家,也用于资助学生,一无田产,二无积蓄。移居上海时,全家三十多口无以为生,经常断炊,过着贫困潦倒的生活。他的侄女年方十八,因无钱就医而死。他悲恸欲绝,不得已卖书画为生。

李瑞清的书法上追周秦,博综汉魏六朝,行书得黄山谷神髓,真书出自晋唐,尤以擘窠大字磅礴有力。鬻书初期,李瑞清的书法并不为世人熟悉,销售不畅,常常因为饥饿,头脑发晕,几次辍笔。但当袁世凯派人送给他1200两银子,希望他复出辅佐,却被李瑞清严词拒绝,并摔银于地,表示鄙视。

李瑞清喜学金文及碑刻,

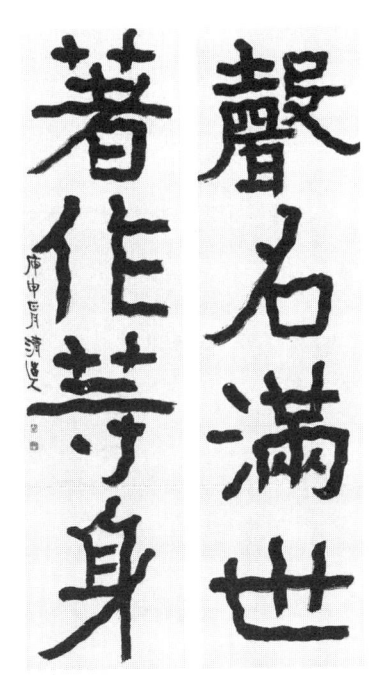

▲ 李瑞清的对联

自称"北宗"。李瑞清不仅善书，亦擅画。他一生以临石涛画为最多，但皆不似石涛。其画格调高古，功力非凡。1915年后，李瑞清的书名大振，生活略有好转。

李瑞清为人极度正直，对艺术亦然。沪上有一些知名书画家，因订单多，常由学生代笔。谭延闿曾对李瑞清说："你侄儿李健的字逼似你，连我都难辨，你何不叫他代笔呢？"李答道："我以心血易人金钱，不可欺也！"因此李瑞清的书法，从不找学生代笔，都是亲力亲为。

齐白石卖画为生

齐白石1919年与胡宝珠结婚，从此定居北京。早年齐白石没什么名气，书画价格较低。定居北京时，齐白石的书画已经被社会认可，价格自然上涨。

1921年，齐白石托人请画坛宗师吴昌硕为他订出了书画润例：4尺12元（相当于8.6两银子，下同）、5尺18元（12.9两）、6尺24元（17两）、8尺30元（21两），册页折扇每件6元（4.4两）。齐白石擅长画虾、鸡，他的动物是以只计费的。1只小鸡与10只小鸡，价格不一样。画例不是润格，画例就是卖画的条例，表明卖画的价格。润格是指书画的润笔费，不是卖画价格。

▲ 齐白石在作画

齐白石以卖书画为生,卖画治印,从不讲情面。除个别亲友外,对外卖画,不论是谁,都要照价付酬,不赊账,不减价。齐白石写过一个卖画例:"无论何人不赊欠不退回,少一文钱不卖。招饮不画,送礼物不画,介绍不酬谢,刻印亦然。"齐白石卖书画,并不迎合顾客,不媚俗,对于品德低下的客人,给钱也不卖,保持了一个艺术家独立的人格与艺术创作的自由。

▲ 齐白石的绘画

1931年,齐白石又自订润格,其价格又调价了,花卉作品4尺20元(14两)、8尺72元(51两),扇面2尺10元(7两)。

抗日战争时期,齐白石停留在北平,他在大门上贴上启事:闭门谢客。拒绝为日本人画画。

画白菜换真白菜

有个段子说齐白石老人用白菜画欲换菜贩子的白菜,遭拒。其实这不是段子,是真事。

旧时北平冬天居民都要储藏大白菜,留着过冬。菜贩子推着独轮车,叫卖大白菜,一车的价格不过10元。

某次一菜贩推着一车大白菜经过白石老人家门口,老人表示愿意用一张白菜画来换一车大白菜,并告诉菜贩子自己的画价格多少。但是菜贩子并不领情,他不知道白石老人是谁,一幅画的价值能抵挡一车大白菜的菜价。他对老人的要求很是不满,说:

"这个老头真没道理，用他的假白菜换我的真白菜。"

菜贩子不懂画，也不世故，说得很直白。如果是世故的商人，怎会拒绝白石老人以画换菜呢？

胡小石写店招

胡小石是民国时期金陵大学、中央大学的名教授，教育部部聘教授、国学名家、书法大家。他幼承家学，又入清道人李瑞清门下，得其亲传，书法学北碑《郑文公碑》和《张黑女墓志》，取郑碑坚实严密，取张碑空灵秀美，从此笔力沉着，书艺大进。"近得梅庵北派之真髓，兼受农髯南派之薰沐，远绍两周金文之异变，秦权诏版之规范，汉简八分之宽博……虽师从梅庵，但能得其所失，补其所缺，实青出于蓝而胜于蓝。"

胡小石也是美食家，喜欢吃，讲究吃，钻研吃，懂得吃，因为经常下馆子，品尝美味佳肴，也结交了一批饭店酒家的老板、厨师朋友，与他们非常友善，没有大教授的架子。厨师们也很尊敬胡小石先生，遇到创制菜肴时，会请胡小石品尝，提意见，胡小石一一指点。饭店老板知道胡小石善书，也会请他题写店堂牌匾。当时胡小石题写了不少，夫子庙的永和园、新街口的六华春中西餐馆的店招就是胡小石题写的，几十年后还闹过笑话。

1962年胡小石去世，但后来的"文化大革命"期间胡小石还是遭到红卫兵批判，说他是混入大学的资本家，依据是六华春的招牌上明白无误写着"胡小石"，红卫兵认为六华春餐馆就是胡小石开办的，不是资本家是什么？

周瘦鹃养花怡情

养花怡情，使人变得优雅，急躁的脾气得以控制。遇事不急

◀ 紫兰小筑

不躁,处之泰然。花是有生命的精巧之物,需要细心照顾,精心呵护,才能枝繁叶茂,生机勃勃。

周瘦鹃养花制作盆景

近代养花高手是鸳鸯蝴蝶派代表作家周瘦鹃,他还有一个身份——盆景大师。

▶ 周瘦鹃在紫兰小筑

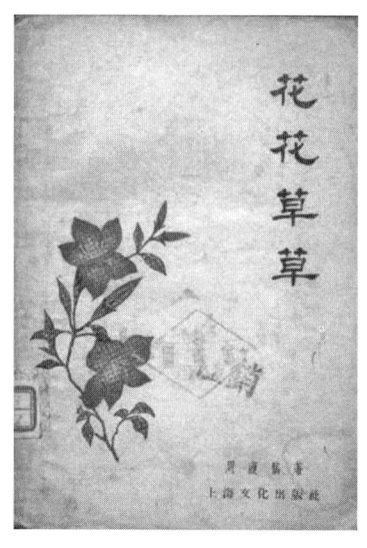

▲ 周瘦鹃著《花花草草》

1931年10月,周瘦鹃用积攒二十年的稿费在苏州南郊买下半亩地,建筑了一处宅院——紫兰小筑。在院子里种植花草,其中以紫罗兰最多。周瘦鹃痴迷紫罗兰,与他年轻时的恋情有关,当时他与女学生周吟萍相恋,却遭到女方父母反对,将女儿另嫁他人,周吟萍英文名Violet(紫罗兰),从此周瘦鹃就迷上了紫罗兰。

除了办报编辑、写稿著述,周瘦鹃主要的精力花在了养花种草上面。每天清晨6点起床,在庭院中散步,观看花草的长势,而后浇水施肥,耙梳盆泥,铺盖青苔,锄地刈草,修剪枝条,花草种植多了,不仅对花草有了很深的感情,而且对花草的培育也有丰富的经验。他修剪枝叶,采用老树桩根,依据形制,发挥想象,巧手安排,构建出花草新的造型。1939年,周瘦鹃培育的盆景在上海中西莳花会上名列榜首,捧回葛兰银质奖杯,让人们对中国盆景刮目相看(潘文龙《苏州名人故踪》)。

花草,凝聚着周瘦鹃对美的追求,对生活的挚爱。每当骄阳照射时,他轻轻地将一盆盆花卉搬进屋里,夕阳西下时,他又小心翼翼地把它们移到园中。日日如此,不厌其烦,细心呵护。周瘦鹃说凡是制作盆景的高手,必定胸中有丘壑,必须腹中有诗书,盆景的造型之奇美,意境之美,与制作者的修养、内涵紧密联系。

花草之美在周瘦鹃笔下流淌,《花花草草》乃是他写花草的文章结集。"蕉石传神唐伯虎,竹技貌肖夏仲昭。生香活色盆中画,不用丹青着意描。"

张恨水菊花待客

1930年张恨水拿到《春明外史》和《金粉世家》的版税,加上积攒的稿费,有8000多元,在北京租用了一个大院落——大栅栏12号,前后七八个院子。张恨水喜好养花,尤其偏爱菊花。"霜前月下谁家种,槛外篱边何处秋?"张恨水在院子里、走廊下种满菊花,都是张恨水亲手伺候,他自己培花秧子、接种,在他的经营下,院子里的菊花越来越多。

张恨水的朋友多,院子大了,朋友来往聚会也方便。经常有朋友来大栅栏12号拜访。就在菊花丛中,泡上一壶清茶,张恨水与他们聊天。遇到吃饭时候,就邀上二两白酒,端上菊花锅子,以花招待客人,这入口的花瓣就是张恨水自己培养的。

"东篱把酒黄昏后,有暗香盈袖。莫道不销魂,帘卷西风,人比黄花瘦。"李清照《醉花阴·薄雾浓云愁永昼》菊花满院,诗意黄昏,把酒临风。如果正逢下过一场浓霜,隔着玻璃窗,看那院子里满地的槐叶,太阳将枯树影子,映在窗纱上,心中干净而清净。张恨水手握一杯香茗,远望院子中满盆菊花,颇有诗情画意的境界。

第二十三章　舍家疏财保国宝

民国时期有很多收藏家，他们中不乏为了收藏国宝不惜舍家疏财之人，为了国宝不流失海外，举债购买。生命诚可贵，国宝不能丢，他们的义举，让今人慨叹。

张伯驹宁丢性命不卖珍藏

▲ 张伯驹（摘自《回忆张伯驹》）

隋代展子虔的《游春图》是中国存世最古的画卷，青绿山水画之祖；陆机的《平复帖》是传世年代最早的名家法帖，现今传世墨迹中的"开山鼻祖"。这两件国宝级文物，如今都是故宫博物院的镇院之宝，它们都是张伯驹捐献给故宫博物院的。

张伯驹出身于官宦人家，与溥侗、袁克文、张学良并称为"民国四公子"，却没有纨绔子弟的习气。他嗜好中国

第二十三章 舍家疏财保国宝

20世纪30年代张伯驹在丛碧山房
（摘自张伯驹潘素文献整理编辑委员会《回忆张伯驹》中华书局版）

传统文化，致力于收藏字画名迹。1927年收藏第一件字画——康熙皇帝御笔"丛碧山房"横幅，以"丛碧"为号，由此涉足收藏，收藏了大量古代书画，其中不乏国宝级的文物，除了《游春图》《平复帖》之外，尚有李白的《上阳台帖》、杜牧的《赠张好好诗》卷、蔡襄的《自书诗册》等，经他手蓄藏的中国历代顶级书画名迹有118件之多，被称为"天下第一藏"。

4万元购买《平复帖》

张伯驹最早是在湖北一次赈灾书画会上见到西晋陆机的《平复帖》，此帖比王羲之的《兰亭集序》还早七八十年。当时归恭亲王之孙溥儒所有。

1936年溥儒将所藏唐代韩幹《照夜白图》卖于上海的叶某，张伯驹唯恐此卷转手出境，急函主政北平的宋哲元，请求阻止此卷出境，然而为时已晚，此卷已被叶某转手卖到英国，对此张伯驹久久不能释怀。张伯驹深恐《平复帖》蹈此覆辙，委托琉璃厂一老板向溥儒请求转让。溥儒索价大洋20万元，张伯驹力不能胜。第二年又请张大千向溥儒求购，愿以6万元求让，同样在

297

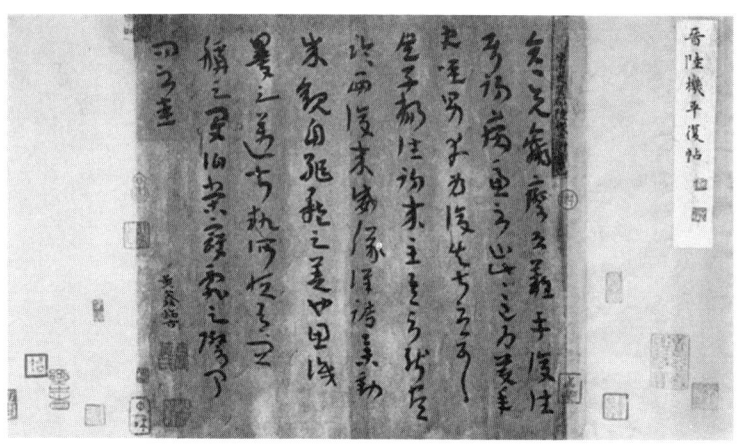

▲ 晋代陆机《平复帖》局部

20万元要价前止步。1937年7月7日卢沟桥事变发生，张伯驹由上海抵达北平，腊月二十七日，张伯驹由天津回北平，车上遇到傅增湘（沅叔），谈及《平复帖》，闻听溥儒丧母，急需钱财为母发丧，经傅沅叔斡旋，以大洋4万元购得。后来张伯驹得知，一位白姓画商听说此事后，曾想出价20万元购买此帖，再卖给日本人。庆幸的是国宝《平复帖》此时已在张伯驹手里了，张伯驹感慨，"在昔欲阻《照夜白图》出国而未能，此则终了夙愿，亦吾生之一大事"。

抗战中期，日军铁蹄践踏中国大地，战火燃及内地。1941年张伯驹全家迁往陕西。唯恐国宝闪失，避免沿途的检查，临行前，将《平复帖》缝进被褥，带出北平，一路担惊受怕，但是藏有《平复帖》的被褥始终不敢离身，所幸虽经离乱跋涉，但书帖完好无损（《回忆张伯驹》）。

变卖房产"救"下《游春图》

20世纪30年代，溥仪到东北当伪满洲国皇帝时，带走故宫 1200 件珍贵文物，1945 年，随着日本的战败，一些珍贵字画开始流于市面。时任故宫博物院专门委员的张伯驹向故宫博物院建议，采取两种方法收购这批字画：一是所有赏溥杰单内者，不论真赝，统由故宫博物院作价收回；二是选精品经过审查价购收回。当时这批文物中有价值的精品四五百件，按当时价格，不需太多经费，便可大部分收回。1946 年，北平古玩界传出消息：琉璃厂玉池山房老板马霁川手上有展子虔的《游春图》（存放在穆蟠忱先生家），正在寻找买主。张伯驹闻听后，向故宫博物院建议，此画系故宫文物，稀世珍宝，不适合民间收藏，当由故宫出面买下，并表示如果院方经费不够，自己愿意帮助周转，但故宫博物院院长马衡没有答复。眼见《游春图》将流入他人之手，无奈之下张伯驹决心个人收购。

《游春图》当时由琉璃厂的 6 家古董行拥有，委托马霁川出面洽谈。马霁川索价 800 两黄金。如此天价让张伯驹很是为难，他拿不出那么多钱，然而如果不买下，《游春图》这样的国宝就可能转手售出国外，唐代陈闳的《八公图》卷和元代钱选的《杨妃上马图》便是这样流至国外的。故宫不愿意收，天价自己支付不起，张伯驹左右为难。他一面请墨宝斋的马保山先生从中周旋，一面走进琉璃厂，奔走在荣宝斋、一得阁、德古堂等古董店，挨家游说："《游春图》承载中华民族历史，万万不能出境，谁要是把它转手给洋人，就是民族败类，千古罪人。"这样一宣传，闹得沸沸扬扬，满城风雨，商家便有所顾虑。《游春图》的拥有者觉得转给洋人，舆论不好交代，只好又托中间人马保山先生与张伯驹联系。"张先生，你究竟能给什么价？"经过几轮磋商，最后谈妥黄金 220 两。就是这样的价格，张伯驹仍然拿不出，因为张伯驹当时已经收购了一些宋、元时期的字画，手头拮据，不得不将弓弦胡同占地 13 亩的原购李莲英房院（李莲英旧墅）卖给辅仁大学，买卖以美元成交，又用美元换成黄金 24 根，并退掉原先谈妥的几桩收购，凑成 220 两黄金。然而一手交钱一手交货时，马霁川说张伯驹的黄金成色不好（黄金不纯，价值打折），要求再加 20 两黄金，否则另觅新主。万般无奈，张伯驹又让夫人潘素变卖一件首饰，得黄金 20 两，凑成 240 两黄金，从马霁川手中拿下了隋代展子虔的《游春图》。由此，张伯驹自号"游春主人"，所居承泽园（原果亲王胤礼赐园）改为"展春园"，可见张伯驹对《游春图》的喜爱。

关于张伯驹买下《游春图》的细节，还有一种说法，与《回忆张伯驹》一书中的叙述有所不同。马霁川后人说当时拥有《游春图》共 6 家商号，他们都是爱国的，不愿意将《游春图》转手给洋人，张伯驹当时只支付了 170 两黄金。开始张伯驹所付黄金只六成多，计合足金 130 两，不足之数，张答应陆续补足，由李卓卿亲手将画卷交给张伯驹。后张伯驹先生将自己的一套大四合院卖了，又卖了些杂项连同积蓄才陆续补至 170 两。所欠 50 两，由于种种原因，被无限期地拖延下去。

▲ 隋代展子虔《游春图》

一个月后，南京总统府秘书长张群得知《游春图》的下落，愿意以 500 两黄金的价格收藏。张伯驹复函："张伯驹旨在收藏，贵贱不卖，恕君海涵。"

宁丢性命不卖珍藏

在张伯驹收藏生涯中，最为惊险的不是变卖家产收藏名画，而是被歹人绑架。

从 1935 年起，张伯驹开始兼任盐业银行上海分行经理，每周去一次上海。1941 年 6 月，盐业银行襄理李祖莱勾结汪精卫政权 76 号特工总部警卫总队副总队长吴四宝，在上海绑架了张伯驹。

那一天张伯驹一下飞机，就坐上了盐业银行的专车，向银行所在地开去。然而他们没有注意到，有一辆黑色小汽车一路尾随。一进胡同口，后面的车超过了他们将张伯驹的车逼停下来。车上跳下几个持枪的汉子，将张伯驹从车上拉下来，转到那辆黑色小汽车上。"张伯驹被绑架了"！消息轰动上海滩。后来，绑架者的身份也搞清楚了——汪伪特工总部的"76 号"。绑匪向张伯驹夫人潘素索要 300 万元伪币，否则撕票。绑架者明显是冲着张伯驹的钱财来的，不过当时张家除了字画，并没什么现钱。300 万元不是小数目，向朋友借，短时间也筹集不到。最可行的方法就是变卖张伯驹收藏的字画，然而潘素知道字画就是张伯驹的命，岂能变卖？张伯驹明白绑匪的意图，绝食抗议，连续数日绝食，张伯驹身体虚弱，气若游丝。绑匪怕张伯驹死了，无利可图，就安排家属相见，劝止张伯驹绝食。这样潘素与绑架中的张伯驹见了一面，当见到张伯驹人形消瘦，憔悴不堪，潘素顿时泪流满面，问及是否考虑变卖字画筹钱事宜。张伯驹连忙摇头，悄悄地叮嘱她："家里的字画千万不能动，尤其那幅《平复帖》！

我死了不要紧,这个字画要留下来,千万不可卖掉字画换钱来赎我,否则的话,我宁愿不出去。"在张伯驹眼里,这些蕴含了中国文化的字画,其价值超过了自己的生命。字画一旦到了这些绑匪手中,他们很快会变卖,字画很可能就流失到国外。

绑匪索要巨额赎金,张家拿不出。撕了票就没有赎金了,绑匪为财,看重的是张伯驹收藏的字画,几次催促交赎金,张家没有变卖字画,也确实拿不出来那么多赎金,就这样僵持了近八个月,赎金从 300 万元降到 40 万元,潘素多方筹借了 40 根金条,才将张伯驹救出(张伯驹《烟云过眼》)。

张大千舍宅弃金换名画

张大千是绘画大家,也是独具眼光、收藏颇丰的收藏家、鉴赏家。早年张大千拜曾农髯,后又在上海拜李瑞清为师,学习碑帖、诗文、书画鉴赏,积累了对于古书画的鉴赏、鉴定以及仿制经验。他曾模仿古代名画,技巧之高,可以乱真,以致很多收藏名家都无法辨别真假。张大千大量收藏古代书画,见到稀世珍宝的名画,往往不惜花费巨资购买。他曾经舍弃一座已交付订金的前清旧王府,以黄金 1500 两的天价购回三幅绝世珍品,即五代董源的《江堤晚景》《潇湘图》和顾闳中的《韩熙载夜宴图》。

王府哪及夜宴图

1946 年,张大千在北京看好了一座前清的旧王府,准备买下居住,并且已向房主缴纳了订金,不日交付房款,搬迁。某日,张大千从一位古玩商口中得知,南唐顾闳中的《韩熙载夜宴图》到了北京玉池山房,他坐立不安,急切想看到这张名画。此画乃稀世珍宝,中国古代四大名画之一,素为历代帝王宝藏,秘

第二十三章 舍家疏财保国宝

▲ 五代顾闳中《韩熙载夜宴图》局部

不示人。末代皇帝溥仪携至东北长春伪满宫，抗战胜利后，溥仪被解往苏联，这幅画遂流落民间，辗转来到北京玉池山房。作者顾闳中系南唐翰林院画待诏，以善画人物著称。他奉南唐后主李煜之命，调查大臣韩熙载设宴饮酒寻欢的生活，回去后凭记忆绘了这幅画，人物神态栩栩如生，非常传神，线条流畅，工整细致，设色艳丽，是一幅传世的精品。

对于《韩熙载夜宴图》，张大千仰慕已久，无奈此画为宫中收藏，根本没有机会观赏。如果不是溥仪被驱出故宫，携带走此画，它也不可能落入民间。遇到这千载难逢的机会，张大千岂肯放过？当晚，张大千来到北京南新街一位姓萧的朋友家，托他打听详细消息，他有将此画收入囊中的念头。

说来也巧，那天天色已晚，玉池山房还亮着灯，尚未打烊，换着平日，早就关门歇息了。老掌柜马霁川正在打算盘，整理当天账目。见到张大千，马上站起来拱手相迎。张大千略作寒暄，开门见山："听说柜上收得一幅好字画，可否让我一看？"马掌柜深知张大千的人品，毫不隐讳告诉张大千："您来得正是时候，'夜宴图'刚到，尚未寻到买家。"他从紫檀木大立柜中取出一个用锦缎层层包裹的包袱，轻轻地放在写字台上，小心翼翼打开三层锦缎，一件尺余高的手卷呈现在张大千面前。张大千按捺不住狂跳的心，迫不及待地展开画卷观赏。过去只是耳闻，从未见过"夜宴图"的真迹，今天算是大开眼界了。人物神态、舞者舞姿，无论是沟通，还是用笔、设色，都堪称一流，真的是绘画极品。"好画，好画，不虚此行，大饱眼福。"张大千拍手叫好。"价格如何？"昔日皇宫的珍藏名画，张大千知道此画价格必定不菲。老掌柜伸出五个指头，并强调此画辗转到他手上不容易。

千金易得，一画难求，机会难得，稍纵即逝。对于老掌柜索价500两黄金，张大千不假思索就答应，名画极品，世间独此一件，值这个价。与老掌柜谈定后，张大千表示两天之后付全款，不过画需要带回去，再仔细端详、研究，以确定是真品。民国时做生意讲究的是信誉，彼此信任，对于张大千的人品，马霁川掌柜清楚得很，他知道张大千有这个实力收藏此画，因此同意张大千把《韩熙载夜宴图》带走。张大千带着画卷来到朋友家，与朋友再次欣赏这件稀世名画，经过认真观摩鉴定，两人认为是真品无误。尽管短时间筹齐500两黄金并非易事，但张大千还是决定买下此画。他将购买王府一事放缓，与房主说明，房子不买了，订金也不要了，他说："房子以后还有，而此图一纵即失，永不再返。"于是多方筹集资金，次日就将500两黄金交付玉池山房，捧回了国宝级的文物《韩熙载夜宴图》。

对于"夜宴图"，张大千是珍爱有加，他将此画携带在身边，经常观赏、揣摩、研习、临摹。为此张大千专门刻了一枚印章"东南西北，只有相随无别离"，加盖在图卷上，从此这幅画再没有离开过张大千，一直到1952年转手故宫博物院。

千两黄金换来两幅名画

后来，张大千又在南京一家古董店见到五代南唐画家董源的《潇湘图》，尺寸50.2厘米×140厘米，画面展开是山水相间，不见水纹，山头亦多留空白，朦胧的远树，典型的江南风光。张大千一见此画就非常喜欢。店掌柜见大千喜欢，就说还有董源的另外一幅《江堤晚景》，问他可有兴趣，不过价格不菲。张大千让掌柜拿画过来，价钱好商量。于是掌柜将《江堤晚景》送上来。董源善画山水，其山水以江南真山实景入画，疏林远树，平远幽深，山头苔点细密，水色江天，云雾显晦，峰峦出没，汀渚溪桥，率多真意。其绘画笔力沉雄，被尊为南派山水的开山大师，与李成、范宽并称为北宋三大家。所画人物皆设青、红、白等重色，与水墨皴点相衬托，别有古趣。张大千善画山水，也绘人物，喜好重彩，所创泼墨山水自成一家。张大千见到这两幅名画，爱不释手，最后以1000两黄金的价格将画买回，从此与《韩熙载夜宴图》并列成为张大千大风堂的镇宅之宝（汪峰《张大千的传奇与风流》）。

张大千在《江堤晚景》中题写：

八年前，给予客古都时，曾见此董源双幅画。自南北沦

▲ 董源《潇湘图》局部

陷，予间关归蜀。数年来，每与人道此，咨嗟叹赏，不能自己。去秋东房瓦解，我受降于南京，其冬予得重履故都，亟亟谋睹此图。经二阅月，始获藏于大风堂中。劳神结想，慰此遐年，谢太傅折屐良喻其怀。米元章尝论，董源画天真烂漫，平淡多奇，唐无此品，在毕宏上。今世欲论南宗，荆关不可复见，遑论辋川，惟此董源为稀世宝。予尚有淡设色《湖山欲雨图》，亦双幅，与此可谓延津之合，并为大风堂琼璧也。丙戌二月既望，昆明湖上雪复书，蜀人张大千爰。

沈从文夜市寻古玩

1937年卢沟桥七七事变，抗日战争全面爆发，很多单位南迁昆明。沈从文与杨振声所在的教育部教材编审委员会也迁到昆明，在云南大学附近租了民房做办公室和住宅。沈从文只身一人，未带家眷，住在一座临街房屋楼上的一间。

▲ 沈从文在昆明

当时昆明的福照街开设有夜市，摊主摆地摊，经营家用电器、电料、五金、衣服等旧货。战争时期，气氛压抑，短时间内，昆明一下子涌入很多外乡人，淘旧货的生意也火了起来。有钱人聚在达官贵人家打麻将，穷教授、窘学者就逛夜市，买点便宜货。沈从文与在云南大学任教的施蛰存原本是熟人，白天在沈从文住所聊天，夜晚吃过饭，就去逛福照街夜市。

沈从文虽然是小说家，对于古董古玩却有兴趣，早年他在军队中做书记官，见识过很多古董。某天，沈从文与施蛰存去夜市闲逛。借着月光和路边店铺的灯光，挑选旧货。在一个摆着坛坛罐罐盆盆碗碗瓷器的地摊前，沈从文停留下来，挨个看，在一堆盆碗杯盏之中，有一件小小的瓷碟跃入他的眼帘。这件与众不同的小碟，瓷质洁白，碟壁很薄，上绘一匹青花的奔马。沈从文拿起小碟，眯着眼仔细端详，两指轻叩碟体，发出清脆的声音。听着这声音，沈从文就知道是件有年头的瓷器，看图案与色泽，可以判断是青花瓷。古人画马，虽有单马，但是在瓷器制作方面，以马为图案的则倾向于成双结对，根据马的造型，以及对瓷器的了解，沈从文认定这个瓷器应是八件一套，绘制的是八骏图，这个小碟上面是一匹马，也就是八骏中的一骏。尽管没有见到八件一套的瓷碟，能够发现其中一骏的瓷器，保存完好，品相也好，也是非常幸运的。沈从文暗暗高兴，但是在与摊主商讨价格时，并没有流露出太多的喜悦。价格很公道，花费了 1 元中央币就买下了。当时云南还在使用地方发行的滇币，分为新旧两种，中央币 1 元换旧滇币 10 元、新滇币 2 元（孙冰《沈从文印象》）。

买下青花小碟之后，沈从文告诉施蛰存，他收了不少古瓷器，其中偏爱盆、碟。因为盆、碟是实用器，不如花瓶、壶等高贵、高雅，而且碟子是小件，器形小，收藏者往往轻视，其实盆、碟也很有价值。他在北平的家中，已经有几十个明清时期的瓷盆，碟子还不多，没想到来昆明逛夜市，捡漏了。

又是一天的夜市，沈从文与施蛰存来到了估衣摊前，在一堆旧衣裳中，沈从文的眯眼又亮了起来，原来是两方绣品，两掌大小，绣品边上有丝线毛头，好像是朝褂上拆卸下来的。沈从文对施蛰存说："这是补服的补子，可以买下，值得。"又说："外国妇女喜欢中国有文物味道的丝织品,拿回去做壁挂,这两块绣品是真货,绣工也好,可以带回上海,销售给洋人。"沈从文对于丝织品是行家,施蛰存听他这么一说,发现这两件绣品确实精美,一番讨价还价,以4元中央币的价格买下了。后来施蛰存回上海,将这两块补子绣品送给了外国文学研究专家林同济教授的美国夫人,林太太喜欢中国文化,她将这两方绣品做成了茶几垫子,喝中国茶,品中国味道,赏中国绣品。

受沈从文的影响,施蛰存也喜欢上逛夜市,福照街夜市中的几个古董摊子是他们必逛的摊点,有古书、文房四宝、玉器、漆器、琥珀、玛瑙。施蛰存读清人笔记,常常见到云南人去缅甸经商,携带缅刀、缅盒的记录,缅刀送男子,缅盒送女子(孙冰《沈从文印象》)。缅盒就是出自缅甸的化妆盒,中国古代称奁具。缅盒是漆器,做得精细,小的如盒,大的如桶。缅刀钢质柔软,刀锋锋利,男子行商时佩戴,可以沿途砍伐灌木,清理路障,也可以用于防身。

沈从文曾在夜市上见到一件朱漆细花的缅盒,有三格,颇似六朝时期的奁具,引起了沈从文浓厚的兴趣。到1942年时,沈从文已经收藏了十多个大大小小的缅盒了,青花八骏图小碟也收到了两只,此后,因为昆明屡遭日军飞机侵扰,大学师生疏散到乡下,夜市也消失了;昆明物价暴涨,收入跟不上物价飞涨,沈从文的收入不允许他继续购买文玩,即便是价格低廉的文玩。青花八骏图小碟,沈从文终究没有收全。

宗白华得名佛头宗

南京是六朝古都、佛教圣地,佛教禅宗的一支牛头宗就诞生在南京。美学家、诗人宗白华以研究哲学、美学著称,在南京任教时期也有"佛头宗"的美名,他的"佛头宗"之名与他收藏的一尊佛头像有关。

1925年宗白华从德国留学归来,在东南大学(中央大学前身)任教,喜欢古玩;胡小石是国学名家、书法家,对古玩也在行。两人时常结伴逛夫子庙觅古玩。有一次,宗白华与胡小石逛到一家古玩店,看到一尊佛头石像,雕刻精美,佛像庄严,面容慈祥,宗白华很是喜欢。一番砍

▲ 美学家宗白华

价,宗白华以不高的价格请回了这尊佛头,供奉在家里。朋友闻听宗白华请回了一尊佛头,纷纷来住处观看,拍照留影。宗白华回家看到这尊佛头,心情也非常舒畅。

抗战爆发,中央大学南迁,宗白华匆匆随学校迁往重庆,尽管他很喜欢这尊佛头,考虑到战争时期携带不方便,存放在住宅里又得不到保障,思来想去,宗白华就将佛头埋在了自己住宅的院子里,期待回来时再见。抗战胜利后,中央大学迁回南京,宗白华回到原先的住处,室内书画已经荡然无存。挖开院子里的土,所幸佛头还在,宗白华感到欣慰。拂去佛头上的浮土,轻轻擦拭,又看到了佛像慈祥的面庞,宗白华再将佛头供奉在家里。宗白华喜爱佛头,劫后余生,佛头重现天日,宗白华因此得名"佛头宗"。

徐悲鸿淘宝雨花石

徐悲鸿喜欢收藏古代名画,不惜巨资。如1937年从德国籍

马丁夫人手中购买的唐代吴道子《八十七神仙卷》。画作之上没有落款，徐悲鸿将其命名为《八十七神仙卷》，并盖上"悲鸿生命"印鉴。

徐悲鸿也喜欢收藏雨花石，在担任中央大学艺术系主任期间，经常去夫子庙淘雨花石，10年所得不下数百颗，其中最喜欢的有3颗。

第一颗名为太极图。扁平如铜圆大小，黑白两色互抱，黑中有白点，白中有黑点，仿佛太极图。

第二颗名为松鼠葡萄。椭圆形略扁。鸭蛋般大小，乳白色中透露一簇黑影，细看是一只松鼠伏在葡萄上。徐悲鸿题写："跃跃松鼠，累累葡萄，何时化石，形不能逃，天施地生，妙到秋毫。"

第三颗名为云鹤。大如鹅卵，一面平坦，灰白色，下端有一株古松横着，上端是一只仙鹤翱翔云端。徐悲鸿题写："云里藏踪迹，苍然冰雪姿。清风明月夜，一唳动人思。"（俞允尧《秦淮古今大观》）

第二十四章　文人雅集续兰亭

　　文人雅集在中国是有传统的，魏晋时期会稽山兰亭曲水流觞，留下了千古名帖《兰亭帖》，好文《兰亭集序》，以及王羲之等文人的佳话。民国时期的文人也喜欢雅集。

豁蒙湖山尊前欢

　　1924年因母生病，胡小石回到南京，应聘中央大学，他在南京过了十年比较安定的日子。中央大学中文系当时人才济济，汇集王伯沆、吴梅、汪东、黄侃、胡小石、汪辟疆等诸多名师。他们各有所长，又善于作诗填词，春秋假日，每有诗社雅集，或

胡小石胡翔冬1926年冬在清凉山

分韵、联句为游玩助兴。

"春分后一日社集玄武湖，分韵得'满'字、'春'字"，"戊辰上巳北湖湖神庙脩禊联句"，参加者有黄季刚、王晓湘、汪旭初、胡小石、汪友箕、汪辟疆。几位先生身着月白大褂，手摇折扇，徙倚于山石之间，大有竹林七贤之风范（郭维森《学苑奇峰——文史学家胡小石》）。

南京鸡鸣寺有豁蒙楼，是当年晚清四大名臣之一的张之洞的老师、戊戌六君子之一的杨锐所建。1929年，国学大师，黄季刚（侃）先生到南京中央大学和金陵大学任教后，曾邀约当时金陵各大学的陈伯弢（弢）、王伯沆（沆）、胡翔冬（翔）、胡小石（石）、王晓湘（晓）、汪辟疆（辟）等文科教授，齐聚豁蒙楼，写成豁蒙楼联句，传诵一时。其联句云：

蒙蔽久难豁（弢），风日寒愈美（沆）。
隔年袖底湖（翔），近日城畔寺（侃）。
筛廊落山影（辟），压酒潋波理（石）。
霜林已齐黯（晓），冰花倏撷绮（弢）。
旁眺时开屏（沆），烂嚼一伸纸（翔）。
人间急换世（侃），高遁谢隐几（辟）。
履屯情则泰（石），风变乱方始（晓）。
南鸿飞鸣嗷（弢），汉腊岁月驶（沆）。
易暴吾安放（翔），乘流今欲止（侃）。
且尽尊前欢（辟），复探柱下旨（石）。
裙屐异少年（晓），楼堞空往纪（弢）。
浮眉挹晴翠（沆），接叶带霜紫（翔）。
钟山龙已堕（侃），埭口鸡仍起（辟）。
哀乐亦可齐（石），联吟动清沘（晓）。

第二十四章 文人雅集续兰亭

◀ 胡小石 1934 年南京雅集

类似的雅集,胡小石、陈中凡召集过多次,场所并不固定,有时在秦淮河上泛舟,有时在老万全酒家聚餐,东郊也是文人雅士雅集的地方。

沪上雅集庆寿诞

清末民初,在上海出现了近代中国绘画中的一个重要流派——海上画派。与娄东画派、虞山画派、松江画派等以区域为特征的画派不同,海上画派之"海"不是区域,而指海纳百川之"海",因此,海上画派代表上海开埠时期,多种文明与艺术在此地交汇,文化的互补与价值的融合的一种状

▲ 留着大胡子的张大千

态,程十发说"海派无派",正是海上画派的显著特点。当时来自全国各地的画家寓居在上海,代表人物有任伯年、吴昌硕、虚谷、赵之谦、蒲华等。

清道人李瑞清挂印辞官后,寓居上海,也属于海派,与前清进士曾熙(农髯)关系笃厚,两人同时在上海鬻书卖画。书法上,两人皆好魏碑,而魏碑分为南北两宗,曾熙本来南北兼擅,而此时李瑞清以北魏享誉全国,曾遂不再写北魏,以南魏闻名,当时有"南曾北李"之说。

1920年初,张大千来到上海,拜在以诗书闻名的书法家曾熙门下,后经曾熙引荐,又拜在李瑞清门下,得两位书法大家真传,不仅书法尽得其妙,诗词上、文物鉴赏方面也深受其益。20世纪20年代末,张大千在画坛上已经崭露头角,到了30年代画名大盛,1935年于非闇发表文章,将张大千与北方画坛领袖溥心畬等量齐观,称为"南张北溥",张大千至此成为在全国有影响的名画家。

1947年张大千50岁,监察院院长于右任在上海为其庆寿,举办雅集,邀请齐白石、吴湖帆、郑曼青、傅抱石等多位画家出席。于右任是美髯公,张大千蓄长须,齐白石也留有长髯,上海小报以胡子长短称谓他们,大胡子于右任,中胡子张大千,小胡子齐白石。

吃完酒席,到隔壁一间屋中作画助兴。中间大案上摊开了一张丈二宣纸,请大家挥毫泼墨,合作一张。大

▲张大千《春郊试马图》局部

郑曼青作画

家互相推让,谁也不愿先画。

这时候郑曼青出来说:"很对不起,我今天还有急事,只好占先了。"说完话,拿起笔在左下角画了一丛水仙花。郑曼青是张大千的同学,当时的老师李梅庵、曾熙都认为比张大千成绩好。1928年夏秋间与黄宾虹等创办中国文艺学院,任副院长。他还擅长太极拳。郑曼青画完了匆匆离去,大家还是不愿意先画,又推来推去,最后公推吴湖帆先画。吴湖帆是吴大澂孙子,在海派画家中知名度较大,20世纪三四十年代与吴待秋、吴子深、冯超然并称为"三吴一冯",善于画没骨荷花。吴拿起笔走到郑画的水仙花处看了看,皱了皱眉头,到纸的右上角画了几块石头,边画边说"我们就各画各的吧"。

这时出来一个叫陈方的,画不出名但官大,国民政府机要秘书,郑曼青的好朋友。他看不惯吴对郑的不敬与不合作,走到纸的左下角水仙花处说:"咱们重庆来的画这边。"陈与郑抗战期间在重庆,抗战胜利后来到上海,瞧不惯抗战时住在上海的人。他这话打击面不小,因为属于海派画家群的,都以上海为"根据地",居住在上海,作画卖画。这等于把海派画家与其他画家对立起来。好在参加雅集的画家都与于右任、张大千熟悉。郑画水仙,吴画石头,正好配起来。有了郑曼青、吴湖帆的领头,其他画家陆续挥毫。

已经在画坛上赫赫有名的傅抱石也参加了宴请,与会画家或画树,或画花,或题写,唯独傅抱石没有在画上点染。傅抱石不习惯当众挥毫,也不喜欢那种应景的作画,因此他得罪了不少人,认为他傲气。

冶春日渐吟诗开

惜馀春系20世纪20年代初开设在江苏扬州教场的一座陈设简陋的饭店,店面不大,仅一间半,店后为厨房。店老板高乃超驼背,人称"高驼子",为人豪爽侠义,喜欢结交文人雅士,常常赊账接待,因此店内经常高朋满座。

室内仅三五张桌子,陈设古色古香。墙壁上除了一些字画,张贴有顾客唱和的诗稿,还有顾客征诗、征联的启事。征稿有了结果后,奖品别致而风雅。第一名茶一壶,面一碗;第二名茶一

◀ 扬州惜馀春遗址

壶，干丝一碗；第三名茶一壶；第四名以下是信封几只，信纸几张。

惜馀春的饭菜是家常口味，价格低廉，一碗粥，铜圆一枚；一碟春茶炒蚕豆，铜圆二枚；椒酱，每碟铜圆二枚。对于来料加工的鱼虾之类，也就收点柴火钱。因为惜馀春文雅，作客他乡的扬州文人如梁公约、方地山（袁世凯家庭教师）、凌仁山（国会议员）返扬州时，必定来惜馀春相聚，饮酒作诗。

扬州冶春诗社常借惜馀春之地开壶碟会，又称蝴蝶会。每人各备酒一壶、菜两碟，菜肴要精致，社友群聚分食，类似今日的"抬石头"，西方称之为ＡＡ制。聚餐前，社友要作七唱（嵌字吟诗）。写有小说《广陵潮》的作家李涵秋，当年赴会，衣着光鲜，手提鸡油黄水磨擦漆鸟笼，笼内配有霁红鸟食碗，笼内养着一只柳穿小鸟（又名绣眼）。

高驼子其貌不扬，却颇有豪情，喜欢舞文弄墨，结交文人，心地善良，遇到手头拮据的顾客，提出赊账，也不好意思拒绝。顾客中竟然有半数是赊账的，顾客吃得多，赊账得亦多，小本经营，资金周转越来越困难，亏本是必然。惜馀春原先还自制卤菜、酱菜、拌糟虾、卤肫肝、醋熘变蛋、醋熘鲫鱼、口蘑锅巴、五丁卤面都比较有名，后来只能炒点肉丝、烧个豆腐。"日渐吟诗开，风气异刚劲。往来多诗仙，谈笑半酒圣。"有些一时手头不方便的文人，经济状况好了，依然赖账，时常躲着惜馀春。遇到一些拖欠饭钱不还的落魄文人，高驼子的爽直、风雅、乐于助人倒成了缺点。直到高驼子死时，食客在账簿上欠下的三千多吊钱的烂账仍没有偿还（杜召棠《惜馀春轶事 扬州访旧录》）。

尽管如此，高驼子依然乐观，时常在柜台里一边拣菜，一边吟诵诗词，或者与客人对对联。曾以扬州俗语入诗，成七律百首，可惜原稿未及出版，已经散佚。对于冶春诗社的雅集，高驼子也是尽力提供方便。臧雪溪有诗点赞:"两间矮屋且容身,除却驼翁俗了人。写上青帘最凄绝,销魂三字惜馀春。"

白马湖畔举杯饮

春晖中学位于浙江上虞白马湖畔,依山傍水,风景优美。1919年教育家经亨颐偕同乡贤王佐,在上虞富商陈春澜的春晖学堂基础上创建。春晖以"与时俱进"为校训、"实事求是"为教育方针、"勤劳俭朴"为训育方针,开浙江中学男女同校之先河。夏丏尊、朱自清、匡互生、丰子恺、刘薰宇、叶天底、张孟闻、范寿康等一大批名师硕彦先后在此执教,推行人格教育、爱的教育等教育理念。当时除了夏丏尊先生年岁稍大些外,朱光潜、朱自清、丰子恺等都是二十几岁的年轻人,有家室的老师在白马湖边盖了日本式的小平房,丰子恺将小屋命名平屋,建筑风格简单整洁。各小屋尽管分散而筑,但相隔距离不远,串门子甚

▲ 朱自清1924年在春晖中学(摘自赵所生、吴为公主编《朱自清画册》,江苏教育出版社版)

是方便。

　　喝酒聊天是当时老师们课余经常做的事。春节期间，学校放假，单身老师并不都回老家。朱光潜与朱自清当时还是单身，两人都住学校宿舍。夏先生、丰先生就邀请几位单身与没有回老家探亲的同事到家里喝酒谈天。小小的屋子，因为人多，气氛热闹，室内流动着暖意。

　　他们举杯饮酒，慢斟细酌，不慌不闹，彼此敬酒却不劝酒，各人尽兴，量到为止。谈得畅快，侃侃而谈；笑得自然，频频点头；静听的静听，彼此并不干扰。几杯老酒下肚，丰子恺面红耳热，却是一副雍容恬静、一团和气的风度。酒后见真情，老师们酒后依然文质彬彬，并无失态之举。身在异乡，住在偏僻的白马湖畔，他们并不感到寂寞。浓浓的年的气氛感染着他们，学校的教育气息也浸染着老师的精神世界。

　　白马湖的湖光山色、名师硕彦的学识人品使春晖学子"近山者仁，近水者智"，不仅这些教育者个个成就斐然，春晖中学也培养了很多优秀的学子，他们的人格魅力让后人敬仰。

第二十五章　听曲看戏有学问

民国是京剧、昆曲、电影的繁荣时期,民国初年至20世纪20年代,尽管军阀割据,但唱戏唱曲的并不少,北京、上海等都市里歌舞升平。张恨水《啼笑因缘》里对戏曲艺员的描述,可以说是当时演艺圈的生活写照。20世纪二三十年代是中国电影的黄金期。一向被正统文人斥责为"淫词小曲"的艺术也堂而皇之地走进了高等学府,成为一门学问。

秦淮画舫听曲音

对于戏曲教学来说,除了教授理论知识,讲述戏曲的源流,也要传授戏曲的唱法,才能理论与实践结合,学以致用。吴梅是近代戏曲教育名家,全能曲家,度曲谱曲皆极擅长,尤精于元曲,当代中国戏曲研究若干名家大多出自其门,如卢冀野、王玉章、任讷、唐圭璋、王焕镳、钱绍箕、王起、汪经昌、赵万里、常任侠、游寿、潘承弼、陆维钊、胡士莹等;吴梅也是第一个把昆曲这一民间艺术带入大学的教授。民国时期戏曲与经学相比,地位并不高,经学家往往瞧不起戏曲,认为是雕虫小技。训诂名家黄侃非常轻视戏曲,他与吴梅同在东南大学任教,有一次遇到吴梅,火气很大,质问:"你凭什么坐在这里?"吴梅理直气壮地回答:"凭元曲。"

吴梅教授戏曲很有特点,把唱功与理论结合在一起。上课时学生围在他身边,他一边讲授,一边演示,长调短吟,学生如临其境。学生们边学习,边唱曲,这在当年的东南大学很有特色。

吴梅教学并不局限于校园、教室,夫子庙也是教学的地点。一群学生跟在吴梅先生身后,参观大石坝街李香君故居媚香楼。李香君是孔尚任

▲ 词曲大家吴梅

《桃花扇》中的主角,虽为秦淮名妓,却有爱国热情,痛斥卖国求荣的侯方域,血溅桃花扇。

秦淮河上的画舫时常载着吴梅与他的学生,随波逐流,吴梅吹着洞箫,演示曲调,让学生们在十里秦淮的优雅氛围中感受曲调,填词谱曲,寓教于乐。学生们的兴趣提高了,艺术灵感也被激发了,心领神会,文如泉涌,下笔流畅。

民国时期,教授们请学生下馆子打牙祭是常事,教授们也喜欢借吃饭之名与学生相聚,考核学生。

吴梅让学生组织了文学社团潜社。不定期在夫子庙老万全等酒家聚会,一方面改善学生的伙食,另一方面是通过聚会来检验学生的学习成绩。吃饭前有功课,吴梅出题指定词牌(如水调歌头、念奴娇)或曲牌(如折杨柳、步步娇)。词牌或曲牌写在一张纸条上,由学生认领,吴梅点上一支香,香烟袅袅,香气盈室。吴梅静坐沉思,学生们按照领到的词牌、曲牌,填写文辞。

一炷香焚尽，也就是限时交卷的时间。吴梅对学生们的答卷一一批改，选出最佳者三名。然后答卷交学生传阅，互相揣摩，品味。限时作答，临场发挥，谁优谁劣，一试就清楚。然后吴梅再进行点评，同学们一下子就掌握了要领，进步很快。功课做完后就是放松的时刻，大家开怀畅饮，其乐融融。

潜社的活动也可划入文人雅集活动，吃饭只是活动的一个借口，或者说聚会的一个项目，雅集讲究雅，但是也不能饿着肚子吟诗歌赋。

余派嫡传张伯驹

张伯驹一生雅好很多，金石、书画、诗词、收藏无不涉猎，尤其收藏名扬海内外。张伯驹还是一位京剧名票，早年张伯驹在盐业银行任职，京剧须生余叔岩常来盐业银行存钱，一来一往，彼此熟悉起来，两人在金石书画方面又有共同的爱好，成为挚友。

余叔岩是名须生，余派老生创立者，与杨小楼、梅兰芳在当时京剧界三足鼎立，并称"三大贤"，代表了20世纪20至30年代老生的最高艺术水平。

与余叔岩交往后，31岁的张伯驹对京剧产生了浓厚的兴趣，余叔岩也对张倾囊相授。余叔岩弟子极少，教戏非常保守，对弟子孟小冬只传授了"三出半戏"，即《捉放曹》《失空斩》《搜孤救孤》和《红鬃烈马》一折；但是对张伯驹却毫不保留，先后教了《奇冤报》《战樊城》《定军山》《空城计》《群英会》《珠帘寨》《四郎探母》《打渔杀家》等近40出大戏。张伯驹对此非常自得，常对人言："叔岩戏文武昆乱，传予者独多。"张伯驹的须生做派、做功，得余派之真传，加上张伯驹文学功底深厚，对余派艺术又进行了归纳和研究,使得余派艺术发扬光大。

1930年冬,张伯驹与袁寒云、溥桐等名票,与名角王凤卿在天津开明戏院联袂义演。张伯驹与溥桐主演《战宛城》,袁寒云与王凤卿联手演折子戏《审头刺汤》。名角与名票,水平都很高,演得非常精彩。

▲ 20世纪30年代《四郎探母》,张伯驹饰演杨四郎(右),余叔岩饰演杨四郎(左)。

余派唱腔,声音美,以字正腔圆、声情并茂、韵味清醇而著称于世。张伯驹的唱腔曲折自如,顿挫有致,抑扬动听;舞台形象端庄大方、深沉凝重,富有儒雅的气质。张伯驹虽为票友,其唱功已经登堂入室,唱出了余派的韵味,嗓音不靠亮度取胜,而有厚度、挂"味儿"。

痴迷昆曲四姊妹

张元和、张允和、张兆和、张充和,张家四姊妹琴棋书画样样精通,而且能唱曲。大姐张元和嫁给了昆曲名家顾传玠,琴瑟和鸣。四妹张充和自幼研习昆曲,通晓音律,能度曲,每有佳作,辄玉笛吹奏。年轻时曾请戏曲专家吴梅先生为她改词。

张家喜欢看戏,其父亲张吉友是戏迷,在上海时,张家在戏园长期包下第三排的全部座位,按月结账。遇到好戏,全家出

▲ 唱昆曲的张充和

动,连尚在襁褓中的婴儿也不例外,全部去戏园子。在图南园家里,大姐张元和组织了家庭剧社,充当编剧导演兼演员。演过四出戏《三娘教子》《探亲相骂》《小上坟》《小放牛》。

1935年张充和在北京患上肺结核,大姐张元和放下在海门的工作,到北京接小妹回到苏州。病养好了,接下来的两年,两姐妹专心学习昆曲,着了魔。经常去朋友家参加曲会,凌晨两点才回家。张元和向周传瑛学习昆曲,在一次义演中遇到了顾传玠,两人同台演出,碰擦出爱情的火花,昆曲是他们的媒人。

张充和从小学昆曲,在几百人面前演出,从不怯场。1940年,张充和在重庆主演昆曲《游园惊梦》,文化界为之轰动,章士钊先生特赋七律一首志感,诸诗人纷纷唱和。

抗战时期,张大千曾画过她表演昆曲时的身段。画中的张充和只有一个纤细的背影,身着表演昆曲的戏装,云髻广袖,似要凌风飞去,寥寥两笔,飘逸非凡。年少的时候,她在苏州的兰舟上唱昆曲,后来与洋丈夫去了美国,在耶鲁大学执教,传授昆曲,成为昆曲文化传播者。

四大名旦与四小名旦

京剧分为生、旦、净、末、丑、副、外、武、杂、流十行,在京剧发展中,涌现了一批名角,如程长庚、谭鑫培、王瑶卿等。到了20世纪20年代,梅兰芳等新人崭露头角,大有后来居上之势。

1921年天津《大风报》创刊号,刊发沙大风的文章,称四位旦角梅兰芳、程砚秋、尚小云、荀慧生为"四大名旦"。《顺天时报》还将梅兰芳选为"伶界大王",又捧为"四大名旦"之首。

四位名旦各有流派——梅派、程派、尚派、荀派,各有特点。梅派唱腔纯厚流丽,质朴中见俏丽,妩媚中显大方,代表作是《贵妃醉酒》《宇宙锋》《霸王别姬》《天女散花》等。程派唱腔缜密绵延,低回婉转,起伏跌宕,节奏多变,代表作《武家坡》《文姬归汉》《锁麟囊》。尚派唱腔字正腔圆,善用颤音,拖长板眼,一气呵成,以刚劲见称,代表作《昭君出塞》《四郎探母》等。荀派唱腔柔媚婉约,代表作《红娘》《红楼二尤》《金玉奴》等。

四大名旦地位的确定,使得京剧走向繁荣。随后,青年旦角演员不断涌现。1936年秋天由北京《立言报》主持,对京剧界花旦角进行评选。李世芳得票5800张,毛世来得票5000张,

▶ 程砚秋旦角造型

张君秋得票4800张，宋德珠得票3600张，被称为京剧"四小名旦"，轰动一时。

李世芳1936年拜梅兰芳为师，扮相华丽大方，眼睛灵活传神，嗓音甜润明亮，舞姿准确优美，有"小梅兰芳"之誉。毛世来先后拜梅兰芳、尚小云、荀慧生为师，嗓音清亮、甜润，道白清丽干脆，扮相娇小玲珑、妩媚动人。他眉目颇似尚小云，做工近似荀慧生，享有"小筱翠花"之誉。张君秋拜王瑶卿和四大名旦为师，气度大方，嗓音娇媚脆亮，音域宽，音色好，眼神灵活。宋德珠先后拜程砚秋、王瑶卿等为师，武功坚实，扮相俏丽，动作灵巧，身手轻捷。

1940年，北平《立言画刊》在长安剧场组织四小名旦合作演出《白蛇传》，李世芳、宋德珠合演《金山寺水斗》，毛世来演《断桥·合钵》，张君秋演《祭塔》。

因李世芳飞机失事遇难，宋德珠暂别舞台，"四小名旦"出现空缺。1947年同年北平《纪事报》发起选举"新四小名旦"，结果得票20万张，张君秋得票35730张，名列榜首；毛世来得票27256张，陈永玲得票24309张，许瀚英得票23578张，为了和前"四小名旦"相区别，陈永玲、许瀚英被称为"后四小名旦"或"新四小名旦"。

选举后，他们在华乐剧院同台合作演出《白蛇传》。许瀚英演《游湖借伞》、陈永玲演《水漫金山》、毛世来演《断桥·合钵》、张君秋演《状元祭塔》。连演三天，场场爆满，一时传为梨园美谈。

电影的黄金时代

1895年，电影诞生于法国，很快传入中国。1922年中国电影业开创者张石川、郑正秋拍摄了中国第一部故事片《难夫难妻》。1925年左右，电影公司如雨后春笋般出现，仅上海一地就有140多家。从无声到有声，从黑白到彩色，电影像一个魔力球，吸引着成千上万的观众，涌现出胡蝶、阮玲玉、王人美、陈燕燕、陈云裳、周璇、金焰、金山、赵丹、郑君里等一批电影明星。

上海、北京、南京、青岛等大城市的影戏院非常发达。南京有大华、新都、中央等影戏院。位于夫子庙的首都大戏院，座位有1357个，规模在全国数一数二。它是将电影从室外引入室内放映的中国第一批影院之一，被称为"东方最富丽的天国，首都最堂皇的剧场"，当年放映过阮玲玉主演的《新女性》等影片。位于中山路的新都大戏院，内部安装了从美国订购的冷暖气设施，夏天放冷气，这在全国属于第一家。

民国电影的大本营在上海，民国电影史就是上海电影发展史，中国著名的联华、明星等电影公司都在上海，电影投资人、名导演、大腕明星也都在上海。上海的观众对电影的热情也是空前的，1930年之后，几乎每隔一个月，上海就有一家影戏院诞生。

南京大华影剧院

观众对电影的痴迷，还表现在对影星的追捧。追星一族在民国时期就已存在，同样疯狂。1931年12月15日，位于青岛中山路的首家中国人投资的影院开业，放映胡蝶主演的中国第一部有声电影《歌女红牡丹》，邀请胡蝶从上海来青岛剪彩，青岛影迷为了一睹胡蝶芳容，聚集在中山路上，交通一度中断。

20世纪30年代上海影院采用的是放映轮次分级制，根据影片的品质等级，标出不同的价格，出价高的影院得到首映权和专映权，并以此分为头轮、二轮、三轮直至七轮、八轮。比如一部影片在头轮大光明影院放映时，最贵时票价2元，辗转几个月后到了恩派亚、共和、万国等影院时，票价降到2角、1角。在一担米六七元钱，一个月生活费七八元的年代，电影票的价格不算低，一张电影票就是工薪阶层一两天的生活费，因此，看电影在当时属于时尚之举，热恋中的青年男女的最爱。

张爱玲、张恨水都是电影超级影迷，两人都爱看电影，而且参与电影编剧、写影评。张爱玲1947年撰写过两个电影剧本《未了情》《太太万岁》。《太太万岁》导演桑弧，主演上官云珠、韩非、石挥，文华影业公司出品。

张恨水的言情小说当年风靡一时，连鲁迅母亲都是张恨水小说的拥趸。看电影是张恨水的爱好，写影评则既是他的工作，也是他的喜好。张恨水的小说多次被搬上影幕。1931年上映的《银

▲《夜半歌声》电影海报

汉双星》，根据张恨水《春明外史》改编。《啼笑因缘》1932年和1941年两度拍成电影，1932年明星影片股份有限公司摄制成六集无声故事片《啼笑因缘》，胡蝶扮演沈凤喜，郑小秋扮演樊家树；1941年艺华影业公司再拍《啼笑因缘》，李丽华、余琳、文逸民、梅熹主演，导演孙敬。

▲《啼笑因缘》电影宣传广告

影帝影后评选

电影的繁荣，衍生出电影节，以及年度电影评选活动，获得最佳男演员称号的习惯上称为影帝，最佳女演员称为影后。

1928年电影女明星选举，张织云一举夺魁，得票2146票。获奖之后，张织云迅速走红，主演《空谷兰》获得13万元票房。

1924年，毕业于上海务本女中的胡瑞华考入中华电影学校，

◀民国第一代影后张织云

▲ 胡蝶被评为"电影皇后"

半年后胡瑞华毕业，1925 年她在电影《战功》跑龙套，这是芳龄 17 岁的她第一次"触电"，第一次使用艺名胡蝶。观众记住了她甜甜的微笑，上海滩银光灯下一颗新星冉冉升起。与此同时，阮玲玉也敲开了上海滩银幕的大门，1926 年她在电影《挂名夫妻》初演成功，女主角悲凉哀怨的情感打动了观众，人们记住了她的名字阮玲玉。随后《故都春梦》的一炮打响，到了《野花闲草》，阮玲玉的声名鹊起。

1932 年，《电声日报》举办大型评选活动，胡蝶得 13582 票，名列榜首；有"全能演员"美誉的阮玲玉得票 13490 票，屈居第二名，第三名金焰得票 13157 票。

影星的评选，让电影商看到了商机，明星效应可以提升影片的知名度，为电影商赚来大把的钞票，于是有商业头脑的电影商开始关注、操作影星评选，为公司旗下的明星造势，为新影片做宣传。

1933 年，《明星日报》创办人陈蝶衣发起评选电影皇后活动，明星公司的胡蝶以 21334

▲ 阮玲玉 1930 年

票获得第一名,被尊为电影皇后。天一公司的陈玉梅得票10028,名列第二,联华公司的阮玲玉得票7290获得第三名。有研究者说,胡蝶获得电影皇后,即与明星公司操作有关。

1938年,上海新华公司拍摄《木兰从军》,陈云裳一举成名。1940年,上海电影杂志《青青电影》举办"影迷心爱的影星"选举活动,陈云裳成为新一届"电影皇后",上海滩随即出现了"云裳热"。

▲ 影星陈玉梅

出生于韩国的金焰,1930年与阮玲玉合作《野草闲花》一举成名,给中国影幕带来健康、富有朝气、思想进步的新男性形象,俊美潇洒、风流倜傥的金焰成为影迷崇拜的偶像。1932年,金焰在《电声日报》评选中获得"电影皇帝"殊荣,1934年又获得"观众最喜爱的男明星""最漂亮的男明星""观众最愿和他做朋友的男明星"三项桂冠。

电影界还评选过四大名旦,1926年,上海《新世界》杂志举办电影皇后选举,结果当时的四位女明星张织云、杨耐梅、王汉伦、宣景琳脱颖而出,成为中国电影界早期的"四大名旦"。到了20世纪30年代,中国电影进入成熟繁荣阶段,又有陈燕燕、

▲ 影星陈云裳《花木兰》剧照

▲"电影皇帝"金焰

▲影星王汉伦

胡蝶、袁美云、陈云裳并称为影坛"四大名旦",她们在中国银幕上留下了令人难忘的形象。

"银幕第一悲旦"王汉伦

王汉伦原名彭剑青,早年是四明洋行的打字员,因为朋友介绍去明星公司试镜,被张石川录用,签订了演员合同,规定片酬500元,每月20元津贴。由于兄嫂反对,彭与家庭脱离关系,改名王汉伦。王汉伦初涉影坛,1924年拍摄了《孤儿救祖记》,一炮走红,由此带动了国产电影的繁荣。

在明星公司拍摄了《玉梨魂》等三部影片后,王汉伦跳槽到长城画片公司,接连拍摄了《弃妇》《摘星之女》《春闺梦里人》。又与胡蝶、吴素馨合作,在天一影片公司拍摄了《电影女明星》,轰动一时。因为王汉伦扮演的角色,大多为悲剧人物,赢得"银幕第一悲旦"之誉。

王汉伦主演的片子叫座,收益却仍然是每月20元津贴,大把的票子被公司老板拿走了。一气之下,王汉伦自组汉伦影片公司,拍摄了影片《盲目的爱情》,影片在全国巡回放映,电影拷贝卖了不少,王汉伦因此获得一笔可观收入。1930年王汉伦告别影坛,改行经营美容院。

"金嗓子"周璇

说起金嗓子,民国时的影迷没有不知道的。金嗓子就是周璇,周璇1932年步入明月歌舞团,以一曲《民族之光》崭露头角。1934年在上海《大晚报》举办的"播音歌星竞选"中,嗓子"如金笛沁入人心",获得"金嗓子"称号。周璇的歌声甜美委婉,音质细腻,她在电影《马路天使》中演唱的《四季歌》《天涯歌女》是经典之作,流传很广。

▲"金嗓子"周璇

金嗓子周璇也出演过多部影片,处女作是《美人恩》,代表作有《马路天使》《回忆江南》《夜店》《清宫秘史》。

1939年,周璇为艺华公司拍摄的《影城记》,客串歌唱,当年的《艺华画报》刊登大篇幅报道,宣传该片。对于周璇有如此介绍:"影城中第一条金嗓子周璇客串,高歌一曲,绕梁三日。"

Qing Gan
情感

第二十六章　禁得住考验的师友情

在中国传统社会里，师生关系体现人伦精神，"天地君亲师"，赋予老师与君王、父亲一样的尊严，因此有"一日为师，终身为父"之说。尊师重教一直是中国社会推崇的教育理念。同时，老师呵护学生也成为师道尊严另一方面的内容，"得天下英才而育之，一乐也"是为师者最为得意、最为自豪的事情。韩愈说："千里马常有，而伯乐不常有。"老师就是欣赏学生、发掘学生才能最直接的伯乐。民国时期的名师，大多有发现人才、提携后学的善举，李瑞清对胡小石的提拔，胡适对顾颉刚、吴晗的赏识，为师者品行的无私，为社会培养了栋梁之材。

胡适提携罗尔纲用心良苦

胡适不仅是五四新文化运动的主将，也是一位爱学生、提携学生的伯乐。罗尔纲、顾颉刚等知名学者当年都得到过胡适的指导与提携。

1930年夏，罗尔纲从上海中国公学毕业，他选择了研究历史为业，但是如何才能找到合适的岗位，他写信向校长胡适求助。胡适是中国公学的校长，对罗尔纲颇为欣赏。考虑当时上海并无历史研究院，中央研究院历史语言研究所又远在北京，胡适便邀请罗尔纲来他家工作,名为家庭教师,其实就是提供一个可以让罗尔纲继续研究的环境,又有一份酬金,维持生计。就这样,罗尔纲住进了胡适家,每天抄录胡适父亲胡铁花先生遗集,辅助胡适两位公子胡祖望、胡思杜读书。

1930年11月,胡适全家从上海迁往北平,罗尔纲随同前往,继续在胡家抄录太老师遗集,并整理胡适的藏书。

▲ 胡适

罗尔纲在胡适家时,虽为抄写人员、家庭教师,胡适与夫人江冬秀却把他视同子侄,爱护、体恤。胡适家经常高朋满座,在这种情况下,罗尔纲不免有自卑感。胡适考虑到这点,每与客人相遇时,他会把罗尔纲推介一下,并夸奖几句,让客人不致太忽视这位无名无位的青年人。在胡家工作一年半后,罗尔纲回广西贵县老家省亲,准备留在家乡教书。胡适闻听后,认为家乡不适合做研究,去信再度邀请他回北平,寄去100元车费,并许诺每月增加40元酬金。

在中国公学时,罗尔纲写过《春秋战国民族考》,到胡适家后,准备写一部《春秋战国民族史》。胡适看过两章后,提出意见:"用有问题的史料来写历史,最危险。近年来有人喜欢用有问题的史料研究中国上古史,非常不好。"胡适建议罗尔纲研究中国近代史,因为近代史史料丰富,也容易鉴别真伪。两年后,

胡适与罗尔纲（右一）

罗尔纲整理《光绪贵县志》残本，发现记录太平天国军的史料中，两位作者记述矛盾，谁正确谁错误需要比较、考证，由此引发了他对太平天国史的研究兴趣。1934年起，罗尔纲陆续发表相关研究论文。

对于罗尔纲的论文，胡适毫不客气地指出其中的错误，要求甚严。他对罗尔纲说："治史者可以大胆的假设，然而决不可以作无证据的概论。"并且建议罗尔纲发表文章，用真名，可以给他一个学术地位。罗尔纲计划研究清代军制，胡适认为不妥："不要先编《湘军制》，而且把湘军一段放下来，先去看看湘军以前是否真没有'兵为将有'的情况。我可以大胆地告诉你：一定有的。"

1937年春，罗尔纲出版《太平天国史纲》一书，胡适看后指出："你这部书，专表扬太平天国，中国近代自经太平天国之乱，几十年来不曾恢复元气，你却没有写。做历史家不应有主观，须要把事实的真相全盘托出来。"

罗尔纲在北京大学考古室做了两年，还是助理，因为北大文科研究所升迁很慢。中央研究院社会科学研究所所长陶孟和专门向胡适说及此事，希望胡适提高罗尔纲待遇。但是胡适在北大一向不用私人，安排罗进考古室已经破例。1936年清华大学文学史学系主任蒋廷黻出任苏联大使，清华文学院院长冯友兰向胡适提出，请罗接手蒋留下的中国近代史课，尽管自己学生得到清华的赏识，胡适很是高兴，但是他还是替罗尔纲辞谢了清华的聘任。朋友闻听此事，都很气愤，有朋友甚至要找胡适理论。他们建议罗尔纲不要理睬胡适，并又帮他联系外聘，谷霁光向南开大学经济研究所推荐，汤象龙、梁方仲向中央研究院社会科学研究所推荐，5月底，两家机构都发来聘书。罗尔纲去胡适家辞行，因为已经有两个月没来胡府，胡家人以为罗尔纲生病了，只有胡适明白为什么。胡适对罗说："我不让你到清华去，为的是替你着想，中国近代史包括的部分很广，你现在只研究了太平天国一部分，如何去教人？何况蒋廷黻先生是个名教授，你初出书如何就接到他的手？如果你在清华站不住，你还回得北大来吗？"停顿了一会儿，他又说："我现在为你着想，还是留在北大好，两处都不要去。你到别个机关去，恐怕人家很难赏识你。"听了胡适的一席话，罗尔纲热泪盈眶，此时此刻他才明白为什么胡适不让他去接清华代课，是为他的能力，以及前途考虑，老师用心良苦，自己却错怪了老师。

随后，北大按照胡适的要求，提升罗尔纲为助教，加薪20元，考古室增加助理、书记各一人，协助罗工作；同时罗尔纲从中央研究院社会科学所领津贴50元，研究清代军制。到了第二年夏天，助理工作上轨道后，北大批准罗尔纲辞职转入中央研究院工作（罗尔纲《师门五年记》）。

丰子恺绘《护生画集》

李叔同在盛年时出家为僧,法名弘一。他是画家丰子恺的启蒙老师,也是丰子恺一生最敬仰、最尊重的师长。

李叔同的突然出家,让丰子恺大受刺激,丰子恺曾经一度想割断尘缘追随老师出家,但弘一法师告诫他,出家也有出家的烦恼,大可不必如此,丰子恺这才断绝了出家托身佛门的念头。李叔同教育他:"文艺应以人传,不可人以文艺传。"

1927年,弘一法师云游到上海,住在丰子恺家。两个月日夕相处,丰子恺身上的佛性受到激发,他皈依佛门,成为在家修行的居士,法名"婴行"。在弘一的引领下,丰子恺打坐念佛。这时,弘一法师建议两人合作一本《护生画集》,"以艺术作方便,人道为宗趣",规劝人们戒杀护生、慈悲为怀。画册模仿《二十四孝图》的形式,仅有画作24幅,由丰子恺作画,弘一配诗。等到准备出版时,出版商觉得画作少了,要求增加。此时是1929年,而1930年正是弘一法师50岁,丰子恺想何不画成50

▲ 弘一法师与丰子恺、刘质平

▲ 丰子恺的护生画

幅，以祝贺老师的生日？同年，《护生画集》出版，收画作50幅，国学名家马一浮作序。《护生画集》发行后，大受欢迎，数次加印，累积印刷20多万册。

转眼到了1938年，丰子恺想到老师即将进入花甲之年，应当再作护生画作。在艰苦的抗战时期，丰子恺克服重重困难，又完成了60幅护生画作，他将60幅画作寄给远在泉州开元寺的弘一法师，弘一法师感到十分欣慰，配上诗歌于1940年出版。他给丰子恺去信："朽人70岁时，请仁者作护生画第三集，共70幅；80岁时，作第四集，共80幅；90岁时，作第五集，共90幅；100岁时，作第六集，共100幅。护生画功德于此圆满。"希望丰子恺能将《护生画集》做下去。丰子恺接到老师来信后，想到老师八九十岁时，自己也进入耄耋之年，还能坚持下去吗？他感谢老师对自己的厚爱，复信时说"世寿所许，定当遵嘱"。但是弘一大师没有活到七八十岁。1942年，弘一法师身体多病，极度虚弱，自知来日无多，心里放不下《护生画集》的事，遂给有关好友写信，"务乞仁者垂念朽人殷诚之愿力，而尽力辅助，必期其能圆满成就，感激无量"。不久，弘一法师圆寂，而他委托的朋友也相继过世，但丰子恺没有忘记《护生画集》功德圆满的使命。1949年初，丰子恺专程来到泉州，拜谒弘一法师圆寂之地。老师的70冥寿就要到了，丰子恺决定绘制《护生画集》第三集。他在厦门住了三个月，暂停润例，闭门谢客，专心进行护生画创作。等到第三集全部画稿完成时，离弘一法师圆寂只有七个年头了。新中国成立后丰子恺又进行了《护生画集》第四集80幅、第五集90幅、第六集100幅的绘制。这是后话。

《护生画集》看起来是要人们关爱动物，不要伤及它们的生命，实际上是宣扬护生就是护心，救护禽兽虫鱼只是手段，倡导仁爱和平是目的。丰子恺坚持护生画集六集的创作，也是对老师弘一法师的纪念。

曾昭燏住进胡小石家

▲ 曾昭燏

博物名家曾昭燏系出名门，她是晚清重臣曾国藩四弟曾国潢的长曾孙女。1929年曾昭燏考进中央大学外文系，此时的中央大学文学院外文系与国文系名家云集，外文系有郭斌龢、范存忠、楼光来等名教授，国文系有王伯沆（瀣）、汪辟疆（国垣）、胡小石、吴梅（瞿安）、黄侃（季刚）、汪东（旭初）等饱学之士。胡小石开设了甲骨文和金文课，其他系的学生时常来旁听，曾昭燏家学渊源，文史有基础，她很喜欢考古、金石课程，胡小石知识渊博，讲课说理缜密，曾昭燏越听兴趣越浓，只要有胡小石的课必定去听。第二年干脆由外文系转入国文系，拜在胡小石门下。

胡小石在城北将军巷自筑小楼一所，号为愿夏庐，曾昭燏与同学经常登门求教。曾昭燏不仅聪明，文史有基础，又非常用功，字写得也很秀气，深得胡小石教授的赏识。胡小石手写声韵表及说文双声字例，都让她誊写一遍。

得知曾昭燏上学费用靠哥哥供应，胡小石就让曾昭燏来愿夏庐居住。曾昭燏在愿夏庐一住就是三年。胡小石住在二楼北室，称北楼，是他挥毫作书之所。阁楼是胡小石女儿胡令晖的住所，曾昭燏与胡令晖同居一室。胡小石的家中，经常有学生前来求教，讲授时间晚了，回住所不方便时，女生就在胡令晖的床上对付一夜，胡小石的另一位学生游寿也有这样的体验。

曾昭燏随胡小石专攻古文字学、书学和中国文学史，并练习学习书法。初学钟鼎文，不习字帖，她的书法因此避免了落入圆熟陈套的窠臼。三年阁楼居住，曾昭燏得到胡小石言传身教，潜心学习，打下了深厚的文史基础，成为精通辞赋诗词的诗人和擅长书法的书法家，书法工整端庄。

1933 年，曾昭燏以优异的成绩毕业，又进入胡小石执教的金陵大学国学研究所学习，并在金陵大学附中任教，教高三国文。1935 年，曾昭燏自费留学英国，进入伦敦大学研究院，攻读考古学专业。曾昭燏对于胡小石始终怀着敬意。

顾颉刚对钱穆的知遇之恩

顾颉刚以"古史辨"研究蜚声史学界，1926 年秋赴厦门大学出任国学院研究教授，此后又在中山大学做教授。

▲ 顾颉刚

▲ 钱穆

钱穆出身贫寒，中学时就辍学，长期在中小学任教。1929年4月23日，顾颉刚由中山大学转任北平燕京大学，兼在北大上课，主编《燕京学报》。返回家乡苏州小住，来到钱穆任教的苏州中学演讲，做报告，由此结识钱穆。看到钱穆撰写的《刘向刘歆父子年谱》，大加赞赏。顾颉刚建议钱穆结束中学教职，到大学教历史，他推荐其去中山大学，并嘱托为《燕京学报》撰稿。钱穆做此年谱，本意是打破康有为《新学伪经考》对今文经学的迷惘，而且这种观点正与顾颉刚观点相左，尽管两人学术观点不同，但顾颉刚并不在意，仍然坚持在《燕京学报》刊发此文，并推荐钱穆到燕京大学任讲师。一个乡间的教师，就这样走进了北平高等学府执掌教鞭。这种胸襟让钱穆很受感动。学术界也赞扬顾颉刚"气魄大"。

在燕京大学授课不到一年，钱穆辞去燕京教职，原因在于燕京大学是教会大学，钱穆讲国学，在燕京多感不适，又不通外语，生活中不免尴尬，时常受到奚落。但是顾颉刚始终未忘记钱穆，他一直欣赏钱穆的学识。1931年3月18日，顾颉刚给北大文学院院长胡适去信，极力推荐钱穆代替自己，到北大任教。信中说："他如到北大，则我即可不来，因为我所能教之功课他无不能教也，且他为学比我笃实，我们虽方向有些不同，但我尊重他，希望他常对我补偏救弊。故北大如请他，则较请我为好……他所作《诸子系年》，已完稿，洋洋三十万言，实近年一大著作，过数日当请他奉览。"

经过顾颉刚的推荐，1931年夏，钱穆接到北京大学聘书，以及清华大学兼课邀请。此后，钱穆在北大任教十年，讲授中国上古史、秦汉史、近三百年学术史、中国通史等课程，奠定了他在学术界的地位。钱穆非常清楚，他一个没有学历的乡间教师，能够为学术界所接纳，能够安心研究，成为大学教授，离不开顾颉刚的赏识与推荐。顾颉刚赏识钱穆的才华，知道他一心治学，有高校的宽松环境，有优厚俸禄，他就能够安心研究学问。

晚年钱穆写《师友杂忆》，对顾颉刚的知遇之恩念念不忘。

沈从文提携卞之琳

作家沈从文出身贫苦，自学成才，大概是感同身受吧，他对后学颇多提携。1931年诗人卞之琳在北京大学读书时，喜欢写诗，他将诗稿抄录一份送给兼课的著名诗人徐志摩。徐志摩一读，很是喜欢，就将诗稿带到上海，送给沈从文看，沈从文对诗稿颇为欣赏。当时沈从文并不认识卞之琳，与徐志摩商议，准备把卞之琳的诗稿编辑出版，名为《群鸦集》。沈从文还写了一篇附记，发表在《创作》月刊。诗集计划当年11月出版，因为爆发了"一·二八"事变，上海的文化产业遭到日军破坏，正在印刷的诗集被毁。

1936年卞之琳工作不顺，沈从文写信给胡适，推荐他到胡适主持的文化基金会做翻译工作。后来卞之琳确实到了文化翻译会工作，卞之琳说是老师余上沅推荐的，因为沈从文并没说工作是他推荐的，但是沈从文写给胡适的推荐信是存在的。"卞之琳多数人都承认他译书极认真，中文也相当好，外国文基础也很好。人家都说是这几年北大出的好学生！现

▲ 卞之琳

在作的事似乎不是他宜作的事,对自己无益,对学生也无益。教书不译书对各方面都是损失。文化基金会每月出百廿块钱并不是件困难事情,我希望您还能给他这个译书机会,要他不必再教书。"(《沈从文全集》)

第二十七章　割舍不去的亲情

君君臣臣，父父子子，是中国传统社会的伦常秩序。进入民国，共和之风吹拂中国大地，深受传统文化熏陶的开明家长，也接纳了西风浩荡的冲击，一批学子走出国门，接受西方文化、东瀛文化的教育。回国之后，因为他们有开明的思想，又深爱中华文明，体现在亲情上也有别传统。

胡适的心头之痛

学术大家胡适成就非凡，他的一生也提携了很多学子，但是他的两位公子成绩并不大，尤其是次子，一直是他的心头之痛。

胡适与江冬秀婚后育有三子。长子祖望，女儿素斐（早年夭折），次子思杜。胡思杜生于1921年12月27日，排行第三。

胡思杜少年时患有肺病，时读时辍，胡适请家教对其辅导，胡适的高足罗尔纲当时住在胡适家，兼胡思杜的家庭教师。少年时的胡思杜聪明顽皮，成年后喜欢玩乐，好交朋友。抗战开始后，胡适赴美出任中华民国驻美大使。胡思杜则随母亲江冬秀避难上海，胡适委托一位竹姓朋友照看他。1939年在西南联大学习航空机械专业的胡祖望去美国留学，进入胡适就读过的康奈尔大学。而此时的胡思杜沾染了纨绔子弟的嗜好，与长兄拉开了距

◀ 胡适一家

离。1940年11月9日，竹姓朋友写信给胡适："小二在此读书，无甚进境，且恐沾染上海青年恶习，请兄赶快注意。"1941年5月胡适托人将胡思杜带去美国。胡思杜在国内学的文科，曾先后在上海大学、东吴大学读社会科学。到美国后，胡适将他送进教会学校海勿浮学院就读历史。但胡思杜在美国又染上了吃喝的恶习，荒废了学业，以致在美国连续上了两个大学，但均未毕业，被学校驱逐回国。

1948年夏，胡思杜回到北平。尽管学业未成，无所成绩，但碍于胡适的面子，仍有若干大学向胡思杜发出任教邀请，包括山东大学历史系，均被胡适以"思杜学业未成，不是研究学问的人才"为由拒绝，为此儿子与老子发生了争执。胡适向儿子做了解释："以你的能力，无法胜任大学教职，他们聘你完全是因为我的面子。如果贸然接受，不仅误人子弟，对你也没有帮助。做学问还是要踏踏实实，现在努力还来得及。"

胡适将胡思杜安排进北京大学图书馆工作，薪水比山东大学副教授低很多。真是因为爱子之深，希望他能改掉陋习，脚踏实地，胡适才会坚拒教职而安排儿子在图书馆工作，因为图书馆是读书做学问的好地方，在北大图书馆，胡思杜一改往昔作风，开始埋头读书，似乎有"浪子回头"的迹象。

1948年12月，解放军包围了北京，平津形势危急。胡适联系了专机到北京"抢救"名流学者，其中有辅仁大学校长陈垣、清华大学校长梅贻琦，以及陈寅恪等人。结果，陈垣不愿意离开北平，就连胡思杜也不愿随父母南行，他说："我又没有做什么有害共产党的事，他们不会把我怎么样的。"胡适放在东厂胡同几大间屋的书籍带不走，就托付给胡思杜看管，随身带走了一部16回残本的《石头记》抄本和《水经注》稿本。

鄞县"五马"各显神通

"鄞县五马"的马姓五兄弟中以二哥马裕藻为首，以做过故宫博物院院长、西泠印社社长的四弟马衡知名度最高。

马衡系上海五金大王叶澄衷的东床快婿，与叶家二小姐叶薇卿结婚后，马衡住在上海洋房里，在叶氏公司挂职，每月支取薪水6000银洋（外国发行的银圆，价值略低于中国发行的银圆），衣食无忧。但是他无意于商海经营，而是沉醉于碑拓善本，也时常在地处上海江湾的叶家花园里，与妻舅们骑马游园。二哥马裕藻出任北京大学国文系主任时，为学校网罗人才，举贤不避亲，1920年他拉四弟马衡来北大做国文系讲师，同时鲁迅也被马裕藻聘为北大国文系讲师。开始，北大并不清楚马衡金石学上的造诣，看他骑术不错，就让他做体育老师，教学生骑马。马裕藻未做申辩，他知道四弟志趣不在骑马，他也明白马衡的金石学水平已具大家水准，显山露水需要一个契机。不久，马衡的金石造诣展露出来。1922年后任史学系教授兼国学门导师，讲授金石学。马衡还受蔡元培校长委托，与沈尹默成立了北京大学书法研究会，指导学生书法。北大考古学研究室、考古学会，都是马衡领衔主持。放弃月薪6000元职位，去做月薪120银圆的大学教授，马衡的妻子叶家二小姐很不理解，经常揶揄他："又不是银行行长，这破教授有什么可当的？"1925年成立故宫博物院时，马衡当选为理事兼古物馆副馆长，1934年任故宫博物院院长。

五弟马鉴先后任燕京大学国文系主任、图书馆委员会主席，对图书馆建设贡献很大，桃李满天下。七弟马准，以民间风俗研究见长，任北京大学教授，讲授文字学和目录学。九弟马廉，北京大学教授，擅长明清小说，精于戏曲古籍的收藏，他经常与钱玄同、刘半农、郑振铎结伴，去北京琉璃厂访书。他曾购得海内孤本——明万历年间王慎修刻本四卷二十回《三遂平妖传》，遂将书屋取名"平妖堂"。因所藏戏曲、小说等通俗文学，在诗词为正统的时代，不为学术界重视，他戏称自己的藏书为"不登大雅文库"，将书室戏称为"不登大雅之堂"。对于他对戏曲、小说版本的收藏，鲁迅、郑振铎都是肯定的，鲁迅还经常去看书。1935年马廉因脑溢血病逝在北大讲台上。

两代接力勘察六朝陵寝

朱希祖与朱偰是民国一对学有所成的父子。朱希祖是知名历史学家，朱偰是经济学家、文史学家，被誉为"南京城墙的保护神"。后人了解朱偰,主要是通过民国时期出版的《金陵古迹图考》《金陵古迹名胜影集》《建康兰陵六朝陵墓图考》等三本考察南京古迹的图书。

1932年朱偰从德国留学回国,受聘中央大学经济学系教授。朱偰虽然学的是经济,受父亲、著名历史学家朱希祖的影响,喜好文史,功底扎实。他目睹金陵佳丽地,古都沦丧,课余时间,对南京及其周边的六朝陵墓、庙观里坊、明代宫阙和南京城墙等名胜古迹,进行考察、测绘、摄影。朱偰比较我国长安、洛阳、金陵、北京四大古都之后,对南京情有独钟,他认为:"此四都之中,文学之昌盛,人物之俊彦,山川之灵秀,气象之宏伟,以及与民族患难相共,休戚相关之密切,尤以金陵为最。"

1934年朱希祖应中央大学校长罗家伦邀请,出任中央大学史学系主任,兼古物委员会委员。朱希祖对六朝史早有研究,1923年就发表了《萧梁旧史考》。来到南京之后,1934—1935年多次组织专家学者(成员有朱希祖、朱偰、滕固、黄文弼、罗香林、裘善元等)考察南京和附近的六朝陵墓神道石刻,勘察南京萧梁五铢钱出土地址。考察分为前后两期,前期主要是朱希祖、朱偰父子,属于私人行为。之前是朱偰与几位外国友人,经常翻山越岭,奔波跋涉,等到朱希祖来到南京之后,父子俩就结伴而行,考察古迹。后期则是以中央

▲ 朱偰考察南京名胜史迹钟山绝顶

古物保管委员会为主的官方考察，当时交通不便，考察也很艰苦，因陵寝都在荒野郊外，而且往往湮没在杂草丛生的地方。

朱希祖主持的官方考察，成果是由他主撰的《六朝陵墓调查报告》，1935年由中央古物保管委员会出版，书中也收录了朱偰撰写的《六朝陵墓重说》一文。其成员罗香林1936年撰写《金陵六朝陵墓巡视记》，而成绩最大的则是朱偰在三年的考察时间内，背着一架德国造的相机到处实地考察，拍照留存，共拍摄两千多张照片，积累了大量资料，于1936年由商务印书馆出版的《金陵古迹图考》（后又出版《金陵古迹名胜影集》《建康兰陵六朝陵墓图考》）是系统介绍南京历史文化遗存的第一部著作，出版后在学界赢得了很高声誉。今天我们所能见到的老南京照片，有许多都是从这些照片中选出来的。

朱希祖对长子朱偰考察南京遗迹，颇多赞赏，他为《金陵古迹图考》撰写序言，称自己治学南都（南京）古迹，不如朱偰专精，考察上也不如儿子敏捷，"此则少年气盛之可贵也"，"亲父誉之，不若非其父者可也"，"学术之事，当仁不让"。对于儿子用心之专，用力之勤，并有所建树，"为后世之考古，无从研求……以保留（南都）历史遗迹"之壮举，大加褒奖。

姑苏张家四姊妹

这里说的张家姐妹指的是苏州张元和、张允和、张兆和、张充和四姊妹，她们的名字中都有"两只脚"，元和夫君是名昆顾传玠，允和夫君为语言学家周有光，兆和夫君是名作家沈从文，充和夫君为汉学家傅汉思。

四姊妹一母所生，长相却两黑两白，大姐、二姐白，三妹、四妹黑。读大学时，同学给她们取了绰号，张允和长得瘦小，好管闲事，喜欢穿绿色衣服，同学送其外号"绿鹦哥"；张兆和皮肤黑，胖乎乎的，绰号"黑凤"，据说这个绰号是沈从文取的；张元和端庄秀美，穿衣得体，就读于大夏大学，雅号"大夏皇后"。张充和喜欢戴小红帽，平时很调皮，同学称之为"小红帽"。

二姐张允和与三妹张兆和年龄接近，从小学到大学一直生活在一起，关系亲近，无话不说。但是姊妹的嘴仗却打了几十年，张允和身体不佳，脑子却好使，干什么事记得最清楚。她将兆和平时做的"坏事"全记在心里，有事没事就找兆和"撩事"，兆和不承认，两人就发生嘴仗。兆和就说允和专说自己的坏话，戳她的蹩脚。别看允和身体弱，小时候也"恃强凌弱"过兆和。到了成年时，允和也反省，当年怎么那么不讲理呢？

兆和恋爱时，与二姐允和，无话不谈，包括沈从文的事。当年追求兆和的男生不少，兆和日记中排为青蛙一号，青蛙二号……允和逗兆和："沈从文该排癞蛤蟆十三号吧？"在中国公学时，老师沈从文爱上了学生张兆和，疯狂地给兆和写情书。有一天兆和向校长胡适告状，胡适说："有什么不好，我和你爸爸是安徽同乡，是不是让我跟你爸爸谈谈你们的事？"兆和臊红了脸："不要讲。"胡适郑重地对兆和说："我知道沈从文顽固地爱你！"兆和脱口而出："我顽固地不爱他！"当年兆和将这些事情告诉允和，允和记得清清楚楚，可

▲ 张家四姊妹

是到了后来，兆和却否认说过这样的话，又是允和将事情记录下来，揭兆和的短。

1935年四妹张充和在北平患上肺结核病，卧床不起，孤身一人在北京诸多不便。大姐张元和停下在江苏海门的工作，赴北平将小妹接回苏州老家，并在老家照顾小妹。这样一待就是两年，姐妹俩朝夕相伴，共同学习昆曲。昆曲不仅治好了充和的病，还加深了姐妹间的感情。她俩向周传瑛先生学昆曲，元和因此认识了上海昆曲当红小生，"传字辈"的顾传玠，坠入情网。

抗日战争爆发后，张家兄弟姊妹中，只有张元和顾传玠夫妇留在沦陷区上海，其他人或在汉口，或在四川。抗战胜利后，1946年，张家十姐弟在上海重逢。弟妹们在张元和家打地铺，连续住了几个星期，通宵达旦聊天，弥补几年来的分离之苦。他们还搭了临时戏台，《游园》折子戏中元和扮演杜丽娘，允和扮演春香；《惊变》折子戏中元和扮演杨玉环，顾传玠扮演唐明皇。演完戏，宴请宾客，兄弟姊妹各奔前程，从此天南海北，生离死别，再也没有聚到一起。

从20世纪20年代末到30年代初，张家四姊妹组织了一个"水社"，编辑家庭内刊《水》。后来几个弟弟不甘落后，组建了一个"九如社"。为《水》杂志写稿的，除了四姊妹外，还有沈从文、周有光，她们组稿、撰稿、编辑、刻印、装订、发送，忙得不亦乐乎。若干年后，人们研究张家旧事时，《水》内刊刊发的文章，成了珍贵的资料。

第二十八章　惊世骇俗的爱情

西风东渐下的民国，社会风气开放开明，人们的恋爱观念也颇为超前，他们突破了传统礼教的束缚，大胆言爱，勇敢追求，社会对此也给予了宽容。当年梁启超在陆小曼婚礼上对徐志摩的一顿训斥，也还是出于对爱徒的爱护。大师们并不都是冬烘的头脑，他们也懂人情世故，也尊重他人的情感选择。生在情感旋涡中的男女，他们用心用情，演绎出惊世骇俗的爱情故事，同时爱与恨未必就是对立的，不是恋人也可以是好朋友。

林徽因的艰难选择

林徽因与梁思成是青梅竹马，两小无猜。林家与梁家是世交，1913年，进步党"人才内阁"成立，梁启超出任司法总长，段祺瑞北洋政府内阁财政总长兼盐务总署督办；林长民则在段祺瑞内阁任司法总长。在梁思成与林徽因很小的时候，林长民与梁启超就定下了娃娃亲。

1924年6月，林徽因与梁思成同时赴美留学，梁思成进入宾夕法尼亚大学学习建筑。在随父亲林长民游历欧洲时，受伦敦房东女建筑师的影响，林徽因立下了攻读建筑学志向，本来她也要进建筑系的，然而宾大建筑系不收女生，林徽因只能改入美术

林徽因与梁思成

学院，选修建筑系的课程，宾大毕业后，又入耶鲁大学戏剧学院学习舞台美术设计。

1928年3月21日，梁思成与林徽因在加拿大渥太华梁思成姐夫任总领事的中国总领事馆举行婚礼。婚前，梁思成问林徽因："有一句话，我只问这一次，以后都不会再问，为什么是我？"林徽因答："答案很长，我得用一生去回答你，准备好听我了吗？"婚后，梁思成曾诙谐地对朋友说："中国有句俗话：'文章是自己的好，老婆是人家的好。'可是对我来说是，老婆是自己的好，文章是老婆的好。"

梁思成林徽因结婚后，赴欧洲参观古建筑。1929年8月，林徽因夫妇回国，受聘于东北大学，创办了建筑系。从1930年至1945年，林徽因夫妇率领古建筑考察队，足履遍及中国15个省的200多个县，考察测绘了200多处古建筑物，中国现存最早的唐代建筑五台山佛光寺、世界最早的石拱桥赵州桥、中国最早的木塔应县木塔等古建筑都是因为他们的考察走向了世界，为世人知晓。

林徽因16岁游历欧洲时，在英国伦敦遇到了留学英伦的徐志摩。徐志摩知识渊博、优雅谈吐、外形俊美,让情窦初开的林徽因顿生崇拜之感。而情感丰富的诗人徐志摩也爱上了林徽因。林徽因写新诗,应该是受到徐志摩的影响。1923 年,徐志摩等人成立新月社,林徽因经常参加新月社的活动,还与徐志摩同台演出印度诗人泰戈尔的诗剧《齐德拉》。

徐志摩追求林徽因,却遭到他的老师梁启超先生的反对。林徽因是梁任公为长子梁思成选定的儿媳妇,岂能让他人掠美?再者梁任公对这个诗人弟子才华欣赏,却不赞同他的见异思迁。在徐志摩与陆小曼婚礼上,梁启超对徐志摩移情别恋又一通臭骂。

尽管林徽因崇拜徐志摩,与徐志摩的友谊很深,是知心的好朋友,但是在爱情选择上,林徽因没有选择徐志摩,而是选择了梁思成。

我们都记得徐志摩为林徽因写过的诗句,"我是天空里的一片云,偶尔投影在你的波心,你不必讶异,更无须欢喜,在转瞬

林徽因一家与金岳霖(后排右一)、陈岱孙(后排右二)等朋友合影

间消灭了踪影。"徐志摩乘飞机失事,其缘由是为了到北京为林徽因建筑讲座捧场。在徐志摩死后,林徽因捡了失事飞机的一块残片,摆在床头,以此纪念徐志摩。

哲学家金岳霖是梁思成、林徽因的好朋友。金岳霖早年毕业于清华大学,后留学美国、英国,回国后执教于清华大学、北京大学、西南联大。他认识林徽因是徐志摩介绍的。他们是邻居,金岳霖生活西化,家里有西厨烤制面包,面包口感好,每天早上就给林徽因家送过去。还经常在林家喝茶聊天。金岳霖身高一米八,喜欢穿西装,穿戴讲究,服装一丝不苟,极富绅士气度。林徽因太太客厅开张时,金岳霖是常客。金岳霖也极有才华,是一流的逻辑学家、哲学家,脾气也特别好。林徽因与梁思成争吵时,经常请老金做评判,老金很理性,对林徽因也是呵护有加。老金对林徽因的人品与才华羡慕至极,林徽因对这位老大哥也十分敬重,彼此心灵有一种默契。一来二往,两人渐生情愫。

1931年夏天,梁思成从河北宝坻(宝坻县当时属河北省)考察古建筑回来,林徽因告诉他自己同时爱上了两个人,不知道该怎样办才好。梁思成当然明白妻子说的两个男人是谁。当晚梁思成想了一夜,第二天他跟林徽因说:"你是自由的,如果你选择了老金,我祝你们永远幸福。"当时梁思成与林徽因都哭了。当林徽因把梁思成的话告诉了金岳霖时,金岳霖沉思了片刻,说:"思成能说这个话,可见他是

▲ 金岳霖

真正爱着你，不愿你受一点点委屈，我不能伤害一个真正爱你的人，我退出吧。"

就这样，金岳霖的退出解决了林徽因的困惑。他们彼此坦诚相待，毫无芥蒂，金岳霖也依然是梁家的座上客、林徽因的男"闺蜜"，却没有非分之想，三人仍然是无话不谈、肝胆相照的知心朋友。1932年，在徐志摩去世后，金岳霖干脆把家搬到北总布胡同3号"择林而居"，梁氏夫妇住大的前院，金岳霖住小的后院，前后院都单门独户。金岳霖说："一离开梁家，就像丢了魂似的。"到北京后还是邻居。在金岳霖和林徽因的心中，始终有一份柏拉图式的情感存在，彼此守望，心灵相通，却又不在乎是否拥有，他们相互信任，彼此尊敬。金岳霖终生未娶，直到去世。

萧红的传奇之恋

才女萧红的经历颇具传奇，其婚姻更是出奇。她幼年丧母，曾在哈尔滨就读第一女子中学。父亲将她许配给富商之子、小学教员汪恩甲，起初萧红对未婚夫并无反感，还经常通信。渐渐萧红对汪恩甲不满，就想退婚，去北京念高中，遭到父亲的反对。萧红随表哥陆哲舜去北京，进入北师大附属女一中，中学毕业，1931年1月回老家时被家人软禁，要求她完婚。为逃婚，萧红再次离家出走，被未婚夫汪恩甲追上，原先厌恶婚姻的萧红，因为囊中羞涩竟然与汪恩甲在哈尔滨东兴顺旅馆同居了。这样的婚姻本没有爱情基础，更多是出于物质的考虑。同居半年后萧红怀孕了，汪恩甲是背着家庭出来的，手上也没有钱，拖欠了旅馆约5万元，于是将怀孕中的萧红抛弃在旅馆，溜之大吉。

没有钱缴付食宿费，萧红被困在旅馆里，旅馆老板威胁再不给钱，就将她卖到妓院。萧红只好向哈尔滨《国际协报》副刊编辑裴馨园写信求助，裴馨园与孟希、舒群等文学青年先后到旅馆看望萧红，又多次派编辑萧军到旅馆给萧红送书刊。两人日久生情，互相爱慕。

1932年8月7日夜，松花江决堤，洪水泛滥，萧军趁夜租了一条小船，用绳子把萧红从旅馆救下来，萧红得以摆脱困境。不久萧红分娩，孩子生下后因无力抚养而送人。出医院后，这对文学志趣相投的青年男女相爱，他们住进道里新城大街欧罗巴旅馆。同居后二人仅靠萧军当家庭教师和借债勉强度日，生活困窘。后来，二萧到了上海，得到鲁迅的指导与帮助，1934年萧红名著《生死场》出版，萧军在文学创作上也取得了成绩，二萧成为左联的实力作家。

正当萧红、萧军在上海的生活稳定下来，文学创作也步入正轨，情感却出现了裂痕，矛盾逐渐尖锐，萧红将感情天平倾向了作家端木蕻良。萧红与端木蕻良相识于1937年10月的武汉，因为端木蕻良也是东北老乡，彼此相处得很好，二萧与端木像兄弟姐妹，同吃同住。与萧军发生争吵时，萧红总能从端木那边得到宽慰，对萧红的才华，端木也是赞赏有加，端木的文质彬彬与萧军的粗犷野气形成鲜明对比，感情的天平悄悄滑向一边。

1938年2月，在山西临汾，萧红与同居6年的萧军分手。萧红与端木蕻良随

▲ 1934年萧红带着身孕嫁给萧军

丁玲率领的西北战地服务团来到西安，4月，萧红与端木蕻良一起回到武汉，5月，两人在武汉结婚。1940年1月底，他们来到香港，萧红患上了肺结核。在日军占领香港的第三天，萧红病情加重，住进香港跑马地养和医院，因庸医误诊而错动喉管，手术致使萧红不能饮食，身体衰弱。一周后的1942年1月22日，萧红去世，年仅31岁。

在萧红临终时，萧红心里牵挂着与她已经分手的萧军，希望萧军还会像当年在哈尔滨那样来救他。萧红虽有才女之称，一生的情感却跌宕。她为了逃婚，离开未婚夫汪恩甲，却又与汪恩甲同居，结果被抛弃；与萧军同病相怜，惺惺相惜，彼此又不相容；嫁给了端木蕻良，心里又想着萧军，在临死前还渴望萧军前来救赎。她曾经对胡风说："我和端木蕻良没有什么罗曼蒂克的恋爱历史。是我在决定同三郎（即萧军）永远分开的时候才发现了端木蕻良。我对端木蕻良没有什么过高的希求，我只想过正常的老百姓式的夫妻生活。没有争吵，没有打闹，没有不忠，没有讥笑，有的只是互相谅解、爱护、体贴。"

费孝通、王同惠蜜月的生离死别

娱乐圈的喜事是市民关注的焦点，与明星耀眼的光芒相比，教育界、学术界的喜事就平淡多了，但是也有可歌可泣的爱情故事。

才子佳人喜结连理

山东《老照片》第12辑刊登过一幅社会学家费孝通与王同惠的婚纱结婚照，费孝通穿西装，王同惠着婚纱，婚服与造型是当时流行的款式，新娘头上戴着西式披巾。照片摄于1935年，

▲ 费孝通与王同惠结婚照（摘自《老照片》）

在结婚照的背后有着一个非常悲凉动人的故事。

费孝通与王同惠是燕京大学社会学系的同学，同系不同班，两人都是吴文藻的学生。1933年费孝通燕大毕业后，进入清华大学深造。1935年费孝通准备去广西大瑶山进行社会调查，得到了当时桂系首脑李宗仁的同意。王同惠与费孝通结伴而行，考虑到路上的方便，当时女性外出调查多有不便，两人决定结婚。

1935年暑假，费孝通与王同惠在燕京大学未名湖畔的临湖轩，即燕京大学校长司徒雷登的住宅，举办了热闹的婚礼，一对才子佳人喜结连理，令人羡慕。

误入陷阱遭遇不测

婚礼结束后，两人与唐兆民等人就奔赴广西大瑶山，进行科学调查。在大山森林之中的科学调查，就是他们的蜜月。

结束了对大瑶山的实地调查，1935年12月16日，也就是他们新婚100天之后，费孝通与王同惠向茶山瑶转移。从古陈到平南县的罗运乡山路崎岖，曲折多险，唐兆民、张荫庭带着4位挑夫以及向导先行，费孝通与王同惠随后。行至五指山冲口一块大石板时，两人感到疲惫，就停下来休息，让唐兆民和挑夫、向导先走一步，他俩休息一会儿就追赶他们。

休息了一会儿，觉得体力有所恢复，费孝通与王同惠继续上路。当行至潭清的岔路口时，他们走错了路，误入一片竹林之中。林中阴暗，方向不清，他们一路摸索，走到了斗蓬岭石八地方，看见一扇类似门的东西，误认为到了近村，费孝通便探身察看，哪里知道这是古陈村瑶人盘公平捕野兽设下的套子。费孝通一探身，脚踩到套子上，机关松动，木石齐下，把费孝通压住了。危急之中，王同惠奋不顾身把石块木头逐一移开，才将受伤的费孝通从套子中解救出来，但是费孝通已经不能站立，瘦小的王同惠将费孝通背到安全地带之后，奔出林中，寻找救援。

王同惠这一去就杳无音信。费孝通独自在荒林中痛苦地熬过寒夜，第二天清晨，他忍着疼痛，一步步向村里爬行，向村民求救。由于言语不通，村民又不识字，无法交流，比画了半天，村民才明白费孝通受伤需要救治，于是村民将费孝通背到古陈尾，被安置在陈如清家，村民找来识字的小商贩张献南，通过纸笔写字，才了解到事情的原委。

在村民的帮助下，费孝通与调查队取得了联系，大家均未发现王同惠的下落，估计王同惠发生了意外。村民们分头寻找，也没找到王同惠，一直到出事的第7天，村民在古陈与罗运乡鸡冲屯交界处，发现有野藤断开，有东西跌下的痕迹。循着痕迹往下寻找，终于在华冲尾一处山涧急流中发现了王同惠的遗体。原来王同惠出林中求援时，夜黑路滑，失足坠下山涧。这时距费孝通与王同惠结婚才108天，王同惠年仅24岁。在村民的帮助下，按照瑶族风俗，为王同惠进行了遗体处理，然后又由村民抬着遗体，送出大瑶山，在桂平县江口圩，装棺上船，运至广西梧州，将王同惠的遗体安葬在梧州市西山公园。费孝通身受重伤，由梧州换船至广州,住进柔济医院治疗。

新婚百日,相爱的人就成永诀。为了救治费孝通,王同惠不幸遇难。看到结婚照上的已经逝去的爱人,费孝通痛不欲生。他们为中国社会学调查付出了巨大的牺牲,后来费孝通在社会学领域取得了很大的成就,在他的心里却一直没有忘记王同惠,没有忘记他们曾经在大瑶山艰苦考察的点点滴滴,以及误入斗篷岭、遭遇困境的日日夜夜。

石评梅、高君宇的生死恋

民国四大才女之一的石评梅,1921年在一次同乡会上与高君宇认识。对于高君宇的名字,石评梅早有耳闻,因为高是父亲石鼎丞的学生,父亲多次夸奖过这个学生。此时的石评梅也是北京诗坛上有点名气的女诗人。两人相见,非常惊喜,从此书信往来频繁,友情日深。

1923年石评梅从北京女高师毕业,留校任该校附中女子部主任兼国文、体育教员。高君宇也摆脱了旧式婚姻的束缚之后,全心全意地爱着石评梅。但是石评梅对于高君宇曾经有过婚姻的事实心存芥蒂。高君宇曾在红叶上题诗表白自己的情感,却遭到了石评梅的拒绝。她抱定独身主义宗旨,固守着"冰雪友谊"的藩篱,不肯和他谈论婚嫁。高君宇为此十分痛苦,他给石评梅写信,诉说衷肠:"你的所愿,我愿赴汤蹈火以求之;你的所不愿,我愿赴汤蹈火以阻之,不能这样,我怎能说是爱你!请相信,我是可以移一切心与力专注于我所企望的事业的……"一副侠骨柔肠!初恋挫折在石评梅心里留下了很深的创伤,她对人生产生迷茫。但是几年的交往,她对高君宇又有依恋,彼此产生了真挚的情感。

1924年10月远在广州的高君宇买了两枚象牙戒指，一枚寄给北京的石评梅，另一枚戴在自己手上——他是以象牙戒指的洁白坚固来象征他俩之间的冰雪友谊的。石评梅封闭的坚冰渐渐被高君宇的炽热情感融化，感情的天平倒向了高君宇，但是在婚姻上却还没有允诺。

1925年3月，高君宇积劳成疾，一病不起，此时石评梅才真心相许，然而，高君宇没等到大红灯笼高高挂的时刻，病逝时年仅29岁。依照生前遗嘱，石评梅把他安葬在北京陶然亭畔。高君宇的死让石评梅痛悔交加，她时常来到高君宇墓前，抱着墓碑悲悼泣诉。她决心把自己的青春和爱全部献给死去的君宇。

在高君宇的墓碑上镌刻着石评梅的一段话：

我是宝剑，
我是火花。
我愿生如闪电之耀亮，
我愿死如彗星之迅忽。

这是君宇生前自题相片的几句话，死后我替他刊在碑上。君宇！我无力挽住你迅忽如彗星之生命，我只有把剩下的眼泪流到你的坟头，直到我不能来看你的时候。

评梅

三年中石评梅无时无刻不怀念着高君宇，她的心里只有一个高君宇。1928年9月18日，评梅患脑膜炎，医治无效，于9月30日死于当年高君宇病逝的北京协和医院。她死后，友人们根据其生前曾表示的与高君宇"生前未能相依共处，愿死后得并葬荒丘"的愿望，将其埋葬在君宇墓旁。

第二十九章　不同寻常的婚姻

古代中国的婚姻大多遵循"父母之命，媒妁之言"的程式，很多爱情被婚姻扼杀，梁山伯祝英台的爱情无法逾越世俗的界限，只能以化蝶来寄托美好的愿望。民国时期的婚姻观点依然保守，但是由于"西学东渐"的影响，一些接受过西方文化熏陶的青年人，为了自己的幸福，勇敢地挑战封建礼教，演绎出了一曲曲爱情的故事。

丁玲的三人行

8岁时，丁玲与表哥解除了婚约。中学毕业后，1922年初，丁玲来到上海，进入平民女子学校学习，1923年经瞿秋白介绍，进入上海大学中国文学系学习。1924年丁玲来到北平，秋冬时节，遇到了北漂一族的胡也频。胡也频送她一束黄玫瑰，在花中夹了一张纸条："你一个新的弟弟所献。"当时丁玲的弟弟刚好夭折，对这位比自己小1岁，送上门来的小弟，毫无感觉。丁玲随手把花一放。

那时候的"北漂"日子也不好过，丁玲一度因为生活艰难，离开北京返回湖南老家。没想到同样是穷困的胡也频借钱买了车票，追到了湖南，蓬头垢面出现在丁玲面前，身上几乎是没有分文。情感丰富、情感尚未有归宿的丁玲被胡也频的痴情感动了,他们同居了。尽管穷困潦倒,但两颗年轻的心却是炽热的,穷却穷得开心。他们住在山上,购买物品需要下山进城。有一次胡也频独自下山,丁玲发现后,立马追下山。回来时,已经天黑,他们不慎陷进一片淤泥地,走不出来了。他们又不敢折腾,只好站在淤泥里,数着天上的星星,说着悄悄话。过了好一阵,幸亏来了一个过路人,才把他们拉了出来。浑身上下尽是淤泥,脸上也污秽不堪,两人相视一笑。

1925年,丁玲与胡也频在北京居住,一个小编辑,一个穷作家,手头拮据,时常生活没有着落。身边值钱的东西都进了当铺,冬天胡也频衣裳单薄,无以御寒,丁玲花7块钱买了两块棉布和两斤棉花,亲手给胡做了一件棉袍,但是不合身,只好把新棉袍送进当铺换回4块钱。丁玲又买了1块钱的棉花,把胡也频的一件旧袍子拆了塞进棉花,这才对付了一个冬天。尽管如此,两人的心却很暖。但是在与胡也频同居时,丁玲的情感却在发生变化,她遇到了湖畔诗人冯雪峰,不可救药地爱上了冯雪峰。她的感情天平在胡也频、冯雪峰之间摇摆,最后依然选择了胡也频。

1928年,丁玲与胡也频同赴上海。秋天的时候,他俩遇到了沈从文,三人成了要好的朋友,经常在一起吃饭。两人吵架时,她便会

▲ 丁玲与胡也频

向沈从文诉苦。清官难断家务事，沈从文对两人的争吵，也只是做个好的听众，倾听他们的诉说。而后三人群租在一个屋檐下，先是租住在汉园公寓，后来三人又搬到上海法租界萨坡赛路（今淡水路）一家牛肉店的楼上。三人计划办一个文艺刊物《红与黑》。当时施蛰存与戴望舒、刘呐鸥住在北四川路，办了第一线书店（后改名水沫书店），丁玲、胡也频经常去虹口，胡也频将一部稿子交给水沫书店出版。丁玲、胡也频出门时，沈从文就在屋里写文章、编刊物、管家。丁玲善交际、有说有笑，胡也频偶尔说几句，帮衬丁玲。

据说胡也频怀疑过丁玲情感出轨，移恋沈从文，但丁玲与沈从文的情感没有发展到爱恋，丁玲青睐的是冯雪峰。

1928年初，丁玲做了个匪夷所思的决定，她与胡也频、冯雪峰一起去杭州共同生活，以此决定取舍。冯雪峰在西湖葛岭山找了处有独立院子的房子，三人朝夕相处，开展了一场三角恋。两个男人虽然没有争斗，但内心却不平静，他们等着丁玲的艰难抉择。住了一段时间，胡也频熬不住了，跑回上海，找沈从文商量，在沈的劝说下，第二天胡回到杭州。这次是冯雪峰离开了，结果胡也频再次胜出，胡也频、丁玲又回到上海，继续他们的文学创作与编辑杂志的工作。

主办刊物不仅没有改善他们的经济生活，还背了一身债，杂志社倒闭了，胡也频远赴济南，在山东省立高中教书，筹款还债。丁玲与胡也频短暂分开。一个月后，难忍相思之苦的丁玲也去了济南。

胡也频在济南言辞激烈批评政府，遭到当地政府的通缉。1930年5月，胡也频、丁玲被迫离开济南，乘船由青岛回到上海。1931年1月17日，胡也频被捕，他留下纸条，请沈从文帮助营救。沈从文除了四处托人，还陪丁玲去龙华监狱探监，这是他们最后一次见面。营救最终没有成功，2月7日，胡也频与柔石、殷夫、李伟森、冯铿等五人在上海龙华遇难。

陆小曼的凄美爱情

"我是天空里的一片云，偶尔投影在你的波心，你不必惊异，更无须欢喜，在转瞬间消灭了踪影。……那是我凭借我身轻，盈盈的，沾住了她的衣襟，贴紧她柔波似的心胸，——消溶、消溶、消溶，溶入了她的柔波似的心胸。"徐志摩用他的诗表达他的人生观，爱情观。他与陆小曼的相识、相爱，也是一段凄美的爱情。

才女出嫁感情空缺

1922年，一代才女、旷世美人陆小曼19岁，按照父母之命，与英俊潇洒的留美军官王赓结婚。

这王赓也非等闲之辈，亦文亦武，先在密歇根大学、哥伦比亚大学、普林斯顿大学留学8年，学习哲学和文学，后进入西点军校深造，与美国四星上将、总统艾森豪威尔是同级同学，抗战时威震一时的名将孙立人当年曾做过王赓的副手。按照当时的情况，王赓这位青年才俊，前途无量。

王赓与陆小曼的婚礼在北京海军联合社举办，场面浩大，轰动京城。仅女傧相就来了9位，都是大家名门的闺秀，有曹汝霖的女儿、章宗祥的千金、叶恭绰的小姐、赵椿年的女公子。女傧相的服装都是由陆家统一定做的，奢华美丽。

门当户对，男才女貌，本该是幸福美满的婚姻，但是相处之后，王赓与陆小曼发现彼此性格差异很大。虽然王赓也宠着大小姐脾气的陆小曼，可是陆小曼并不领情，陆小曼认为丈夫古板，不够温存，王赓认为妻子不贤惠，不安分，不守妇道。陆小曼需要的不是富贵荣华，而是知心的伴侣，浪漫的爱人，王赓给不了陆小曼想要的浪漫，夫妻感情出现裂缝，陆小曼郁郁寡欢。于是陆小曼沉迷交际场中，酒里找醉，梦里寻欢，她需要一场轰轰烈烈的爱情刺激她已经麻木的神经，唤醒她沉睡的激情，成为她被宠、被爱并可以停泊的港湾。

得不到婆家认可的婚姻

诗人徐志摩与王赓也是好友，经常来王赓家，与陆小曼也渐渐熟悉起来。寂寞、痛苦中的陆小曼，渴望有人可以倾诉衷肠，了解其外表光鲜之下内心的苦楚。徐志摩的出现让她看到了希望，感受到了丝丝爱意。

热情似火、感情丰富的诗人徐志摩，当时与结发妻子张幼仪的情感也不和睦，对于父母包办的这桩婚姻，徐志摩颇为不满，他需要浪漫的刺激，任性的自由。此时，徐志摩刚与张幼仪离婚，向林徽因求爱又遭拒绝，情感陷入低潮，也需要有人倾诉。

两人相遇，互诉衷肠，惺惺惜惺惺，自古窈窕淑女，君子好逑，这一对才子佳人碰擦出感情的火花。但是陆小曼与徐志摩的婚恋遭到了徐家父母的反对，他们只认张幼仪，不认陆小曼。社会上传闻也是是非非，1926年，陆小曼与徐志摩冲破阻力，终于走进了婚礼的殿堂，但陆小曼仍没有得到婆家的认可。

陆小曼与徐志摩、王赓三人的关系也非常有意思。王赓将徐志摩引入王家，结果自己的老婆与徐志摩发生了恋情，但是三人友谊并没有因此受到影响，王赓也是一个大度的人，并没有责怪陆小曼与徐志摩。王赓与陆小曼结婚时，徐志摩是伴郎，徐志摩与陆小曼结婚时，王赓换位成为伴郎。

徐志摩请老师梁启超证婚，没想到梁启超在婚礼上对徐志摩一顿臭骂："徐志摩，你这个人性情浮躁，所以在学问方面没有成就；你这个人用情不专，以致离婚再娶……以后要痛改前非，重做新人。"梁启超的痛骂使得陆小曼在北京名声不佳，于是婚后，徐志摩与陆小曼匆匆南下，在上海另起炉灶。

新婚之后，徐志摩与陆小曼迁居上海，上海滩的花花世界，再次激活了陆小曼的交际因子，她长舞广袖，如鱼得水，成为上海滩声名显赫的交际花魁首。曾经压抑，其实并没收敛的奢侈生活习惯，再度活跃。纸醉金迷的奢侈生活，推杯换盏的浮生游戏，让陆小曼感到陶醉，得到满足，让她的虚荣心得到快感。她是名媛陆小曼，她是才女陆小曼，她是交际花陆小曼。

▲ 1926年10月3日，徐志摩陆小曼在北京北海公园结婚

爱她就是包容她

徐志摩是爱小曼的，用心去爱，他是诗人，感情丰富，他是才子，满腔热忱。他对陆小曼的爱，就是满足她所需要的一切，对于陆小曼的交际，徐志摩没有指责，尽管他不一定赞同，但是他默认了。对于陆小曼抽鸦片，甚至与一个男子翁瑞午在烟榻上腾云驾雾，徐志摩也认同了，尽管他不喜欢，却又禁不住陆小曼的大吵大闹。在风月场里，陆小曼在男人中周旋，徐志摩不一定喜欢，但是他允许了。尽管在徐志摩生命的后五年中，徐志摩过得很累，非常狼狈，他还是坚持了，他对陆小曼的爱，就是包容她，哪怕是缺点，是要他的命，他也舍得给她。

徐志摩在给陆小曼的情书中说：

我的肝肠寸寸地断了，今晚再不好好地给你写一封信，再不把我的心给你看，我就不配爱你，就不配受你的爱。……你方才心头一阵阵地作痛，我在旁边只是咬紧牙关闭着眼替你熬着。龙（陆小曼别名小眉、小龙）呀，让你血液里的讨命鬼来找着我吧，叫我眼看着你这样生生地受罪，我什么意念都变成了灰了！你吃现鲜鲜的苦是真的，叫我怨谁去？……所以我一想到你横竖是吃苦，我的心就硬了。我只恨你不该留这许多人一起喝，人一多就糟，要是单是你与我对喝，那时要醉就同醉，要死也死在一起，醉也是一体，死也是一体，要哭让眼泪合成一起，要心跳让你我的胸腔贴紧在一起，这不是极苦里实现了我们向往的极乐，从醉的大门走进了大解脱的境界？只要我们灵魂合成了一体，这不就满足了我们最高心愿吗？（林徽因等《百年情书》）

应酬多，活动忙，花销大，徐志摩不得不拼命挣钱养活花一样的妻子陆小曼。他同时在光华大学、东吴大学、大夏大学三所高校任教，课余写文章写诗歌，挣稿费，徐志摩钱挣得不少，按说可以维持家庭生活了，但是陆小曼的开支太大，加上吸食鸦片的恶习，入不敷出，徐志摩只好又去中央大学兼课，还兼任了中华书局编辑、中英文化基金会委员等职，经常在上海、北平、南京三地奔走。1930年秋，徐志摩应胡适之邀，任北京大学、北京女子师范大学教授，在北平讲课期间，就寄宿在北平米粮库四号胡适家里。尽管如此，依然入不敷出。

并非合适的一对

陆小曼与徐志摩尽管是一对才子佳人，但是并非最合适的一对。他们的才气、气质吸引着对方,他们感情中曾经的痛楚折磨着他们,心里渴望得到异性的理解,以及感情的慰藉。以此,在茫茫人海一相遇,彼此就被吸引了,认为找到了世间的真爱,可以化解所有的困难。陆小曼出身名门,尽管有大家闺秀的气质,却缺少贤淑的品质,她身上更多的是名媛交际手段,相比之下,徐志摩的父母更加认同大家闺秀贤淑品质的张幼仪,在家庭维护等方面,张幼仪胜于陆小曼。因此,陆小曼进入徐家,得不到徐志摩父母的认可,徐家断绝了徐志摩的经济支持,为了维护家庭开支,徐志摩不得不疲于奔命,挣钱养家。

陆小曼是个漂亮的女人、美丽的妻子,却不是一个贤惠的妻子。徐志摩死后,社会舆论纷纷指责陆小曼,不免偏颇、过激,因为飞机失事的责任无论如何不能归到陆小曼身上,但是徐志摩疲于奔命,家庭事务压得他喘不过气来,影响其创作,陆小曼则难逃其责。

影后胡蝶的惊世离婚案

上海的女明星中有婚姻纠葛的不在少数,如阮玲玉与张达民、张织云与唐季珊、胡蝶与林雪怀等,其中胡蝶婚变是1931年上海滩轰动的事件。

由爱生恨

1925年胡蝶在拍摄《秋扇怨》时,与该片男主演林雪怀相识、相恋,1927年3月22日,胡蝶与林雪怀在上海月宫舞台进行了订婚。与林雪怀在一起的日子,是胡蝶电影事业上升时期,林雪怀目睹了胡蝶从一个跑龙套的小演员逐渐蜕变,成为上海滩最耀眼的明星。而林雪怀的演艺事业却处于一个停滞状态,并且

▲ 胡蝶与潘有声婚礼

逐渐在胡蝶的光环下暗淡失色。身在演艺圈的林雪怀,知道一个女人在影坛上大红大紫意味着什么,与他一个并不著名的男演员生活在一起,给他带来多么大的压力。

在与胡蝶订婚前,林雪怀就退出了演艺界,开办了一家酒楼。开始生意还不错,短暂的繁荣之后是冷清,酒楼渐渐无人问津,生意萧条。他与胡蝶的订婚虽然热闹,却并没有给他的酒楼带来转机。几年间,胡蝶名声更大,成为大名鼎鼎的明星;而林雪怀的酒楼生意却一落千丈,每天赔钱,林雪怀不得不承认酒楼经营失败。失败的男人与成功的女人,反差巨大,他在胡蝶身上看到了很多的可能性,他对胡蝶的爱逐渐由挚爱到扭曲变形,由爱生恨。

未婚夫的休书

没有名气的小演员,酒楼经营的失败者,林雪怀身负沉重的包袱,尤其在光彩照人的大明星未婚妻胡蝶的光环下,林雪怀没有了往日的潇洒,迷失了人生方向,忘记了当年的海誓山盟。他担心别人瞧不起他,他怀疑胡蝶给他戴上绿帽子。小报的流言蜚语,让林雪怀猜忌。胡蝶也感到了两人距离越来越远,彼此的信任感没有了,意志消沉的林雪怀不再是她经历风雨的爱人。

对于胡蝶情感的变化,林雪怀也感受到了,他决定采取极端措施,先下手为强。林雪怀向胡蝶递交了一纸休书,斥责胡蝶"行止不检,声名狼藉"。胡蝶对于林雪怀的指责断然否认,街头小报流传的胡蝶风流韵事,根本不存在。对林雪怀的倒打一耙,胡蝶心灰意冷,她对林雪怀的仅有的一点眷顾被这张休书冲走了。为了讨回公道,1930年胡蝶一纸诉状递交到上海地方法院,地方法院又将这一案件转移到第一特区地方法院,从1931年2月起,胡蝶陷入长达一年之久的婚约诉讼。

诉讼期间,胡蝶出庭8次,上海人将胡蝶婚变作为饭后茶余的笑谈,这次诉讼对胡蝶的身心伤害很大。

1930年7月11日,法庭作出一审判决。法庭准予解除婚约,被告林雪怀须偿还原告胡蝶已被证明的欠款即货款计银388两,洋元760.2元。原告要求的精神赔偿法庭不予支持。诉讼费由原告承担三分之二,被告承担三分之一。

为自己讨回公正

对于一审判决,林雪怀不服,进行上诉。又经过两轮法庭辩论后,11月12日法庭做出终审判决——维持原判。胡蝶打官司为的是讨回一个公正,法院的宣判还了她一个公正,胡蝶不是为了1000元逼迫未婚夫走向绝望的寡情女子,她经济上扶持、感情上付出,为的是得到真爱。胡蝶不是阮玲玉,面对流言蜚语,害怕人言可畏,胡蝶敢于抛头露面在法庭上与林雪怀争辩,为自己的尊严,为自己的人格,不惧小报的恶意中伤。胡蝶曾说:"和林雪怀解除婚约,算是我青年时代生活的一个波折,但解决了一件不如意的事,也使得我能更专心致志地从事电影事业。"(杉娃《蝶舞红尘》)

十里洋场的上海,繁花似锦,灯红酒绿,纸醉金迷,女明星们个个风华绝代,风光无限,明艳动人,但是她们私下的感情却是错综复杂,名利的诱惑、情感的寄托让她们迷惑于花前月下的浪漫,最终又是一种悲剧的结果:张织云被富商抛弃,生活困难;周璇遭遇拆白党诓骗,失财失身;阮玲玉为流言烦恼,了却生命;骆慧珠因为感情失败,服毒殉情。胡蝶也经历了感情的波折,却能勇敢面对,不惧流言,为自己讨回了公道。

阮玲玉含怨怀恨而去

阮玲玉妩媚明艳,兰心蕙质,是上海滩演技派明星的代表。风华绝代的一代明星,却是一个悲剧的命运。

阮玲玉原名凤根,大名阮玉英,1910年4月26日出生于一个工人家庭。她6岁时,父亲病逝,母亲给富人家做用人。张家有四个公子,长子张慧冲早年以魔术名闻上海,后来娶了一个明星做老婆,接办一家电影公司,夫妻俩自编自导自演,拍摄了几部当时流行的电影。

爱上张家四少爷

张家有四个少爷张达民,是个纨绔子弟,比阮玲玉大6岁。随着年龄的增长,16岁时的阮玲玉出落成一个美丽的姑娘。张达民看上了身材窈窕、白净脸庞、一笑两眼弯弯、露出浅浅酒窝的阮玲玉。张达民长得也是一表人才,又会哄人,在他的软磨硬泡之下,少不更事,又向往美好生活的阮玲玉,与张达民同居了,由此埋下了阮玲玉悲剧的伏笔。

20世纪30年代在上海有一种非常摩登的风气——摩登女人往往会和摩登男人同居。那个时候同居并不像在有些年代里面是那么受到人们的道德谴责。同居之后,当时才读初二年级的阮玲玉从崇德女中退学。同居的前几个月，两人卿卿我我，很是甜蜜。逛公园、看电影、散步、跳舞，让阮玲玉很是开心，认为找到了一生的依靠。然而，甜蜜之后是残酷的现实，张达民好赌的毛病复发，跑马场赌马将他从家里得到的月份钱赌掉了，同居的生活费没有了。阮玲玉见到报纸广告，明星公司为电影《挂名夫妻》招考年轻女演员。

踏进电影圈

阮玲玉报考明星公司是瞒着人去的，她怕被张家知道，小瞧她，影响她与张达民的关系。她改名阮玲玉，借用同学杨碧若的家庭地址。

阮玲玉有文艺天赋，能歌善舞，面对导演卜万苍的面试，她本色流露，悲仰之态深深地打动了导演。试拍镜头时，阮玲玉因为没有表演经验，手足无措，好在阮玲玉遇到了一个慧眼识才的大导演郑正秋，在他的坚持下，阮玲玉没有被换掉。几次试镜之后，阮玲玉慢慢适应，拍戏渐入佳境，表演感情真挚，打动了所有人。1926年《挂名夫妻》的初演成功，阮玲玉由此踏进电影圈。《故都春梦》的一炮打响，旗开得胜，以及随后的《野花闲草》，让阮玲玉声名鹊起。出演《三个摩登女性》中的周淑贞，让阮玲玉获得了"全能演员"的美誉，成为上海影坛红极一时的大明星。

分分合合十年路

演艺事业走向高峰，声名鹊起，但是感情生活上，阮玲玉则是在痛苦中挣扎。张达民嗜赌、挥霍、贪玩、游手好闲的本性暴露。在阮玲玉刚有点名声时，两人的感情就出现过裂痕，分手两次，阮玲玉还为此吞吃安眠药自杀。

经阮玲玉介绍，张达民在香港轮船上做买办，依然吃喝玩乐，在赌场又是一输再输，最后挪用公款1000元，被撤职查办，灰溜溜回到上海。阮玲玉对张达民彻底失望。这时候阮玲玉结识了茶叶大王唐季珊，接受了唐季珊的求爱，并表示要等与张达民正式分离之后，才能与他同居。

1933年4月，由伍澄宇律师经办，阮玲玉与张达民签署脱离关系协议。协议规定：双方自签约之时起分手，不相干涉，男婚女嫁各任自由；念及往日恋情，阮玲玉补贴张达民津贴每月100元，以两年为期；为保护名誉，本次协议不登报。

签订分手协议之后，为期两年的补贴让张达民失去了榨取阮玲玉更多钱财的机会，他依然打着阮玲玉丈夫的名义四处招摇撞骗，又拿着协议制造阮玲玉是有夫之妇的舆论，目的是阻挠阮玲玉与唐季珊结合，继续诈骗钱财。从16岁到25岁近十年的时间里，阮玲玉为张达民付出了青春和用血汗换来的金钱，但是张达民却像梦魇一样追随着她，折磨着她，伤害着她。

阮玲玉早已领教过张达民的无赖面目，为澄清身份，阮玲玉委托律师在报纸上刊登声明："并未与任何人为正式配偶，现也未有与任何人为婚姻契约，以后关她的名誉、财产及其他一切法益，不准任何人加以侵害。"摆脱了张达民的纠缠，1933年8月15日阮玲玉与唐季珊宣布正式同居。

含怨怀恨而去

阮玲玉与唐季珊过了两年平稳的日子，1935年张达民又来纠缠阮玲玉，索要钱财，说阮玲玉与他分手时，带走了首饰、家具，要求赔偿4000元，遭到拒绝。又威胁，如果不答应条件，就要起诉到法院。张达民知道阮玲玉软弱，又是上海滩的大明星，最怕出丑丢面子。他的胡搅蛮缠，就是要逼迫阮玲玉就范。唐季珊对张达民的流氓面目，认识得清楚，以损害名誉罪将张达民告到法院。唐季珊是胜诉了，但是苦了阮玲玉，她与张达民同居的新闻公布于众，成为人们茶余饭后闲聊的话题。

被唐季珊教训了一顿的张达民不甘失败，他抓住两年前与阮玲玉签订分手协议的一个漏洞，经办律师伍澄宇是个歇业律师，当时已经没有执业资格，对分手协议不予认可。1935年2月26日向上海第二特区法院起诉，控告阮玲玉侵占罪及伪造文书罪，并到地方法庭以妨害家庭罪及通奸罪控告阮玲玉与唐季珊。

上海滩的一些小报得到大明星阮玲玉的通奸罪消息，发表了连篇累牍的桃色报道，将污秽的脏水泼向阮玲玉。阮玲玉的私生活被全面曝光，呈现在世人面前。这是阮玲玉不愿意的，也是她心里无法承受的痛苦。

1935年3月7日，距离地方法庭开庭传唤阮玲玉、唐季珊还有两天，当天晚上，阮玲玉与唐季珊发生口角，唐季珊对她颇多指责，话也说绝了，让阮玲玉大为失望。她在面条里倒入三瓶安眠药片，吃完面，戴上父亲离世前留给她的假宝石耳环，写下两封遗书，一封给报社："我一死何足惜，不过，还是怕人言可畏，人言可畏罢了。"另一封给唐季珊："我真做梦也想不到这么快，就会和你死别，但是不要悲哀，因为天下无不散的筵席，请你千万节哀为要。……我死而有灵，将永永远远保护你的。"等到唐季珊发现阮玲玉服了安眠药之后，在送医院时被耽搁，阮玲玉服药8个小时才得到救治，此时已经晚了，回天无术，一代明星阮玲玉含怨怀恨而去，年仅26岁。

旧时风雅

影帝金焰与两位女影星的感情纠葛

中国第一代影帝金焰与阮玲玉合作的《野草闲花》一举成名。年轻时的金焰英俊潇洒、风流倜傥，是影迷崇拜的偶像。1931年演出电影《野玫瑰》时，金焰遇上了影星王人美，碰撞出爱情的火花。1932年，金焰在《电声日报》评选中，获得"电影皇帝"殊荣，1934年又获得"观众最喜爱的男明星""最漂亮的男明星""观众最愿和他做朋友的男明星"三项桂冠；同年王人美在蔡楚生导演的《渔光曲》获得巨大成功，奠定了她在电影界的地位。1934年元旦，两位影坛大腕在联华公司除旧迎新晚会上举行了简朴的婚礼，他们没有披红戴彩，而是身着普通的蓝布褂。当联欢会上1934年来临的钟声响起时，金焰与王人美，各自从口袋里掏出一个小红牌，挂在纽扣上。导演孙瑜当众宣布，"金焰与王人美结婚啦"，影坛的金童玉女由银幕上的情侣成为现实中的夫妻。结婚时，金焰24岁，王人美20岁。他们成了一对令人羡慕的银幕情侣，也成为当时上海滩娱乐报刊追逐的对象（王人美《我的成名与不幸》）。

对于王人美与金焰的结婚，王人美的哥哥王人路和著名艺人

▼1934年金焰与王人美

黎锦晖均不赞同，王人路还在报上发表声明，但是两人排除阻力走到了一起。婚后的生活远没有恋爱时的浪漫，两人发生争执，缺少相互了解。柔情蜜意抵不上琐事的矛盾，金焰不赞成王人美独自参加外面的活动，王人美认为金焰的行为伤害了她的自尊心。维持了10年的婚姻，1944年两人劳燕分飞。

抗战胜利时，金焰的好哥们刘琼将"四大名旦"之一的秦怡介绍给金焰，秦怡在认识金焰之前也有过一段婚姻。

早年秦怡与当红小生陈天国同演电影《好丈夫》，顿生情愫，两人同居了一段时间以后结婚。然而陈天国好酒贪杯，婚后，陈天国醉酒后家暴，让秦怡无法忍受。结婚三天就分居，生下女儿，秦怡出走重庆，随朋友吕恩、吴祖光去了乐山。当年"秦怡出逃"成为报刊上的花边新闻。陈天国为此追到乐山，为了躲避陈天国，秦怡不敢演出，躲在朋友家。后来见复合无望，陈天国才同意结束两人的婚姻。

秦怡在念书时就是金焰的影迷，对金焰主演的《大路》看过多少遍，金焰多才多艺，戏好人俊，还会烹饪、编织、缝纫、开汽车，仰慕之心很快使两人堕入爱河，先是同居，没有结婚。但是金焰从未向秦怡求过婚，两人的关系还是剧作家吴祖光捅破的，在朋友劝说下，举办了婚礼。婚礼由吴祖光操办，证婚人是郭沫若。秦怡说："当时心中升起一种奇异

▲ 金焰与秦怡

的从未有过的美好感觉,我在爱,爱一个人,那种真希望与他白头偕老的感觉油然而生。"

婚后有过一段甜蜜的生活,又第一次也是生平唯一一次合作主演电影《失去的爱情》,片子拍得一般,只因有他俩的精彩表演还是吸引了众多观众。但是此时的金焰虽然保持着电影皇帝的名望,其演技水平已经下滑,还因为贪杯患上胃溃疡,身体状况不佳,以致后来卧病在床,按照秦怡的话说,家庭生活痛苦多于快乐,眼泪多于欢笑,委屈多于喜悦。

蒋碧薇只同居不结婚

徐悲鸿与蒋碧薇私奔,曾经在宜兴掀起轩然大波。他们曾经是一对冲破禁锢、勇敢追求幸福、恩爱的情侣。经历了风雨洗礼,生活逐渐安定下来,徐悲鸿的事业也得到了很大发展。他们在南京傅厚岗兴建了公馆,就在一切都顺风顺水之时,徐悲鸿爱上了自己的学生孙多慈,与蒋碧薇的婚姻触礁搁浅。

▲ 曾经恩爱的徐悲鸿与蒋碧薇

对于徐悲鸿的出轨,蒋碧薇非常气愤,彼此的争执更是加剧了裂痕。有一次,徐悲鸿与蒋碧薇斗气,跑到上海,寄回一封信说:"吾人之结合,全凭于爱,今爱已无存,相处亦已不可能,此后我按月寄两百元,直到万元为止，两儿由你抚养。总之你亦在外十年，应可自立谋生。"这让蒋碧薇很是伤心。对于徐悲鸿的移情别恋，吴稚晖也写信给徐悲鸿，劝他自爱。信云："尊夫人仪态万方，先生尚复何求？倘觉感情无法控制，则避之不见可乎？弟家中亦有黄脸婆，坡亦自足，使弟今日一摩登，明日一摩登，侍候年轻少艾，吾不为也。"然而，徐蒋的婚姻最终还是以分手落幕。

离婚后的蒋碧薇与追求她很多年的张道藩走到了一起。尽管张道藩也有夫人，但是蒋碧薇与张道藩感情炽热，情意绵绵，时常写信寄托牵挂。

蒋碧薇去重庆时，临行前一晚上，想到此时一别，不知何时相见，她写给张道藩一函："宗鉴：两个月来倍承怜爱，梦寐难忘，此后茫茫，忧患正多，自度将永沦苦海，而不能自拔矣！惟冀天可怜吾，予吾以勇气，再赓续此无聊生涯，以尽吾未了之职责。念人生得一知己，可以无憾，抑天之遇吾，又何尝云薄哉！长天怅望，愁入云环，漫书尽素，和泪寄君，惟愿相敬相爱相怜惜，而相失勿渝也。"

1941年，徐悲鸿刊登在报纸上一则与蒋碧薇女士脱离同居关系的声明，彻底击垮了蒋碧薇，断然关上了面向徐悲鸿的情感大门，彻底倒向了张道藩的怀抱。1945年12月31日，徐悲鸿与蒋碧薇签订了离婚协议。蒋碧薇恢复了自由身，成为张道藩的情人。她与张道藩生活在一起很多年，同居而没有结婚，有夫妻之实，无夫妻之名。

冯玉祥不同凡响的征婚

改革开放初期，禁锢保守的中国曾经有过刊登征婚广告的，轰动一时。其实早在20世纪初，征婚广告就出现了。1902年6

月 26 日,天津《大公报》就刊登过,征婚者摈弃"父母之命,媒妁之言",通过广告寻求佳偶,乃婚姻方式的创举。今天对于征婚、离婚,大家司空见惯,社会也认同。在民国时期,尽管西风东渐,社会接受了很多西方的民主思想,服饰方面也比较开放,但是对于婚姻方面的事情还是比较保守了,远不如现在的坦然。当时做个征婚仍然是惊世骇俗的,在报纸上刊登征婚广告更是需要巨大的勇气。

民国时期西北军首领冯玉祥将军,就在北京的报纸上刊登过一则征婚广告。1923 年冬,时任陆军检阅使兼西北边防督办的冯玉祥将军的原配夫人刘德贞因病不治去世。膝下子女尚小,冯玉祥公事繁忙,无暇照顾。同僚、属下、朋友都劝冯玉祥续弦,闻听冯玉祥要续弦,很多人家找上门来,冯玉祥也清楚很多人看重的是他位高权重,希望借助他享受荣华富贵。他不想因为感情

▲ 冯玉祥与李德全

的不合,影响子女,影响家庭。他请朋友在报纸上刊登了一则征婚广告,明确续娶女子:"不穿绫罗绸缎,只能穿粗布衣裳,吃粗茶淡饭;能纺纱织布,会自食其力;必须抚养前房子女。"就是这样的条件,依然有不少应征者。冯玉祥亲自面试。他向这些女子提问:"你为什么要和我结婚?"应征女子大多掩饰真实意图,回答也很俗套,"不看重钱财,看重人品","可以

吃苦耐劳"，还有回答"冯将军官大，名气大，跟着能享福"。冯玉祥频频摇头，很不满意。只有一个衣者普通的小学女教师的回答与众不同。她说："老天怕你在人间做坏事，特意让我来管着你。"这让冯玉祥为之震动。

这位女子叫李德全，毕业于北京贝满女中、北京私立协和女子大学，参加过五四运动。在面试前，冯玉祥见过这位女教师在群众聚会上演讲，语言犀利，口才出众，给冯玉祥印象深刻。如今的回答又是非同一般，可见此女子有思想，有魄力。冯玉祥很欣赏女教师的胆识与才气，于是托朋友保媒，与李德全缔结良缘。婚后，李德全问冯玉祥："那么多美女、大家闺秀，你不选，为什么喜欢上我呢？"冯玉祥哈哈一笑："我看你天真烂漫，又有胆识，竟然声称代表上天来管我，不同凡响。"

自拟并手书结婚证书的新式婚礼

赵元任是清华国学研究院四大导师中最年轻的一位，尽管当时他还没有成婚，但是在他14岁时家里为他定了一门亲。在一次参加表哥家中聚会时，他认识了表哥的留日同学李贯中及杨步伟。

杨步伟出身皖南名门望族，虽是女子，却并不曾裹脚，是个大脚板的姑娘。曾经拒绝父母的包办婚姻，孤身一人跑到上海读书，又远渡东瀛，在东京帝国大学获得博士学位之后，回北京与李贯中合开了一家森仁妇产科医院，开女子兴办实业之风气。

赵元任与杨步伟相识后，赵经常来医院看望杨步伟，彼此都有好感，尤其是杨步伟婚姻自主、创业独立的行为给赵元任深刻印象，他从心里佩服杨步伟有胆有识的风格。杨步伟也很欣赏赵元任的才识。情愫暗生，彼此心照不宣。终于到了水到渠成的时

▲ 赵元任与杨步伟

候，两人谈婚论嫁。

赵元任与陈姓女子有娃娃亲的婚约，赵元任去陈家商谈解除了婚约，女方家先是不同意，直到1921年5月下旬，陈家才同意解除婚约，条件是赵元任提供陈女士学费2000元，作为补偿。杨步伟也将妇产医院转让给朱徵，他们租用老北京东城小雅胡同49号一处宅院作为新房，一楼一底，屋顶有花园。在两人定情的中央公园自拍了照片，选择在格言亭的一张作为结婚照（落尘《民国的底气》）。

两人结婚的方式很是新潮。他们草拟并印制结婚通知书，发给亲朋好友，上面写道："接到这项消息的时候，我们已在1921年6月1日下午三点钟东经百二十度平均太阳标准时结了婚。"贺礼绝对不收，除了两个例外，一是书信、诗文，或音乐曲谱等；二是捐给中国科学社。

又自拟并手书结婚证书，为了合法化，贴上四毛钱印花；1921年5月31日，赵元任和杨步伟布置好房屋后，当晚请来好友胡适和女医生朱徵共进晚餐，饭后拿出结婚证书请两位朋友作为结婚证人签名，至此完成了他们的婚礼。

第二天，北京《晨报》以特号大字标题刊登消息——《新人物的新式结婚》。婚后，杨步伟舍弃了自己的医学事业，全力支持丈夫，担起了相夫教子责任，与赵元任和睦相处，白头偕老。

参考文献

1. 季季、关鸿：《永远的张爱玲》，上海：学林出版社，1996 年。
2. 黄维钧：《阮玲玉画传》，贵阳：贵州人民出版社，2004 年。
3. 黄晓艳：《往昔玲珑》，北京：北京图书馆出版社，2004 年。
4. 杨永生：《记忆中的林徽因》，西安：陕西师范大学出版社，2004 年。
5. 刘东平：《宋庆龄图传》，北京：中国青年出版社，2006 年。
6. 杉娃：《蝶舞红尘》，北京：新星出版社，2006 年。
7. 窦应泰：《破译宋美龄长寿密码》，北京：作家出版社，2007 年。
8. 王映霞：《王映霞自传》，合肥：黄山书社，2008 年。
9. 丁言昭：《悲情陆小曼》，上海：上海人民出版社，2008 年。
10. 宋路霞：《上海滩名门闺秀》，上海：上海科学技术文献出版社，2009 年。
11. 陈丹燕：《上海的金枝玉叶》，北京：作家出版社，2009 年。
12. 岁月如歌：《上海的金枝玉叶》，新世界出版社，北京，2011 年。
13. 朱千一：《林徽因和她客厅里的先生们》，合肥：安徽人民出版社，2013 年。
14. 张伯驹潘素文献整理编辑委员会：《回忆张伯驹》，北京：中华书局，2013 年。

15. 张伯驹：《烟云过眼》，北京：中华书局，2014 年。

16. 陈文：《闻一多》，石家庄：河北教育出版社，2001 年。

17. 包铭新、马黎等：《中国旗袍》，上海：上海文化出版社，1998 年。

18. 张竞琼：《西"服"东渐——20 世纪中外服饰交流史》，合肥：安徽美术出版社，2002 年。

19. 黄强：《衣仪百年——近百年中国服饰时尚之变迁》，北京：文化艺术出版社，2008 年。

20. 鲁迅：《鲁迅全集》第 14 卷，北京：人民文学出版社，1981 年。

21. 邓云乡：《鲁迅与北京风土》，北京：文史资料出版社，1982 年。

22. 邓云乡：《水流云在琐语》，沈阳：辽宁教育出版社，1996 年。

23. 郁新琳：《怀乡思亲集》，南京：江苏文艺出版社，1986 年。

24. 汪曾祺：《汪曾祺散文选集》，天津：百花文艺出版社，1996 年。

25. 汪曾祺：《岁朝清供》，北京：三联书店，2010 年。

26. 郭维森：《学苑奇峰——文史学家胡小石》，南京：南京大学出版社，2000 年。

27. 谢其章：《梦影集》，北京：北京图书馆出版社，2005 年。

28. 黄裳：《金陵五记》，南京：江苏古籍出版社，2000 年。

29. 李洪涛：《精神的雕像——西南联大纪实》，昆明：云南人民出版社，2001 年。

30. 王德滋：《南京大学百年史》，南京：南京大学出版社，2002 年。

31. 杜召棠：《惜馀春轶事 扬州访旧录》，扬州：广陵书社，2005 年。

32. 晨舟：《王世襄》，北京：文物出版社，2005年。

33. 落尘：《民国的底气》，北京：中央广播电视大学出版社，2013年。

34. 黄延复等：《清华风流人物（1911—2011）》，济南：济南出版社，2011年。

35. 南京民国时期经典菜肴编委会编写：《南京民国时期经典菜肴》，南京：江苏教育出版社，2009年。

36. 王世襄：《京华忆往》，北京：三联书店，2011年。

37. 范用：《文人饮食谭》，北京：三联书店，2012年。

38. 陈平原、凌云岚：《茶人茶话》，北京：三联书店，2012年。

39. 车辐：《川菜杂谈》，北京：三联书店，2012年。

40. 梁实秋：《雅舍谈吃》，长沙：湖南文艺出版社，2013年。

41. 徐城北：《谁是美食家》，北京：中华书局，2013年。

42. 马嘶：《百年冷暖——20世纪中国知识分子生活状况》，北京：北京图书馆出版社，2003年。

43. 姜德明：《梦回北京——现代作家笔下的北京（1919—1949）》，北京：三联书店，2009年。

44. 刘仰东：《去趟民国——1912—1949年间的私人生活》，北京：三联书店，2013年。

45. 叶宗镐：《傅抱石年谱》增订本，上海：上海书画出版社，2012年。

46. 傅抱石纪念馆：《其命唯新——傅抱石百年诞辰纪念文集》，郑州：河南美术出版社，2004年。

47. 张恨水：《写作生涯回忆》，北京：人民文学出版社，1982年。

48. 张占国、魏守忠：《张恨水研究资料》，天津：天津人民出版社，1986年。

49. 张纪：《我所知道的张恨水》，北京：金城出版社，2007年。

50. 贾梦玮：《往日庭院——南京老公馆》，天津：百花文艺出版社，2005年。

51. 方方：《到庐山看老别墅》，武汉：湖北美术出版社，2001年。

52. 王利民：《平屋主人》，杭州：浙江人民出版社，2005年。

53. 上海图书馆编：《老上海风情录·交通揽胜卷》，上海：上海文艺出版社，1998年。

54. 邢建榕：《车影行踪》，上海：上海文化出版社，2007年。

55. 陆衣言编：《南京游览指南》，南京：南京出版社，2014年。

56. 方继之编：《新都游览指南》，南京：南京出版社，2014年。

57. 石评梅：《石评梅文集》，海拉尔：内蒙古文化出版社，2000年。

58. 丰子恺：《丰子恺散文》，杭州：浙江文艺出版社，2000年。

59. 徐永龄：《张恨水散文》，合肥：安徽文艺出版社，1995年。

60. 石三友：《金陵野史》，南京：江苏人民出版社，1985年。

61. 俞允尧：《秦淮古今大观》，南京：江苏科学技术出版社，1990年。

62. 孙沐：《沈从文印象》，上海：学林出版社，1997年。

63. 张允和、叶稚珊：《张家旧事》，济南：山东画报出版社，1999年。

64. 金安平著，凌云岚、杨早译：《合肥四姊妹》，北京：三联出版社，2013年。

65. 袁啸波、张磊：《老电影》，上海：上海古籍出版社，2004年。

66. 王慧：《梅兰芳画传》，北京：作家出版社，2004年。

67. 汪峰：《张大千的传奇与风流》，北京：东方出版社，2008年。

68. 潘文龙：《苏州名人故踪》，苏州：苏州大学出版社，2012年。

69. 罗尔纲：《师门五年记 胡适琐记》，北京：三联书店，2012年。

70. 钱穆：《八十忆双亲 师友杂忆》，北京：三联书店，2012年。

71. 陈宁骏、欣晨:《民国名媛的婚姻大事》,南京:东南大学出版社,2012年。

72. 林徽因等:《百年情书》,武汉:长江文艺出版社,2012年。

73. 元俊:《冯玉祥在开封》,开封:河南大学出版社,1995年。

74. 朱成梁、王跃年:《老照片·社会百业》,南京:江苏美术出版社,1999年。

75. 朱成梁、王跃年:《老照片·民俗风光》,南京:江苏美术出版社,2000年。

后 记

2015年5月3日，笔耕半年的《趣民国》书稿终于写完了，如释重负。几年前就有撰写民国服饰书稿的计划，提纲已经拟出，因为接了其他书稿的撰写任务，有关民国服饰的书稿一直未能实施。

2014年3月，杨轩编辑约我撰写民国服饰书稿，正合我意，于是拟写了《民国穿衣》提纲。为了使书稿能够切合主题，一来一往，进行多次了讨论。出版社觉得只说穿衣，内容显得单一，建议加入住、玩等其他内容，最终确定为衣、食、住、行、玩、情等六个方面，也就是民国人的生活。

民国是距离我们最近的一个朝代，七八十岁的老人都还经历过民国，他们还穿过旗袍、长衫，知晓电影中胡蝶的微笑，品尝过当年的美食。

因为年代最近，似乎很好写作，但是真正实施这一计划，并不容易。两个因素：一是经历了"文化大革命"，销毁了很多文献资料，又是多年的封闭，我们对民国其实并不了解，我们今天所了解的民国，并不都是历史的真相；二是关于民国的话题、资料，很多是互相引用，遵循旧说，新颖观点并不多，甚至错误都是一样的。鉴于这两个因素，写民国人的生活，想要写成新意，并不容易。

后记

对于我来说，还有第三个困难。我长期从事服饰史、置业史研究，对于民国穿衣、住房并不陌生，而饮食、交通等方面相对薄弱。加上书稿要求，用说故事的方式来叙述民国人的生活，必须有别于论述，对我是一次考验。服饰时尚的流变，在形制、款式方面有很多史料，梳理变化脉络并不难，具体到某个历史人物的穿衣打扮，款式变化，即便有故事情节，对于不善文学创作的我来说，因为形象思维不够，依然有创作上的难处。

既然接手了这样的工作，就必须完成，不能退缩。翻阅了大量的史料、书籍，经过数月的熬夜，终于在 5 月 3 日完成了初稿。从提纲、初稿、定稿，责编杨轩一直关注，并随时提出意见，进行编辑、润色。书稿固然是我撰写的，但是字里行间倾注着责编的心血。

民国建都在南京，南京有太多的民国痕迹，漫步在颐和路、宁夏路、天竺路，周围是一幢幢民国的建筑，高大的梧桐树伸展枝叶，阳光投射下来斑驳的光影，与陈旧斑驳的墙壁、建筑物互相衬映，浓浓的民国风情。秋风扫落叶时，并不宽敞的路面上洒落一片片树叶，金黄色的温馨，尽管不时地有车辆驶过，周围却很安静，没有都市商业圈的喧闹。我喜欢在这样的道路上散步、慢走，感受那种宁静的文化氛围，它给了我愉悦。

作为一个南京人，撰写一本民国内容的书稿，告诉读者民国时期人们的风雅生活，责无旁贷。感谢社会科学文献出版社与责任编辑杨轩，对本人的信任，约请我撰写这样一本书稿。撰写过程，也是深入了解民国社会及其生活的过程，让我这个生活在民国旧都的南京人，重温了民国的历史，回看了他们的生活。我希望我的拙笔能够描绘出他们当年的情态，朴素且优雅的生活。

坐在民国旧都江苏路口一间民国建筑物改造的书屋，四周参天碧树、古铜色围墙，民国风建筑群。一缕阳光透过落地玻璃窗，投射进屋内，温馨的情调洋溢在我身边。停下敲打的电脑键盘，抬头望着玻璃窗外的景象，一个个性鲜明的民国人物，在眼前呈现，他们在演绎民国的风雅，民国的风流……

黄强（不息）

二〇一五年五月三十一日

于南京江苏路

新版后记

本书第一版名为《趣民国》。在生活细处品评民国风月,《趣民国》出版后,连印了七次,也曾入选2016年农家书屋重点图书推荐书目,进入当当网文化史——非虚构类图书销售排行榜,名列首都机场专柜销售首位。

承蒙华文出版社及其责编潘婕编审,以及戴云波先生的厚爱,《旧时风雅》得以出版,按照编辑要求,对内容体例进行了修改。《旧时风雅》篇幅比原来的《趣民国》增加了28%,图片更换、增补比例约80%。内容编排也进行了调整,按照穿衣、饮食、居住、出行、娱乐、情感六个章节排列。

民国有趣,有料,有故事,有一群有趣的人。书中涉及的民国人与事,情与爱,都是真实的。

在我已出版的著作中,有多部涉及民国,如《衣仪百年》《南京历代服饰》《消失的南京旧景》等。桑梓之地,故乡情怀,南京有很多民国的印痕,作为南京人,有责任写南京,写与南京有关的民国。我还会继续写南京,写民国,奉献给读者。

黄强(不息)

二〇二一年五月八日

于徐州—南京的高铁上